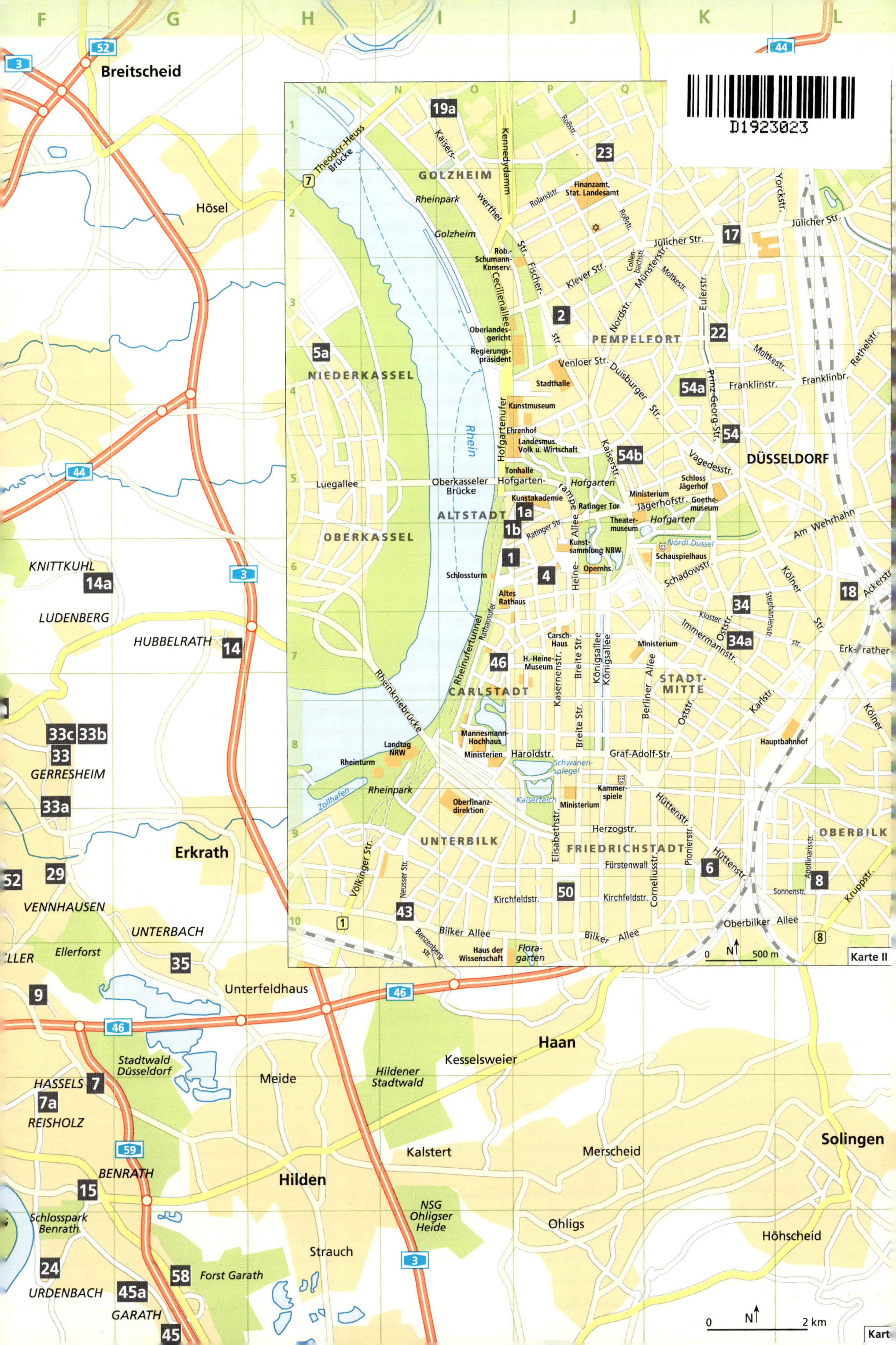

F
G
H
I
J
K
L
Breitscheid
Hösel
KNITTKUHL
14a
LUDENBERG
HUBBELRATH
14
33c
33b
33
GERRESHEIM
33a
Erkrath
29
52
VENNHAUSEN
UNTERBACH
Ellerforst
35
9
Unterfeldhaus
Stadtwald Düsseldorf
HASSELS
7
7a
REISHOLZ
Meide
Hildener Stadtwald
Kesselsweier
Haan
59
BENRATH
15
Kalstert
Merscheid
Solingen
Hilden
NSG Ohligser Heide
Ohligs
Höhscheid
Schlosspark Benrath
24
URDENBACH
45a
GARATH
45
58
Forst Garath
Strauch
0
2 km
Kart
M
N
O
P
Q
19a
Kaisers.
Kennedydamm
Roßstr.
23
Theodor-Heuss Brücke
GOLZHEIM
Rheinpark
Golzheim
Werther
Finanzamt, Stat. Landesamt
Rolandstr.
Roßstr.
Yorckstr.
Jülicher Str.
17
Rob.-Schumann-Konserv.
Cecilienallee
Fischer-Str.
Klever Str.
Collenbachstr.
Münsterstr.
Moltkestr.
Eulerstr.
2
Oberlandesgericht
Regierungspräsident
Nordstr.
PEMPELFORT
22
5a
NIEDERKASSEL
Venloer Str.
Duisburger Str.
Stadthalle
Moltkestr.
Rethelstr.
Franklinstr.
Franklinbr.
54a
Prinz-Georg-Str.
Kunstmuseum
Hofgartenufer
Ehrenhof
Landesmus. Volk u. Wirtschaft
Rhein
54
Kaiserstr.
54b
DÜSSELDORF
Vagedesstr.
Tonhalle
Luegallee
Oberkasseler Brücke
Hofgarten-rampe
Hofgarten
Schloss Jägerhof
Kunstakademie
Ministerium
Jägerhofstr.
Goethe-museum
ALTSTADT
1a
Ratinger Tor
Theater-museum
Hofgarten
Am Wehrhahn
OBERKASSEL
1b
Ratinger Str.
Heine-Allee
Nördl. Düssel
Kunst-sammlung NRW
Schauspielhaus
1
Schlossturm
4
Opernhs.
Schadowstr.
Kölner Str.
18
Ackerstr.
Altes Rathaus
34
Stephanienstr.
Rathausufer
Kloster-str.
Oststr.
Rheinufertunnel
Carsch-Haus
34a
Immermannstr.
Ministerium
Erkrather
46
H.-Heine-Museum
Kasernenstr.
Breite Str.
Königsallee
Berliner Allee
STADT-MITTE
Rheinkniebrücke
CARLSTADT
Oststr.
Karlstr.
Kölner
Mannesmann-Hochhaus
Landtag NRW
Ministerien
Haroldstr.
Graf-Adolf-Str.
Hauptbahnhof
Rheinturm
Schwanenspiegel
Zollhafen
Rheinpark
Kaiserteich
Kammer-spiele
Oberfinanz-direktion
Ministerium
Hüttenstr.
Herzogstr.
OBERBILK
UNTERBILK
Elisabethstr.
FRIEDRICHSTADT
Pionierstr.
Apollinarisstr.
Völklinger Str.
Fürstenwall
6
Hüttenstr.
8
Neusser Str.
50
Corneliusstr.
Sonnenstr.
Kruppstr.
43
Kirchfeldstr.
Kirchfeldstr.
Oberbilker Allee
Benzenbergstr.
Bilker Allee
Bilker Allee
Haus der Wissenschaft
Flora-garten
0
500 m
Karte II

Düsseldorfer
Kirchen

Düsseldorfer Kirchen

Die katholischen Kirchen im Stadtdekanat Düsseldorf

Herausgeber
Manfred Becker-Huberti

Texte
Manfred Becker-Huberti
Markus Eckstein
Monika Schmelzer
Beatrice Tomasetti-Gatzweiler

Fotografien
Markus Bollen

J.P. Bachem Verlag

Alle Daten und sonstige Informationen zu den einzelnen Kirchengemeinden im vorliegenden Buch sind mit größter Sorgfalt recherchiert und zusammengestellt worden. Herausgeber und Verlag können jedoch keine Gewähr oder Haftung für eventuelle Änderungen oder Fehler übernehmen. Sollten sich falsche Angaben (z. B. Telefonnummern, Internetadressen) eingeschlichen haben, sind wir für einen Hinweis dankbar.

Umschlag vorne:
Gewölbe in Herz Jesu, Derendorf

Umschlag hinten, von links nach rechts:
St. Rochus, Pempelfort; Chor in St. Cäcilia, Benrath; St. Adolfus, Pempelfort; Fenster aus St. Remigius, Wittlaer; Schrein des Apollinaris in St. Lambertus, Altstadt

Bildnachweis:
Alle Fotografien von Markus Bollen, außer
S. 51 u., 70 o., 73 u. r., 75 u., 84 o., 88 u., 101 u.: Pressestelle des Erzbistums Köln/Ernser Bild;
S. 73 o.: Stephan Strauß © Erzbistum Köln;
S. 90 u.: Archiv der Gemeinde St. Maria Königin, Lichtenbroich;
S. 101 o.: Monika Schmelzer © Erzbistum Köln;
S. 115 o.: Rheinischer Verein für Denkmalpflege und Landschaftsschutz (Hg.): St. Peter in Düsseldorf-Friedrichstadt. Düsseldorf 1991;
S. 123 u.: Archiv der Gemeinde St. Sakrament, Heerdt;
S. 124 u.: Monika Schmelzer;
S. 125 u.: Archiv der Gemeinde St. Suitbertus, Kaiserswerth.
Abdruck der folgenden Kunstwerke mit freundlicher Genehmigung der VG Bild-Kunst: S. 96 u., 113 o., 116 u., 119 u., 121 o.
Leider war es nicht in allen Fällen möglich, die Inhaber der Bildrechte ausfindig zu machen. Wir bitten, sich gegebenenfalls mit dem Verlag in Verbindung zu setzen.

Bibliografische Information der Deutschen Nationalbibliothek
Die Deutsche Nationalbibliothek verzeichnet diese Publikation in der Deutschen Nationalbibliografie; detaillierte bibliografische Daten sind im Internet über http://dnb.d-nb.de abrufbar.

Lektorat: Christiane Wirtz, Bonn
Redaktion: Monika Schmelzer, Pulheim
Gestaltung, Satz, Umbruch: Nicolaysen, Köln
Karte: Angelika Solibieda, cartomedia, Karlsruhe
Reproduktionen: Reprowerkstatt Wargalla, Köln
Druck: Grafisches Centrum Cuno, Calbe
Printed in Germany
ISBN 978-3-7616-2219-3

Inhalt

Vorwort des Herausgebers

Nach intensiver Vorarbeit legen wir mit Freude dieses Buch über die katholischen Kirchen Düsseldorfs vor. Zuletzt war vor mehr als 25 Jahren zum Düsseldorfer Katholikentag 1982 ein vergleichbares Werk erschienen, das nach wie vor wichtig, aber inzwischen nicht mehr aktuell genug ist. Hatten 1982 Architektur und Baugeschichte im Vordergrund gestanden, verfolgt dies Buch einen etwas anderen Ansatz: Aus journalistischer Perspektive haben wir gefragt, was ist das Besondere, das Einzigartige, Unverwechselbare, Bedeutsame und – im ursprünglichen Sinne – Merkwürdige an dieser Kirche? Ein Team von Kunsthistorikern hat versucht, sowohl les- und verstehbare Antworten zu geben als auch die Details, die Fachleute interessieren, zusammenzustellen.

Ein für dieses Buch weiterentwickeltes Layout, das den Fotos mehr Raum einräumt als in vorausgegangenen Publikationen, betont eine Besonderheit: Nahezu alle Fotos sind exklusiv für dieses Buch aus einer Hand neu angefertigt worden. Bei einem Jahr zeitlichem Vorlauf konnte der Fotograf so seine Objekte in der jeweils richtigen Jahreszeit beim besten Licht in Szene setzen.

Und was bietet dieses Buch seinen Lesern? Zum einen die Erkenntnis, dass die Wurzel der Stadt Düsseldorf in einer kleinen Marienkapelle besteht, die sich zur Pfarrkirche entwickelt, dann Stiftskirche und zu Beginn des 19. Jahrhunderts wieder Pfarrkirche wird. Die älteste bekannte Zelle ist ein Kultort! Um ihn herum hat sich die religiöse, kulturelle und säkulare Vielfalt entwickelt, die sich heute Düsseldorf nennt. Dies neu zu sehen, könnte auch das Selbstverständnis einer modernen Stadt beeinflussen.

Seit 1380 Residenz der Herzöge von Berg endete diese Phase mit Aussterben des jülich-bergisch-klevischen Regentenstammes. Der Jülich-Klevische Erbfolgestreit brachte Düsseldorf mit dem Herzogtum Jülich-Berg in den Besitz des Hauses Pfalz-Neuburg, das von 1614 bis in das 18. Jahrhundert und noch wenige Jahre im 19. Jahrhundert die Geschicke der Stadt prägte und dabei der Stadt und ihren Kirchen einen unverwechselbaren Stempel aufdrückte. Besonders die Phase der Stadt als herzogliche Residenz (1614-1717) hat eine barocke Architektur mit sakralen und auch säkularen Bauten in Düsseldorf hinterlassen, die z. B. die Stadt Köln nicht aufweisen kann. Die wirtschaftliche Blüte des 19. Jahrhunderts hat Auswirkungen auf den Kirchbau gehabt, ebenso wie das Fiasko des Zweiten Weltkrieges und der nachfolgende Flüchtlingsstrom den

Ersatz- und den Neubau zahlreicher Kirchen notwendig machte. Auch die Eingemeindung umliegender Kommunen hat der Stadt weitere kirchliche Glanzstücke eingebracht.

Und zum anderen ist noch etwas für die Düsseldorfer Kirchen bemerkenswert, was man vielleicht nicht am Stil der Kirchen oder ihren Inneneinrichtungen sehen kann, was sich aber mit Sicherheit atmosphärisch in der Stadt auswirkte: Als der neue Landesherr 1614 wieder katholisch wurde, hat er den evangelischen Christen der Stadt, den Lutheranern und den Reformierten, die ungehinderte Religionsausübung gestattet. Das friedliche Nebeneinander, aus dem inzwischen – Gott sei Dank – auch ein freudvolles Miteinander geworden ist, bestand in Düsseldorf bereits im 17. Jahrhundert. Fast das gesamte restliche damalige Deutsche Reich hatte diesen Zustand erst 200 Jahre später erreicht!

Mögen die Leser dieses Buches mit der gleichen Freude wie die Autoren die reiche Kirchenlandschaft Düsseldorfs entdecken. Sie werden dabei herausfinden, dass bei allem Wandel und aller Formenvielfalt jede Kirche auf ihre Art und Weise das Haus Gottes ist.

Ein herzlicher Dank gilt dem Team der Autorinnen und Autoren, dem Fotografen und dem Grafiker, die in Harmonie engagiert und zeitgenau gearbeitet haben. Frau Dr. Schmelzer hat dabei zusätzlich die redaktionelle Betreuung mit starker Hand und Überzeugungskraft übernommen. Die gesamte Arbeit erfolgte in stets erfreulicher und freundlicher Zusammenarbeit mit der Lektorin Christiane Wirtz, die – weit über das sonst übliche Maß – Verdienste am Entstehen dieses Buches erworben hat. Unsere Arbeit wäre ohne den Auftrag der Düsseldorfer Katholiken nicht erfolgt. Stellvertretend danke ich für den Auftrag und das erwiesene Vertrauen dem Düsseldorfer Stadtdechanten Monsignore Rolf Steinhäuser. Und nicht vergessen beim Dank seien die vielen Priester, Küsterinnen, Küster und Ehrenamtler in den Pfarrgemeinden, die dem Fotografen und den Autoren bei ihrer Arbeit liebenswürdig behilflich waren.

Manfred Becker-Huberti

Dr. theol. Manfred Becker-Huberti

Vorwort des Stadtdechanten

Msgr. Rolf Steinhäuser
Stadtdechant

Was eine Kirche bedeutet, erkennt man oft erst, wenn sie abgerissen, verkauft oder profaniert werden soll. Dann solidarisieren sich Menschen im Stadtviertel, Leserbriefe werden geschrieben, Bürgerinitiativen entstehen. Menschen erregen sich über die Schließung einer Kirche, die ihnen vorher kaum etwas bedeutet hat. Sie trauern über einen Verlust, obwohl sie sich nie eines Besitzes erfreut haben. Aber muss eine Kirche erst brennen oder vom Abriss bedroht sein, damit ihr Wert und ihr Sinn erkannt werden?

Ich freue mich sehr über die Initiative von Prof. Dr. Manfred Becker-Huberti, in einer Zeit kleiner werdender Gottesdienstgemeinden und knapper werdender Ressourcen ein Buch über die katholischen Kirchen und Kapellen unserer Stadt Düsseldorf herauszugeben. Dieses Buch vergegenwärtigt den Reichtum der Düsseldorfer Kirchenlandschaft. Es lässt ahnen, was uns fehlen würde, wenn es diese Kirchen und Kapellen nicht gäbe.

Ich sage bewusst „uns". Denn Gott braucht für sich keine Kirchen. Er würde es aushalten, wenn in Düsseldorf statt der Kirchtürme Minaretts in den Himmel ragten und die Kirchen in Museen, Thermen und Konzertsäle umgewandelt würden. Aber ob wir glücklicher wären, wenn St. Maximilian die „Max-Adidas-Halle" wäre oder St. Lambertus die „Nutella-Basilika", die man für private Partys mieten kann?

Geld ist nicht alles. Mit Geld kann man manche Würdelosigkeit abwenden und einer Vermarktung der Gotteshäuser wehren. Aber wirklich retten können nur die Beter unsere Kirchen. Nur sie halten die Kirchen offnen, nur sie erhalten die Kirchen in ihrer ursprünglichen Funktion, Orte zu sein, wo Menschen Gott begegnen können. Wenn man genau hinschaut, müsste man meine Aussage sogar umkehren und sagen: Die Kirchen retten die Menschen. Ihre Türme sind die Zeigefinger, die über uns hinausweisen, ihre Schiffe sind Orte der Geborgenheit, ihre Glocken Einladungen zur Unterbrechung der Arbeit und zum Fest, ihre Kirchturmhähne Mahnungen zur Wachsamkeit.

Eine Kirche ist ein Ort, wo Gott auf mich wartet. Die Ampel mit dem Ewigen Licht zeigt: Gott ist immer für mich da. Ich kann ihn ansprechen – jederzeit. Natürlich nicht nur in der Kirche, aber vielen Menschen fällt es dort leichter. Besonders dann, wenn sie ungeübt sind, wenn sie sich noch nicht auf die Kunst verstehen, Gott in allen Dingen zu suchen und zu finden. In den Kirchen finde ich die Menschen, denen Gott auch wichtig ist, die ihn suchen, die seine Freunde und Freundinnen sein wollen. Wer sein Freund sein will, könnte auch meiner werden.

Kirchen erzählen Geschichten. Ihre Altäre, ihre Kanzeln und Bilder, ihre Orgeln erzählen uns Geschichten, wie Menschen versucht haben, Gott zu verehren, wie sie versucht haben, auf Gottes Ruf und Liebe zu antworten. Allein deshalb lohnt es sich schon, in die Kirche zu gehen. Allein das ist schon Grund genug, alle Kirchen offen zu halten.

Das Buch, das Sie in Händen halten, lädt Sie zu einer Entdeckungsreise ein, Gott in seinen und unseren Kirchen zu suchen und zu finden. Darum unterstütze ich die Idee dieses Buches über die Düsseldorfer Kirchen und Kapellen von Herzen und empfehle es Ihnen.

Ihr

Monsignore Rolf Steinhäuser
Stadtdechant von Düsseldorf

Vorwort der Autoren

Schon ein erstes Blättern im Buch zeigt die große historische und stilistische Vielfalt der 1300-jährigen Kirchbaugeschichte des heutigen Düsseldorf. Die Gründung eines Klosters durch Suitbertus in Kaiserswerth um das Jahr 700 markiert sicher den Beginn. Von großartigen Bauwerken wie der ehemaligen Stiftskirche in Gerresheim oder der Stadt- und Stiftskirche St. Lambertus bis zum modernen Klassiker St. Rochus in Pempelfort kann Düsseldorf die ganze Palette des Kirchbaus des vergangenen Jahrtausends aufweisen. Vielleicht bleibt der Blick an einer der malerisch erhaltenen kleinen romanischen Kirchen des Umlandes hängen oder an einer prachtvollen barocken Innenausstattung. Vielleicht fesseln aber auch eine der aufwendig gestalteten Fassaden aus der Gründerzeit oder ein besonders stimmig zur Sammlung anregender moderner Innenraum.

Wir Autoren hatten den Wunsch, lesefreundliche, neugierig machende Texte zu verfassen. Deshalb haben wir jeweils Besonderheiten herausgegriffen, um in der Zusammenschau ein möglichst lebendiges und umfassendes Bild entstehen zu lassen. Manchmal ist es die Entstehungsgeschichte, manchmal sind es das Patronat, einzelne Ausstattungsstücke oder eine ungewöhnliche Gestaltungsweise, die durch Text und Bild besonders betont werden. Zu einzelnen Themen oder Persönlichkeiten bieten wir in knappen Zusatztexten weitere Informationen. Um die Haupttexte von Jahreszahlen und Künstleraufzählungen möglichst frei zu halten, sind die Baugeschichtsdaten in der Randspalte aufgeführt. Ausführliche Inventarverzeichnisse im Anhang und ein Künstlerregister bieten dem Leser zudem die Möglichkeit, nach Querverweisen zwischen *seinen* Kirchen zu suchen. Wir möchten Sie einladen, sich selber auf den Weg zu machen. Finden Sie Ihre eigenen Blickwinkel und erleben Sie die Düsseldorfer Kirchen als lebendige, sehr unterschiedlich geprägte Orte des Glaubens und Staunens.

Großer Dank gilt dem Herausgeber und Mitautor Prof. Dr. Manfred Becker-Huberti, ohne dessen unermüdliches Engagement dieses Buch nie entstanden wäre. Unser Dank gilt im gleichen Sinne dem Düsseldorfer Stadtdechanten Monsignore Rolf Steinhäuser sowie sämtlichen Ortsgemeinden. Die Pfarrer, Pfarrsekretärinnen, Küster, Archivare und zahlreiche weitere Engagierte dort haben unsere Arbeit sehr unterstützt. Der Fotograf Markus Bollen hat mit seinem Team unsere speziellen Blicke auf die Bauten im Bild festgehalten und die Lektorin Christiane Wirtz behielt mit großer Ruhe den Überblick und führte alle Fäden zum vorliegenden Ergebnis zusammen. Allen ein herzliches Dankeschön!

Markus Eckstein

Monika Schmelzer

Beatrice Tomasetti-Gatzweiler

St. Lambertus

Altstadt

Karte Nr. 1

Adresse:
Stiftsplatz 1
40213 Düsseldorf
Tel. 0211-132326
www.lambertuskirche.de

Geschichte: 1159 Marienkapelle urkundlich belegt, vermutlich um 1200 Pfarrkirche; Ende des 12. Jh. zur Kleinbasilika erweitert; 1288 nach Stadterhebung wird St. Lambertus zum Marien(kollegiat)stift; Erweiterung (Mittelschiff, Chor, Westturm); 1370-94 führt Erhebung der Grafen von Berg zu Herzögen zur Vergrößerung der Kirche mit drei Schiffen und Chorumgang; 1384-1651 Grabkirche der Herzöge; 1805 wird die Stiftskirche im Zuge der Säkularisation wieder zur Pfarrkirche St. Lambertus.

Unverwechselbar die „Grote Kerk" von Düsseldorf mit schiefem Turm

Wer sich, von Westen kommend, über Heerdt und Oberkassel dem Zentrum von Düsseldorf nähert, steht plötzlich am Rhein – und sieht sich mit der Skyline der Stadt konfrontiert. Ufernah ragt in der Mitte ein Kirchturm hervor, der in sich gedreht ist. Auch Düsseldorf hat einen schiefen Turm. Er gehört zur Stadtpfarrkirche St. Lambertus, die aus einer im 12. Jh. bezeugten Marienkapelle an gleicher Stelle entstanden ist. Sie ist das Herz der Stadt, Nachfolgerin der frühest erwähnten Kirche Düsseldorfs.

Ein Blitzschlag am 11. Januar 1815 setzte die Turmspitze in Brand; ein Totalschaden konnte nur durch den tollkühnen Einsatz des Schlossermeisters Josef Wimmer vermieden werden, der die brennenden Balken absägte. Der bleierne Turmhahn schmolz bei der Aktion; das Blei tropfte auf Wimmers Zylinder und überzog ihn mit Blei. So ist er noch heute in der Schatzkammer zu bewundern. Das neue Holz verdrehte den Turm nach seiner Reparatur ein wenig nach Westen. Bei der Turmrenovierung, geplant von Adolph von Vagedes, wurde diese markante Drehung ebenso beibehalten wie bei der Sanierung nach dem Zweiten Weltkrieg.

Der Besucher betritt die Kirche durch das Südportal, nachdem er sich über den Stiftsplatz, die frühere Stiftsimmunität und späteren Friedhof, der *Grote Kerk*, wie die alten Düsseldorfer sagen, genähert hat. Rechts ragt die zweigeschossige Sakristei auf, deren erste Etage früher Kapitelsaal und Ort von Stadtratsitzungen war. Quantitativ *groß* ist diese knapp 42 Meter lange Kirche mit 400 Sitzplätzen sicher nicht; groß ist ihre historische und kunsthistorische Bedeutung, weswegen der Papst sie 1974 zur *Basilica minor* erhob.

Mit wenigen Ausnahmen reicht die Ausstattung der Kirche nicht über das Ende des 17. Jh. zurück, die Folge einer Pulverturm-

explosion 1634. Zu der ältesten Ausstattung gehört das Chorgestühl aus der Zeit des Herzogs Wilhelm II. (1475-1511). Derselbe stiftete das Sakramentshaus an der nördlichen Seite des Chorhauses. Seines ornamentalen Schmuckes und Figurenreichtums wegen wird es als eines der bedeutendsten spätgotischen Werke seiner Art am Niederrhein bezeichnet. Die beiden Säulen am Choreingang zeigen die Figuren Maria vom Siege und die des hl. Lambertus, beide 15. Jh. Das Mariengnadenbild stand früher als Wallfahrtsziel in der Kreuzherrenkirche.

Im Volksaltar sieht man den Reliquienschrein des hl. Apollinaris, des Düsseldorfer Stadtpatrons. Nach dem Vorbild des Engelbert-Schreins im Kölner Domschatz sitzt der Heilige, gemäß dem in der Renaissance entstandenen Sarkophagtypus, auf dem Deckel. Die Reliquien wurden im Rahmen einer Fehde Ende des 14. Jh. auf dem Remagener Apollinarisberg „erworben". Im Zentrum des Hochaltars steht die der Grupello-Schule zugeschriebene Mondsichelmadonna. Im Scheitel des Chorumgangs befindet sich über der Fürstengruft das Wandgrab Herzog

Aus einer Kapelle entstand die heutige *Basilica minor*.

Der hl. Apollinaris sitzt auf seinem Reliquienschrein.

Der am Kreuz sterbenden hl. Kümmernis spielt ein Spielmann zum Trost auf.

Wilhelms des Reichen (gest. 1592). Zu seinen Seiten stehen die letzten Altäre der Düsseldorfer Zünfte: links der Altar der Goldschmiede mit dem Gnadenbild *Maria in der Not* aus dem 14. Jh. und der Altar der Schneider, deren Patron St. Martin seinen Mantel teilend auf dem Bilderrahmen thront. Mag diese Kleinplastik künstlerisch auch nicht zu den Spitzenwerken zählen, die theologische Positionierung macht sie einzigartig: Kein Bettler nimmt den Mantel entgegen. Die Betrachter und Beter nehmen die Rolle des Bettlers ein – und dürfen sich beschenkt fühlen.

Die ursprüngliche Ausmalung der Kirche hat sich nicht erhalten, wohl aber an der Südwand drei der Lochner-Schule zugeschriebene Fresken aus der zweiten Hälfte des 15. Jh.: eine thronende Gottesmutter, die hll. Reinhold und Margarete sowie eine hl. Kümmernis (auch: St. Wilgefortis oder Sainte Affligée), eine „mythologische Volksheilige fraulicher Sorge und Abwehr“, entstanden aus dem Missverständnis des Volto Santo im Dom zu Lucca/Italien. Die – falsch interpretierende – zugehörige Legende berichtet: Eine christliche Tochter eines heidnischen königlichen Vaters hatte den für sie ausgesuchten heidnischen Prinzen nicht heiraten wollen und sich deshalb von Gott Hässlichkeit gewünscht. Mit einem Bart versehen, offenbarte sie sich ihrem Vater, der sie zur Strafe ans Kreuz schlagen ließ. Ein Spielmann spielte der Sterbenden auf und wurde durch einen goldenen Schuh belohnt.

Das Westportal wurde Anfang der 1960er-Jahre von Ewald Mataré, Lehrer von Joseph Beuys, geschaffen. Sein Thema ist die Aussage „Ich bin die Tür“ (Joh 10,9). Im Hauptteil zeigt das Portal die Heimkehr des verlorenen Sohnes zum Vater. Das Kreuz im runden Bogen des Portals deutet darauf hin, dass der verlorene Sohn, der als Vertreter der Menschen zum Vater heimkehrt, Jesus Christus ist. Die Herzwunde des Gekreuzigten ist das Tor, durch das alle heimkehren können.

Ein Besuch der Schatzkammer von St. Lambertus mit einem sehenswerten Bestand an liturgischem Gerät und liturgischen Textilien ist zu empfehlen.

MBH

Karte Nr. 1a

Kreuzherrenkirche

Altstadt

Die heutige Schul- und Jugendkirche ist eine – am Niederrhein sehr seltene – zweischiffige, schmucklose Backsteinhalle mit einem Ostturm zwischen beiden Chören, die nach 1443 als Kloster- und Wallfahrtskirche am Ort einer 1399 erneuerten Marienkapelle errichtet wurde. Das südliche Schiff, das nun die Marienkapelle einbezog, diente weiterhin der Marienverehrung. Hier stand die Maria vom Siege aus dem 15. Jh., heute in St. Lambertus aufgestellt. Das nördliche Schiff nutzten die Kreuzherren zur Messfeier und zum Chorgebet. 1812 profaniert, wurde die Kirche von der russischen Besatzung als Pferdestall missbraucht, später wurde sie Depot und Finanzamt. Im Zweiten Weltkrieg schwer beschädigt, restaurierte man sie in den 1960er-Jahren. In den Schlusssteinen finden sich die Wappen der Stifter: Herzog Gerhard von Jülich und seiner Gemahlin Sophie von Sachsen-Lauenburg. Der Gewölbeschlussstein im ersten Joch zeigt die älteste Darstellung des alten Düsseldorfer Stadtwappens: weißer Anker auf rotem Grund. *MBH*

Adresse:
Ursulinengasse 6
40213 Düsseldorf

Geschichte: Nach 1443 anstelle einer Marien-Wallfahrtskirche als Kloster- und Wallfahrtskirche gebaut; 1812 profaniert; nach schweren Zerstörungen im Zweiten Weltkrieg in den 1960er-Jahren wieder aufgebaut; heute Schulkirche des Ursulinen-Gymnasiums und Jugendkirche der Stadt.

Schon von außen ist die Zweischiffigkeit der Kreuzherrenkirche erkennbar.

Die beiden Schiffe der Kirche werden durch eine Säulenreihe in der Mitte getrennt.

Karte Nr. 1b

Kapelle St. Josef

Altstadt

(des ehemaligen Theresienhospitals)

Der kurfürstliche Baudirektor Mattheo Alberti soll die im Grundriss durch ein griechisches Kreuz bestimmte Klosterkirche entworfen haben, zu der 1712 der Grundstein gelegt wurde. Die barocke Ausstattung der 1716 fertiggestellten Kirche und die von Tiepolo-Schülern gestalteten Deckengemälde sind beim kriegsbedingten Einsturz 1943 zerstört worden. Der Wiederaufbau und die notwendige Restaurierung in den 1970er-Jahren erhielten ein barockes Backstein-Kleinod. In der Kirche befindet sich die Grabstätte der Mystikerin und Ordensschwester Emilie Schneider (1820-59), deren Seligsprechung betrieben wird. *MBH*

Adresse:
Altestadt 2
40213 Düsseldorf

Geschichte: 1712 Grundsteinlegung, 1716 fertiggestellt, im Zweiten Weltkrieg zerstört; Wiederaufbau in den 1950er- (Hans Maes, Paul Pohl), umgestaltet in den 1970er-Jahren, Außenrestaurierung 1975/76 (Edmund Spohr) und zwischen 1989 und 1996 innen restauriert und neu ausgemalt durch Wolfram Köberl.

Die Front der Kapelle St. Josef bietet ein harmonisches Bild.

St. Adolfus
Pempelfort

Karte Nr. 2

Adresse:
Fischerstraße 77
40476 Düsseldorf
Tel. 0211-491770
www.adolfus.net

Geschichte: 1903 erster Bauabschnitt der dreischiffigen neuromanischen Werksteinbasilika nach Plänen von Caspar Clemens Pickel, Düsseldorf; 1904 selbstständige Pfarre; 1911-13 zweiter Bauabschnitt mit Querhaus, Chor, Sakristei und Doppelturmfassade; 1930 statische Sicherung, Architekt Franz Schneider, Düsseldorf; 1945-52 Wiederherstellung durch Heinz Thoma, Düsseldorf; 1976-2005 Restaurierung mit der Beseitigung von Kriegsschäden.

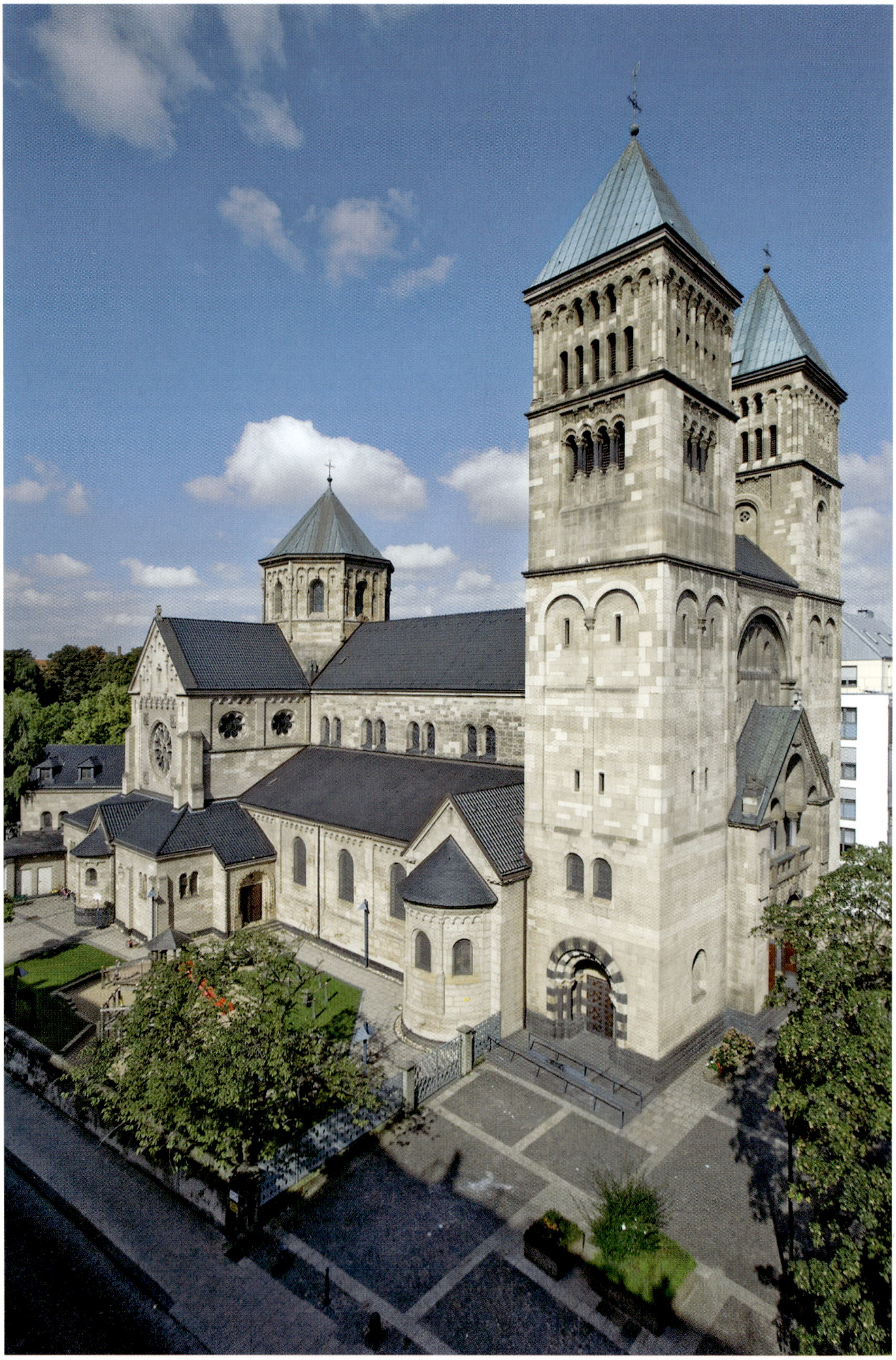

Bis ins 21. Jh. dauerte die nach dem Krieg begonnene Instandsetzung der auf den hl. Adolfus von Cordoba konsekrierten Monumentalkirche an, die seit 2005 endgültig in neuem Glanz erstrahlt.

„Architektur erlebt man, indem man sie durchschreitet", sagt Richard Seewald. Und das muss der Künstler, der seine Handschrift in St. Adolfus wie kein anderer verewigt hat, mit Herz und Verstand getan haben, als er 1956 dem monumentalen Bau mit einer einheitlichen Fenstergestaltung und dem großflächigen Christusmosaik auf der Altarwand ein Gesicht

Der Sündenfall aus dem von Richard Seewald geschaffenen Fensterzyklus zum Schöpfungsbericht

gab. Denn heute profitiert das Raumerlebnis dieser in ihren Maßen ausladend schweren und dennoch schlicht und fast schmucklos wirkenden Architektur von den wenigen Bildern, die die Fenster mit ihren bunten Bibelgeschichten an die Wand werfen. Und das tun sie in der anschaulichen Formensprache der 50er-Jahre, die hier nichts abstrakt fasst, sondern begreifbar erzählt: von den christlichen Urbildern, den biblischen Archetypen mit ihrer symbolhaften Bedeutung, die den Christen in 2000 Jahren vertraut geworden sind, wie zum Beispiel in der Taufkapelle das Blut vergießende Lamm Gottes oder der aus den Flammen verjüngt aufsteigende Phönix. Andere Symbole sind die des Taufgeheimnisses: das Wasser, das unter dem Schlag des Mosesstabes aus dem Felsen hervorbricht, oder die Tafeln des Alten Bundes. Die Chorfenster indes verweisen auf das erste Kapitel des Buches Ezechiel, in dem der Prophet seine Berufungsvision erzählt. Jedes der vier Wesen in Menschengestalt ist einem der Evangelisten zugeordnet. In den Rundfenstern der Vierung sind es „schauende Räder", deren Felgen voller Augen sind. Sie wechseln ab mit Darstellungen von kreisenden und fallenden Sternen als Sinnbildern der apokalyptischen Erscheinungen bei der Wiederkehr des Herrn. In den Fenstern des Querschiffes spiegeln sich dann Motive aus der Apokalypse selbst und in den Seitenschifffenstern die des Schöpfungsberichtes. Gottes Heilsordnung und ihre Zerstörung durch den Menschen ist das übergeordnete Thema, dem Seewald die vielen Einzelzyklen unterstellt und das im Sündenfall, dem Fenster im vorderen rechten Seitenschiff, eine konzentrierte Zuspitzung erfährt.

Es gehöre zum Wesen des Menschen, in Bildern zu denken, sagt Seewald und stellt seine Kunst damit bewusst der aufkommenden Bilderfeindlichkeit seiner Zeit entgegen. Nur eine solche Haltung erklärt den überdimensional triumphierenden Christus im optischen Zentrum der Kirche, der wie eine Zeichnung in die Wand eingeritzt zu sein scheint. In Gestik und Körpersprache ist es genau diese Monumentalität, die die stumme und doch unübersehbare Einladung an den Menschen zum Ausdruck bringt, teilzuhaben an der unglaublichen Botschaft vom Auferstandenen. *BTG*

Wie ein Sgraffito erscheint das in die Altarwand eingelassene Mosaik des Triumphators von Richard Seewald.

St. Agnes Angermund

Karte Nr. 3

Ernst Otto Köpkes Fenster spenden mildes Licht.

Adresse:
Graf-Engelbert-Straße 18
40489 Düsseldorf
Tel. 0211-654024

Geschichte: Nach 1188 Bau einer Georgskapelle in der vom Kölner Erzbischof Philipp von Heinsberg erworbenen Burg Angermund; 1518 Weihe eines zusätzlichen Agnesaltares; 1630 Zerstörung durch holländische Truppen; 1637-51 Neubau auf einem vom Landesherrn Wolfgang Wilhelm von Berg gestifteten Grund; 1697 Weihe; 1871-73 Erweiterung der holzgedeckten Hallenkirche zur steingewölbten Basilika mit erhöhtem Mittelschiff und Turm, Architekt Carl August Lange, Köln; 1950-54 und 1967-70 Renovierungsarbeiten und Umgestaltungen des Chors, Architekt Theo Scholten, Oberhausen; 1995-97 teilweise Wiederverwendung der historistischen Ausstattung und Sakristeianbau, Architekturbüro Caspar Richter, Düsseldorf.

Angermund besaß zwar seit 1658 ein eigenes Gotteshaus, aber keinen Pfarrer. Ihrer Sonntagspflicht kamen die Bewohner des Städtchens in der Mutterkirche St. Lambertus in Kalkum nach. Doch im Winter, bei Schnee und Regen durchs versumpfte Gelände, war der ein- bis anderthalbstündige Marsch dorthin oft unmöglich. Auch der Kalkumer Pfarrer hatte Mühe mit den langen Wegen. Und so beanstandeten die Angermunder damals, es stürben viele Kranke ohne Sakramente, Kinder blieben ungetauft, die neue Lehre des Protestantismus breite sich aus und die Leute verwilderten und würden atheistisch. Erst mithilfe solch zwingender Argumente konnten die Einwohner erreichen, dass der Generalvikar Angermund zur selbstständigen Gemeinde erhob. Das war 1703. Der um das Einkommen des künftigen Ortsseelsorgers bemühte kurfürstliche *Kellner* (Vermögensverwalter) Weitz listete 135 Haus-

Türgriff des Portals aus dem 19. Jh.

Gut erkennbar sind die barocken Bruchsteinmauern im Anschluss an den neuromanischen Turm.

halte der jungen Pfarrgemeinschaft auf – die Hausvorstände namentlich, denn sie mussten künftig für den Unterhalt des Pfarrers sorgen.

170 Jahre später sollte die mittlerweile in die Jahre gekommene Pfarrkirche erneuert werden. Nahe liegend waren Abriss und kompletter Neubau. Doch die Gemeinde setzte nun gegen das Generalvikariat mit kräftiger, auch finanzieller Unterstützung durch August Graf von Spee durch, dass die Kirche unter Verwendung der barocken Außenmauern lediglich erweitert wurde. Eine gewisse Beharrlichkeit blieb den Angermundern wohl zu eigen.

Die Seitenschiffwände und der Langchor aus unregelmäßigem Bruchstein sind außen noch sehr gut von den im 19. Jh. ergänzten Backsteinwänden des hohen Schiffes und der Apsis zu unterscheiden. Innen ist der Ursprungsbau lediglich an den Proportionen ablesbar. Der niedrige, kreuzrippengewölbte Obergaden nimmt Rücksicht auf den früheren Hallenraum und seine schmalen Seitenschiffe. Die romanisierenden Mittelschiffsäulen wirken vor den großen barocken Rundbogenfenstern schlank und beinahe elegant. Ernst Otto Köpkes Chorfenster von 1950 fassen die Geschichte der Ortskirche zusammen: Die Heiligen Agnes und Georg waren schon im Mittelalter deren Patrone. Brote und ein Fisch im Mittelfenster erinnern daran, dass hier vor über 300 Jahren zum ersten Mal die Eucharistie von einer selbstständigen Gemeinde gefeiert wurde.

M. E.

Karte Nr. 3a

Kapelle Schloss Heltorf
Angermund

Der Graf von Spee hatte schon im 19. Jh. bei der Erweiterung von St. Agnes „fleißigen Antheil am religiösen Leben" Angermunds gezeigt. Die Anteilnahme der gräflichen Familie gilt bis heute. In der 1853/54 von Graf August Wilhelm von Spee und seiner Gattin Marie erbauten Schlosskapelle findet allsonntäglich ein öffentlicher Gottesdienst statt. Die Pläne zu dem Bauwerk im reifen Stil rheinischer Romanik der Zeit um 1240 lieferte der Düsseldorfer Architekt und Akademiekünstler Rudolf Wiegmann. Das große Altarbild von Ernst Deger – auch dies beste Düsseldorfer Schule – zeigt Maria als Himmelskönigin. Auf dem Schoß trägt sie ihr in Rot und zartem Rosa gekleidetes göttliches Kind.

M. E.

Adresse:
Heltorfer Schloßallee 100
40489 Düsseldorf
Tel. 0203-746465
Kapelle und Schlosshof sind nicht frei zugänglich.

Geschichte: im 11. Jh. erste Nennung von Burg Heltorf; seit 1649 im Besitz der Familie von Spee; ab 1669 Umbau des Schlosses, die barocke Vorburg erhalten; 1822-27 Herrenhaus, Architekt Heinrich Theodor Freyse, Essen; um 1850 Bibliotheksgebäude, Architekt Vincenz Statz, Köln; 1853-54 Bau der Kapelle, Architekt Rudolf Wiegmann, Düsseldorf; die Weihe erfolgte vermutlich auf Maria Königin.

Chorraum der Kapelle – im Triumphbogen die Wappen der Stifter Graf August Spee und Gattin Marie geb. Gräfin Galen

St. Andreas
Altstadt

Karte Nr. 4

Adresse:
Andreasstraße 10
40213 Düsseldorf
Tel. 0211-136340
www.dominikaner-duesseldorf.de

Geschichte: 1619 lassen sich Jesuiten in Düsseldorf nieder; 1622 Genehmigung der Kirchbaupläne durch den Ordensgeneral; 1622-29 Bau der Kirche; 30.11.1629 Weihe; ab 1632 entstehen die reichen Stuckarbeiten durch einen dazu berufenen Künstler nach Vorgaben des Herzogs und der Jesuiten; 1651 Anlage einer Gruftgrablege für die Pfalz-Neuburger; Mausoleum Ende 1717 fertiggestellt.

St. Andreas zeigt sich als römisch inspirierter süddeutscher Frühbarock in Düsseldorf.

Reiche Stuckdekoration und zahlreiche Heilige – die Kirche als Abbild des Himmels

Fast so wie sich ein Hund an die Füße seines Herrchens kuschelt, scheint sich das Kabarett Kommödchen an das Hauptportal von St. Andreas zu schmiegen. Die das Wort wie eine Waffe führen, fühlen sich offensichtlich neben einer Kirche wohl, in der seit jeher rhetorisch geschulte Ordensleute die Predigtkultur pflegen. 1622-29 wurde St. Andreas von Herzog Wolfgang Wilhelm von Pfalz-Neuburg (1578-1653) für die seit 1619 in Düsseldorf wirkenden Jesuiten erbaut. Die Klosterkirche, an die westlich das Konventgebäude angebaut wurde, war zugleich Hof- und Grabkirche der Pfalz-Neuburger. Das nach Norden ausgerichtete Gebäude ist eine dreischiffige kreuzrippengewölbte Emporenhalle mit vierseitigen Chorflankentürmen. Das Mausoleum entstand erst zu Beginn des 18. Jh. im Scheitel der Chorapsis, flankiert von den Sakristeibauten. Die Grablege ist außen ein zwölfseitiger, innen aber sechsteiliger Zentralbau mit Schweifdach und Laterne. Vorbild von St. Andreas war die Hofkirche in Neuburg an der Donau, die aber nur einen Fassadenturm aufweist.

Die Düsseldorfer Andreaskirche ist eine der bedeutendsten künstlerischen Leistungen des 17. Jh. am Niederrhein. Im Umfeld der gotisierenden Jesuitenkirchen der rheinischen Ordensprovinz, wie zum Beispiel Maria Himmelfahrt in Köln, stellt diese Kirche im Stil des römisch inspirierten süddeutschen Frühbarocks einen Einzelfall dar.

Der Innenraum entbehrt den im Zweiten Weltkrieg zerstörten frühklassizistischen Hauptaltar (ein 1739 in Auftrag gegebener Entwurf von Johann Joseph Couven wurde vermutlich nicht ausgeführt). 1960 gestaltete Ewald Mataré den Chorraum mit Hochaltar und Aufgang neu. Ziel war es, einen Raum für die Ewige Anbetung zu schaffen, denn St. Andreas war seit 1933 Anbetungskirche, in der das Allerheiligste, eine konsekrierte Hostie in einer Monstranz, ständig ausgestellt sein sollte. Die ab 1632

Der Prachtsarkophag Jan Wellems mit einem Reliefvorsatz, der vermutlich auf Gabriel de Grupello zurückgeht.

Der Anbetungsaltar mit einer der berühmten Madonnen des Nazareners Ernst Deger

entstandenen Stuckdekorationen des Kalkschneiders Johannes Kuhn sind von hoher Qualität. Seitenaltäre, Kanzel, Beichtstühle und Kirchenbänke stammen aus der Mitte bzw. der zweiten Hälfte des 17. Jh. Das Altarblatt des linksseitigen Marienaltars, heute zugleich der Anbetungsaltar, malte 1832 Ernst Deger, der unter den Düsseldorfer Nazarenern als der *Madonnenmaler* gilt. Das Marienbild aus St. Andreas wurde in Form eines Stahlstichs als Gebetbuchbild weit verbreitet. Über dem Westportal befindet sich innen eine vergoldete Stuckbüste des Kirchenstifters. Gabriel de Grupello schuf vermutlich das Bronzerelief und das Bronzekruzifix am Zinnsarg des Kurfürsten Jan Wellem (gest. 1716). Der Prachtsarkophag bildet den Mittelpunkt des Mausoleums, das als letzter Ruheort die ältere Gruft der Pfalz-Neuburger unter der Kirche ablöste und vermutlich von Simon Sarto geschaffen wurde.

St. Andreas blieb bis zur Auflösung des Jesuitenordens 1773 Klosterkirche. 1805 säkularisiert, wurde Andreas 1842 die dritte Pfarrkirche in der Altstadt, zunächst betreut von Jesuiten, die sich als Weltpriestergemeinschaft zusammengeschlossen hatten. 1972 übernahmen die Dominikaner, wie die Jesuiten gerühmte Prediger, die Seelsorge an dieser Kirche, die sich bis heute im Besitz des Landes Nordrhein-Westfalen befindet. 2009 wurden auf der Empore zwei Schatzkammern eingerichtet, um ausgewählte Stücke des umfangreichen Kirchenschatzes auszustellen. *MBH*

Die Nazarener: Innerlich Empfundenes in schönliniger Form

Der hochbegabte Lübecker Künstler Johann Friedrich Overbeck (1789-1869) ließ sich in Wien an der Akademie ausbilden. Unzufrieden mit dem Stil seiner Zeit und auf der Suche nach neuen Ausdrucksformen für das Religiöse, gründete er nach dem Vorbild der alten Malergilden 1809 den *Lukasbund*. Nach Rom übersiedelt, schlossen sich Overbeck andere Künstler an. Unter dem Losungswort *Wahrheit* wollten sie weg von Effekthascherei und hin zu Natur, Exaktheit, klarer Linie und Einfachheit. Die reine und gewissenhafte Ansprache des innerlich Empfundenen in schlichter und ungekünstelter Form war ihr Ziel. Auch der Bildhauer Rudolf Schadow (1786-1822) und sein Bruder, der Maler Wilhelm Schadow (1789-1862), stießen hinzu, ebenso der Düsseldorfer Peter Cornelius (1783-1867).

Unter Wilhelm Schadow als Leiter der Düsseldorfer Kunstakademie wurde eine Kupferstecherausbildung begonnen. Sie war Voraussetzung für eine Innovation. Künstler, Kleriker und Kaufleute gründeten 1842 den *Verein zur Verbreitung religiöser Bilder in Düsseldorf*. In Form von kleinformatigen Stahlstichen, die hohe Auflagen ermöglichten, sollte „das ganze Leben des Heilands und der Mutter des Herrn" und alle Namenspatrone wiedergegeben werden. Vorlagen waren Bilder und Fresken der Nazarener oder deren Vorbilder. Ein populäres Bild befindet sich in St. Andreas; es wurde vielfach kopiert: Degers Madonna am linken Seitenaltar.

Allein in den ersten 25 Jahren seines Bestehens hat der Verein fast acht Millionen Stahlstiche ausgegeben. Papst Pius IX. (1846-78) und sogar der protestantische Preußenkönig Friedrich Wilhelm IV. (1840-61) gehörten zu den Bewunderern der nazarenischen „Schönlinigkeit".

Zwar haben die Nazarener eine große Zahl von Kunstwerken geschaffen, aber dauerhaft mit ihrer Kunst wenig Anerkennung gefunden. Nicht nur die Kriege haben zahllose Werke zerstört, sondern auch Unverstand und neue Moden. Eine umfassende Aufarbeitung dieser bedeutenden Epoche Düsseldorfer Kunstschaffens steht noch aus. *MBH*

St. Antonius
Oberkassel

Karte Nr. 5

Beeindruckend geformte Masse der Kirche

Adresse:
Luegalle 61
40545 Düsseldorf
Tel. 0211-5779000
www.st-antonius-oberkassel.de

Geschichte: 1872 Gründung eines Marienbauvereins für Ober- und Niederkassel; 1891 Bau der Notkirche St. Antonius von Padua für Ober- und Niederkassel; 1907 Gründung Kirchbauverein für Oberkassel; 1909/10 Bau der St. Antoniuskirche an der Luegallee, Architekt Josef Kleesattel, Düsseldorf; 30.4.1911 Weihe; bis 1950 Wiederaufbau nach Kriegszerstörung im Innern; bis 1959 reduzierte Instandsetzung der Türme, Architekt Hermann Josef Baum, Düsseldorf; 1961-64 Bau der Krypta, Architekt Gottfried Böhm, Köln; 1974-86 umfangreiche Instandsetzungsarbeiten, Architekten Hubert Brauns und Richard Janeschitz-Kriegl und Ausmalung durch Gerhard Wind, alle Düsseldorf.

Dies sei ein Großraumballon. Man dürfe mit Vergnügen beobachten, wie sich Wind und Wand verbinden und der Raum sich in einer Erregung der Fläche mitteile! So heiter-optimistisch urteilte Oberbaurat Bollenbeck Anfang der 1980er-Jahre über die geplante Ausmalung von St. Antonius durch den Künstler Gerhard Wind. Und tatsächlich: Winds kompliziert geknüpfte Netze und Mäander an Wänden und Gewölben verschaffen ein fulminantes Raumgefühl. Betritt man die „in wuchtigen und schönen Formen des frühromanischen Stiles gehaltene Anlage" (Architekt Kleesattel), dann weicht das massiv und aufwendig gestaltete Äußere dem Eindruck puren Volumens. Geradezu klassisch großartig gestaltet (die Kuppelausmalung ähnelt dem Pantheon in Rom), ist das drohende Übermaß dennoch sensibel gestimmt. Wenige große Ausstattungsstücke füllen den Leer-Raum mit der Absicht auf den Ernst der Gottesfeier: Blockaltar und Kruzifix, das Sakramentshaus, Ambo und Osterleuchter.

Ein großzügiger, monumentaler Raum

Antikisierender „Großraumballon“ – Gerhard Winds Kuppelausmalung

Verbindende Elemente zur Ausmalung sind die Rauten- und Winkelformen an Altar und Tabernakel. Auch das Muster des Wind'schen Steinfliesenbodens und die Stuckrhombenwand der Sakramentskapelle passen zu den Hauptstücken.

In kühler Farbigkeit unterstreichen die Fenster aus den 1960er-Jahren diese Homogenität. Mit über 100 Motiven sind sie die umfassendste Arbeit des Glasmalers Ernst Jansen-Winkeln. Der historische Marienaltar im Eingangsbereich zeigt, dass St. Antonius – heute vom Autoverkehr umspülte Großstadtkirche – weiterhin ein Ort auch der intimen Glaubenspraxis ist: Um die 120.000 Opferkerzen brennen hier jährlich zu Ehren der Mutter Gottes!

M. E.

Adresse:
Kanalstraße 2
40547 Düsseldorf
Tel. über St. Antonius

Geschichte: 1891 Bau der Notkirche St. Antonius von Padua für Ober- und Niederkassel, Oberkasseler Straße, Architekt Carl Causin; 1911 Erhebung zur Rektoratskirche und Umweihung auf die hl. Anna nach Bau der St. Antoniuskirche, Oberkassel; 1918 Erhebung zur Pfarre; 1936-38 Turmanbau, Architekt Martin Weber, Frankfurt/Main; 1967/68 Bau der neuen Annakirche, Architekt Nikolaus Rosiny, Köln; 19.10.1968 Weihe; 1971 Abriss der alten Annakirche; 1975-78 Sanierung, Verkleiden der Sichtbetonteile mit Kupferblech und Schiefer, Architekt Jürgen Düttmann, Düsseldorf.

Karte Nr. 5a

St. Anna
Niederkassel

Im Bestreben auf einen großzügigen Gesamtraum aus nicht eigenständigen Teilräumen ist die Niederkasseler Kirche mit St. Antonius vergleichbar. Weit ausladend liegt die Altarzone in einem kubisch verschachtelten Raum. Quer und diagonal verlaufende Deckenunterzüge verklären das Gefüge. Architekt Rosiny hatte Ende der 1960er-Jahre die schwierige Aufgabe, zentrale Ausstattungsstücke der alten Not- und Vorgängerkirche – barocker Hochalter, Kanzel, Beichtstühle – in einer modernen, altarzentrierten Gemeindekirche unterzubringen. Zwei spätmittelalterliche Tafelbilder und das in der Nazizeit als „entartet“ gebrandmarkte Kruzifix im Eingangsbereich ergänzen die historische Umschau.

M. E.

Die Standorte von Zelebrations- und Sakramentsaltar bestimmen sich kreuzende Raumachsen.

Das kubische Äußere

Christus König

Oberkassel

Karte Nr. 5b

Ein Kind der späten 1920er-Jahre ist die Christus-König-Kirche. Architekt Schneider nutzte die technischen Möglichkeiten seiner Zeit. Außen suggeriert der lang gestreckte Bau hohe Seitenschiffe. Innen aber lassen die flachen stützenlosen Decken die Stahlbauweise des Neuen Bauens erkennen. Das schweres Holz imitierende Gebälk dient mehr der Versteifung des Kastenbaus. Die geometrisch stilisierten Fenster von Albert Diemke geben mildes Licht. Formal sind sie den monumentalen Backsteinemblemen am Außenbau durchaus angemessen. Blickfang des Kirchraumes ist die den Chor verschließende Ikonostase (Bildwand). Sie wurde von der ukrainisch griechisch-katholischen Gemeinde errichtet, die seit 2003 ihre Gottesdienste in der Kirche feiert. *M. E.*

Das Bild des Christus Pantokrator und die Ikonostase schmücken den kastenartigen Raum.

Adresse:
Pastor-Busch-Weg 9
40547 Düsseldorf
Tel. über St. Antonius

Geschichte: Seit 1927 intensive Bemühungen um ein neues Rektorat in Oberkassel; 1928 Gründung eines Kirchbauvereins; 1929/30 Bau der Kirche, Architekt Franz Schneider, Düsseldorf; 28.9.1930 Weihe; 1931 Erhebung zum Rektorat; 1942 Zerstörung der Fenster, Kirche sonst unbeschadet; 1973 Erhebung zur kanonischen Pfarre; 1979 Bau des Kampanile im Pfarrgarten; seit 2003 Nutzung durch die ukrainisch griechisch-katholische Gemeinde; seit 2008 zusätzlich Nutzung durch die ukrainisch-orthodoxe Gemeinde.

St. Antonius

Friedrichstadt

Karte Nr. 6

St. Antonius ist eine der größten Kirchen Düsseldorfs. Entsprechend erschließt sich jedem Besucher unmittelbar ein überwältigend großzügiger Raumeindruck beim Eintritt in diese tageslichthelle neuromanische Pfeilerbasilika, die mit ihren schmuck- und farblosen Fenstern und Wänden in ihrer architektonischen Klarheit besticht. Reduziert auf das Wesentliche, aber mit kostbar verzierten Baugliederungen entfaltet sie ihre monumentale Pracht. Doch das war nicht immer so. Das burgartige Gotteshaus, dessen Außenwände mit Tuffsteinquadern in leichter Rustika verkleidet sind und ihm etwas von einer wehrhaften Festung geben, präsentierte sich ab 1924 viele Jahrzehnte zunächst mit einer farbigen Ausmalung – in der Apsis sogar mit einer aufwendigen Darstellung der Dreifaltigkeit auf goldenem Grund. Die Kirche besaß kräftig bunte Fenster, die sie insgesamt dunkler, aber eben auch ein ganzes Stück mystischer machten. Umso akzentuierter treten heute die typisch romanischen Stilelemente zutage, denn die reiche Architekturgliederung mit ihrer fein ausgebildeten Ornamentik gibt eine klar verständliche Raumstruktur und eine architektonische Konzentration auf den heutigen Vierungsaltar in blendend weißem Marmor vor. Besonders die Arkaden im Längsschiff

Adresse:
Helmholtzstraße 42
40215 Düsseldorf
Tel. 0211-385110
www.sankt-antonius-friedrichstadt.de

Geschichte: 1906-09 Neubau, Architekten Wilhelm und Paul Sültenfuß, Düsseldorf; 13.6.1909 Weihe am Fest des hl. Antonius von Padua; 1945-49 Wiederherstellung, Architekt Heinz Thoma, Düsseldorf; 1967 Neugestaltung Innenraum mit Aufstellung des Altares in Vierung und Einrichtung einer Werktagskapelle im Chor, Architekt Walter Nitsch, Neuss; 1997-2003 Renovierung mit Umgestaltung der Herz-Jesu-Kapelle in einen *Stillen Raum.*

Der Gekreuzigte als König: Georg Gehring passte sein Kruzifix dem neuromanischen Kirchenraum an.

Das tageslichthelle Kircheninnere offenbart die ganze Monumentalität und klare Gliederung des Baus.

Detailreich und vielfältig sind sämtliche Kapitelle gestaltet.

auf monolithischen Granitsäulen mit kräftigen Basen und plastisch abwechslungsreich geformten Kapitellen unterstreichen die nun ohne verspieltes Beiwerk freigelegte Architektur und lenken den Blick auf schmuckreiche Details. In den Ornamenten der Kapitelle beispielsweise sind auf allen vier Seiten thematische Szenen eingearbeitet, bei denen die Zahl vier den symbolischen Gehalt bestimmt: vier Evangelisten, vier Kontinente, vier Temperamente, vier Lebensalter. Auch die Seitenkapellen, jeweils mit den ursprünglichen Altären, behaupten sich noch einmal neu in dieser nach einer grundlegenden Renovierungsphase der 1960er-Jahre verändert zur Geltung kommenden Architektur. Die ehemals im Turmgeschoss von einer Pendentifkuppel überwölbte Herz-Jesu-Kapelle wurde 2003 zu einem *Stillen Raum* mit vielfältiger Alltagsnutzung umgestaltet. Mit seinem monumentalen Hängekreuz im Chorraum ordnet sich auch der Künstler Georg Gehring noch einmal ganz der neuromanischen Konzeption der Architekten Wilhelm und Paul Sültenfuß unter. In romanischer Formensprache fasst er den gekreuzigten Christus mit einer goldenen Königs- statt Dornenkrone und versinnbildlicht damit Christus als Sieger, wie es im 11. bis 13. Jh. zum gängigen Verständnis des Gottessohnes gehörte.

BTG

St. Antonius

Hassels

Karte Nr. 7

Im oberen Drittel des Fensters sind Davidstern und Sichelmond zu sehen.

Die briefliche Nachricht der in Kaiserswerth ansässigen Glas- und Mosaikwerkstatt Derix vom 12. Mai 1944 an die Hasselser Antoniusgemeinde belegt eine kleine Sensation: Die Montage wolle man zweckmäßigerweise bis nach dem Kriege verschieben. Aber die glückliche Fertigstellung der Fenster trotz der schweren Kriegszeit und die Abnahme der Arbeiten durch den Künstler und den Herrn Pfarrer solle hiermit dem Pfarramt mitgeteilt werden.

Spätestens mit Kriegsbeginn war es in Nazideutschland fast unmöglich geworden, christliche Kunstwerke ohne Andienung an die Machthaber herzustellen oder gar Kirchen zu bauen. Die Päpstliche Hofglasmalerei W. Derix fertigte deshalb während des Krieges vornehmlich Fenster für die beschädigten Wohn- und Geschäftshäuser. Die Ausführung eines achtteiligen Glasmalereizyklus' seines Freundes Wilhelm Schmitz-Steinkrüger gelang Wilhelm Derix allerdings noch in einer Zeit, da bereits die totale Vernichtung der deutschen Städte erfolgte. Der Umstände halber bat er die Pfarrei um eine geringfügige Honorarerhöhung für die Herstellung.

St. Antonius wurde 1927 gebaut. Architektonisch vereinigt die Kirche die für die späten 1920er-Jahre typische geometrisch-monumentalisierende Gestalt des Äußeren mit einer dem Historismus verhafteten neobarocken Saalarchitektur im Innern. Wesentliche Teile der Ausstattung besorgte die Gemeinde erst zwischen 1940 und 1945, anscheinend unbeeindruckt von der glaubensfeindlichen Diktatur. Bis 1940 schuf Otto Bussmann die teils noch erhaltenen Altarfiguren. Die Mosaikmedaillons der Apostelleuchter von Schmitz-Steinkrüger kamen 1942

Adresse:
Am Schönenkamp 145
40599 Düsseldorf
Tel. 0211-741952
www.antoniuselisabeth.de

Geschichte: Wahrscheinlich um 1660 Bau einer vermutlich dem hl. Antonius von Padua geweihten Kapelle auf dem Gebiet der heutigen Pfarrei St. Antonius; vermutlich 1806 erneuert; 1918 Herrichtung eines Tanzsaales als Notkirche; 1926 Abriss der alten Antoniuskapelle; 1927 Bau der heutigen Kirche, Architekt Hermann Schagen, Düsseldorf, geplanter Portalturm über rechtem Vorbau (Kriegergedächtniskapelle) nicht ausgeführt; 1951 Erhebung zur kanonischen Pfarre; 1963-67 Renovierung und umfassende Neugestaltung, Architekt Otto Bongartz, Köln; um 1988 bis 1992 Renovierung sowie umfassende Neugestaltung innen durch Gerhard Wind, Düsseldorf.

Gerhard Winds Fensterrose und das Tauffenster von Paul Weigmann

Die monumentale Ausmalung des Chores mit dem Kreuz ist der Blickfang.

dazu. Der 1944 ausgeführte Fensterzyklus Schmitz-Steinkrügers ist in den aus Rechtecken und Riemchen entwickelten Fonds formal der Kunst seines Lehrers Johan Thorn-Prikker verpflichtet. Die Inschriften zitieren die sogenannten O-Antiphone des Advent. Den Davidstern in einem der Fenster und die Anrufung „O Völker König ... bringe Heil dem Menschen" darf man wohl in einer Zeit, in der Millionen einem anderen „Heil" zuriefen und Millionen in dessen Namen vernichtet wurden, als stillen Protest und als Zeichen nicht erlöschender Hoffnung auffassen.

1963 gestaltete Schmitz-Steinkrüger weitere Fenster für St. Antonius. Die der Emporen wurden 1988 von Gerhard Wind ersetzt, der bis 1992 eine neue, vereinheitlichende Ausstattung der Kirche verantwortete. Ein geometrisch gewinkeltes Sternkreuz diente Wind als Grundfigur für Chorausmalung, Ambo und Tabernakel. *M. E.*

Karte Nr. 7a

St. Elisabeth
Reisholz

Adresse:
Aschaffenburger Straße 35
40599 Düsseldorf
Tel. 0211-741058

Geschichte: 1699 erste Erwähnung der Gemarkung Reisholz; 1907 Bau einer Notkirche auf Kosten der Industrieterrains Düsseldorf-Reisholz AG, Architekt Caspar Clemens Pickel, Düsseldorf; 1951 Erhebung zur kanonischen Pfarre; 1955 Neubau, Architekt Heinz Thoma, Düsseldorf; 23.10.1955 Weihe; 1979 Neuausstattung durch Willi Dirx, Wuppertal.

1907 ließ die Industrieterrains Düsseldorf-Reisholz AG auf einem dem Erzbistum Köln geschenkten Grundstück eine erste Elisabethkirche für Reisholz bauen. 1955 wurde sie durch die heutige ersetzt. Mit dem Baptisterium vor der Doppelturmfront gibt sich St. Elisabeth deutlich als Gemeindekirche zu erkennen. Die Heilig-Geist-Taube über der Taufkapelle schuf der Düsseldorfer Kunstprofessor Zoltan Székessy. Der Innenraum ist durch die Ausstattungstücke aus Aluminiumguss von Willi Dirx geprägt. *M. E.*

Wegekirche der 1950er-Jahre – die Gemeinde im Spalier der mit Klinkern ausgefachten Betonständer

St. Apollinaris
Oberbilk
Karte Nr. 8

der Stadtpfarrkirche St. Lambertus ruhen, als Stadtpatron von Düsseldorf verehrt. Deshalb wird auch bis auf den heutigen Tag um den 23. Juli herum der Apollinaristag mit Schützenumzug und Kirmes begangen, wenn auch die Ursprünge dieser Tradition mehr und mehr in Vergessenheit geraten sind.

Adresse:
Van-Douven-Straße 6
40227 Düsseldorf
Tel. 0211-783565
www.kiog.de

Geschichte: 1904-07 Neubau nach Plänen von Caspar Clemens Pickel zur Entlastung der Pfarrkirche St. Martin, Bilk, und der späteren Mutterkirche St. Josef, Oberbilk, die zeitweilig mit 30.000 Gemeindemitgliedern als größte Pfarrei des Erzbistums galt; 1947 Wiederherstellung, Architekt Anton Hülser, Düsseldorf; 1961-63 Restaurierungen, 1987 Außen-, 1989 Innenrenovierung, alle durch die Architekten Hubert Brauns und Richard Janeschitz-Kriegl, Düsseldorf.

Mit dem Bau von St. Apollinaris und damit der ersten Düsseldorfer Kirche zu Ehren dieses für die Stadt bedeutsamen Heiligen entwirft der Architekt Caspar Clemens Pickel die einzige fünfschiffige Anlage seines Oeuvres. In vielen Düsseldorfer Sakralbauten hat er seine Handschrift hinterlassen – die konsequente Verwendung neuromanischer oder neugotischer Stilelemente, wie es ein Dekret der Kölner Erzdiözese ausdrücklich empfahl: „Die Ordinarien sollen dafür sorgen, dass beim Bau von Kirchen die Formen, die aus der christlichen Tradition übernommen sind, gewahrt werden." Trotzdem nimmt St. Apollinaris mit der architektonischen Kombination von Basilikatyp und Hallenkirche auf nahezu quadratischem Grundriss und mit seinem asymmetrisch zur Seite gestellten Turm eine Sonderstellung in Pickels Werk ein und demonstriert in vielen Details Eigenwilligkeit und Besonderheit. An der Westfassade bilden die Giebelfront des Mittelschiffs mit großer Rosette und die ausladende Taufkapelle ein überzeugendes Gegengewicht zum mächtigen Turm. Charakteristisch sind

Mit seiner Fünfschiffigkeit nimmt St. Apollinaris eine Ausnahmerolle im Werk des Düsseldorfer Architekten Caspar Clemens Pickel ein.

Das Patrozinium dieser Kirche bezieht sich auf den Düsseldorfer Stadtpatron. Apollinaris war um das Jahr 200 Bischof in Ravenna und überlebte nach brutaler Folter die Christenverfolgung. Nach einer Legende soll er mit der Keule erschlagen worden sein. 1383 wurden seine Reliquien bei einer Fehde des bergischen Herzogs Wilhelm in Remagen auf dem Apollinarisberg „erworben". Seit 1394 wird der frühchristliche Märtyrer, dessen Gebeine in

Eine harmonische Innenraumstruktur schafft die klare gotische Baugliederung, die auch farblich herausgearbeitet ist.

auch die am Außenbau verwendeten Materialien, denn die Architekturglieder und Eckquader bestehen aus Rotsandstein, die Wandflächen sind hell verputzt; eine Farbgebung, die sich im Inneren fortsetzt und in eindrucksvoller Optik die Gewölbe mit Kreuzrippen, Netz und Stern in diesem doch überwiegend hallenartig wirkenden Gemeinderaum betont. Einen eindrucksvollen Blickfang bilden die hohen Chorfenster, die sich in dominantem Blau und formal von dem eher streng, in sich aber dennoch harmonisch gehaltenen Raum abgrenzen und in dem leicht erhöhten Altarraum einen vom farblichen Gesamteindruck abweichenden Akzent setzen. Die Obergadenfenster können als die entscheidenden Lichtspender gelten. Ihre kleinteiligen abstrakten Farbornamente variieren ebenso wie die Maßwerke, die die Spitzbögen ausfüllen, und bilden – vielleicht eher unbemerkt – eine ganz eigene Attraktion. *BTG*

Das schlichte bronzene Hochkreuz für den Altarraum schuf die Düsseldorfer Künstlerin Gretel Gemmert in den 1960er-Jahren.

Caspar Clemens Pickel (1847–1939)

Pickel zählte zu den herausragenden Architektenpersönlichkeiten seiner Zeit. In Kottenheim bei Mayen geboren, ließ er sich nach seinem Studium an der Berliner Königlichen Gewerbe- und Bauakademie 1867 in Düsseldorf nieder, wurde zunächst Mitarbeiter des bekannten Architekten August Rincklake und übernahm 1876 dessen Büro. In den folgenden Jahrzehnten baute er über 100 meist monumentale Profan- und Sakralbauten – darunter zahlreiche allein in Düsseldorf und Umgebung. Mit seinen Kirchen entsprach er den kirchlichen Forderungen, indem er seiner Architektur den neuromanischen oder – mehr noch – den neugotischen Stil zugrunde legte. Bei der inneren Raumkonzeption achtete er häufig auf eine strenge Zweiteilung zwischen Altar- und Gemeinderaum, die er durch eine Betonung des Triumphbogens oder Erhöhung des Altarraums hervorhob. *BTG*

St. Augustinus
Eller

Karte Nr. 9

Der mit seinen hohen geschlossenen Ziegelwänden nach außen kaum als Sakralraum identifizierbare Kirchenkubus liegt – trotz seiner Ausmaße – eher unscheinbar an einer mehrspurigen Hauptverkehrsstraße zwischen Düsseldorfer Stadtwald und Schlosspark Eller. Da der geplante Glockenträger nie ausgeführt wurde, hat es die von Emil Steffann in den Jahren 1963/64 in Zusammenarbeit mit Nikolaus Rosiny gebaute Architektur schwer, sich als konsekriertes Wahrzeichen im Eller Stadtbild zu behaupten. Allein ein großes Kreuz an der Westecke des breit lagernden Baukörpers markiert die Erhabenheit und Heiligkeit des Ortes. Denn als kompakt, streng und introvertiert gelten die elementaren Kirchenbauformen Steffanns, die sich nicht zuletzt aufgrund ihrer kontemplativen Aussagekraft erst auf den zweiten Blick erschließen. Dabei ist Steffanns Verständnis von Kirchbau unmissverständlich. Ihm geht es um „den bergenden Raum, um die Herberge am Weg des wandernden Gottesvolkes inmitten einer gottentfremdeten Welt". Damit verfolgt der in der Nachkriegszeit als bedeutender Erneuerer gefeierte Architekt das Anliegen, den liturgischen Raum mit gemeindlichen Bauten zu einem einzigen großen Ensemble zu mischen und unter einem Dach den Typus eines Gemeindezentrums im eigentlichen Sinne zu entwickeln. Nach dem Beispiel von St. Maria in den Benden setzt Steffann diese Idee des *domus ecclesiae* – eines Wohnhauses der Gemeinde – ansatzweise auch in St. Augustinus um. Wichtig bleibt ihm zudem die Sichtbarkeit der Wandziegel an Außen- und Innenfassade, die ihm

Adresse:
In der Elb 2/Ecke Deutzer Straße
40229 Düsseldorf
www.pfarrverband-eller-lierenfeld.de

Geschichte: Vorgängerkirche von 1932 Ende der 50er-Jahre wegen Baufälligkeit abgebrochen; 1960 Auslobung eines Wettbewerbs, den Emil Steffann, Bad Godesberg, in Arbeitsgemeinschaft mit Nikolaus Rosiny, Köln, gewinnt; 1963/64 Bau der Kirche; 1980/81 Erneuerung Innenhofverglasung und Dachsanierung, Architekt Walter Nitsch, Neuss.

Das Kreuz des einheimischen Künstlers Johann Karst gibt St. Augustinus als Sakralraum zu erkennen.

Zum Altar hin senkt sich der Fußboden des Liturgieraumes leicht ab.

Johannes der Täufer ziert den bronzenen Taufbrunnendeckel.

zum Sinnbild der Gemeinde aus lebendigen Steinen wird.

Bis auf die beiden Tore zu den flankierenden Straßen und bewusst kleine Fenster bleiben die Fassaden – in Sichtmauerwerk gefügt – geschlossen. Die großzügige Weite des Kircheninnern, das sich in vier unabhängige Teilabschnitte gliedert und dennoch ein Ganzes bildet, lässt sich von außen kaum erahnen. Die zurückhaltende Innenraumgliederung mit einem in Höhe und Breite verglasten Atrium nach antikem Vorbild im Zentrum des Baus bezieht ihr Licht fast ausschließlich aus diesem originellen Innenhof. Der Hauptraum liegt südöstlich des Innenhofs und ist nach Nordosten ausgerichtet. Damit ist der Altarbereich in die Ostecke des Gesamtkomplexes verlagert; hier ist auch das eigentliche Kraftzentrum der Kirche, auf das im rechten Winkel zum Hauptraum das schmalere Seitenschiff ausgerichtet ist, das im Bereich des Innenhofes von einer Orgelempore aus Sichtbeton überfangen ist. Der Fußboden senkt sich zum Altar leicht ab und verringert so in der Raumwahrnehmung die gefühlte Distanz zwischen Liturge und Gemeinde. Gegenüber dem Eingangsportal – im dritten Raumarm – steht im Lichtkegel des Atriums das kelchförmige Taufbecken, während der vierte nordwestliche Raumarm zweigeschossig angelegt ist und die Sakristei mit dem darüber liegenden Pfarrsaal aufnimmt. *BTG*

Nach allen Seiten spendet das verglaste Atrium Licht: hier dem Eingangsbereich mit Taufbrunnen.

St. Benediktus
Heerdt
Karte Nr. 10

Der romanische Taufstein ist mit vielgestaltigem Figurenwerk geschmückt.

Kantig und entschlossen schauen die Köpfe vom romanischen Taufstein, voll eigener Gedanken ... Dem erzbischöflichen Visitator dürften anno 1569 die Bewohner Heerdts ähnlich vorgekommen sein. Des Protestantismus Verdächtige, notierte er, blieben dem Gottesdienst fern. Im Wirtshaus und bei Festen würde lebhaft über Religiöses diskutiert. Und der Pfarrer, versiert zwar in Latein und Theologie, bewirtschafte mit Frau und Kindern seinen Hof. Immerhin hatte der versprochen, seine im Reformationsgestrüpp verirrten Schafe zu belehren und alle nicht ehelichen Gemeinschaften, außer scheint's der eigenen, aufzulösen. Doch die Kraft des Eigensinnes blieb. Eine spätere Visitation anno 1641 erwies nun den Schulmeister als „im Glauben verdächtig", und der Pfarrer lief hemdsärmelig im kurzen Rock statt in Soutane rum. Woran lag´s, dass hier so eigene Köpfe wuchsen? Lag´s an der langen Fremdherrschaft?

Hof und Pfarre Heerdt wurden 1074 vom Kölner Erzbischof Anno den Benediktinerinnen in Neuss unterstellt. Ab 1378 war Kurköln dann wieder Eigentümer. Doch unterm Krummstab war's nicht immer leicht. In der Neusser Fehde, im Kölnischen und dann im Dreißigjährigen Krieg wurden Ort und Kirche wiederholt verwüstet. 1815 wurde Heerdt selbstständig. Krefelds Stadtbaumeister Freyse entwarf für die junge Bürgermeisterei die heutige Kirche.

Nostalgie und Moderne – im Turm von St. Benediktus befindet sich heute eine Mobilfunkstation.

In den breit gelagerten Proportionen und im Fehlen äußeren Schmucks entsprach sie durchaus dem Klassizismus. Die neugotischen Pfeiler, Bögen und steinernen Gewölbe aber galten als fortschrittlich – und waren teuer. Der Bürgermeister trat vor einem Schuldenberg zurück. Nur durch ein „Allerhöchte(s) Gnadengeschenk" seiner Majestät Friedrich Wilhelm IV. konnte St. Benediktus vollendet werden.

Seit 1909 gehört Heerdt zu Düsseldorf. Die Kette der Backsteinhäuser Alt-Heerdts mit den nostalgischen Guss-Laternen wirkt wie eine Momentaufnahme der kurzen Selbstständigkeit. Die Benediktuskirche ist das erste Glied dieser

Adresse:
Alt-Heerdt 1
40549 Düsseldorf
Tel. 0211-501281
www.kirche-heerdt-loerick.de

Geschichte: Mitte/Ende 12. Jh. Bau der ältesten bekannten Kirche in Heerdt; um 1200 erweitert; 1843 Abriss; 1844-47 Kirchneubau, Architekt Heinrich Johann Freyse, Krefeld; 1856 Weihe; 1913 Anbau größerer Sakristeien; 1936 Innenrenovierung; bis 1948 Behebung der Kriegsschäden, Architekt Heinz Thoma, Düsseldorf; 1966 Renovierung, Architekt Anton Hülser, Düsseldorf; 1979-82 umfangreiche Instandsetzung, Architekt Ingo Hülser, Düsseldorf.

Gleich hohe Schiffe, das Fehlen eines Querhauses und lediglich aufgemalte Gewölberippen geben der neugotischen Halle eine klassizistische Prägung.

Kette, und einer zweiten: Sie ist die Mutter aller linksrheinischen Pfarren Düsseldorfs. Von der Stärke familiärer Bande gibt die dreifach gedrehte Schnur am Beckenrand des Taufsteins Kunde. Wem nun gilt das Sinnen der vier Köpfe?

M. E.

Karte Nr. 10a

St. Maria Hilfe der Christen
Oberlörick

Adresse:
Löricker Straße 35
40547 Düsseldorf
Tel. über St. Benediktus
www.kirche-heerdt-loerick.de

Geschichte: 1952/53 Kirchbau, Architekt Heinz Thoma, Düsseldorf; 22.5.1955 Weihe; ein geplanter Kampanile wurde aus Kostengründen nie realisiert.

Im lichten Chorbau auf hohem Stufenpodest befindet sich der Altar.

St. Maria Hilfe der Christen wurde als fünfte und letzte Tochter von St. Benediktus abgepfarrt.

Der klinkerverblendete Stahlskelettbau besitzt im deutlich gesonderten Chorbau mit recht hoher Altarstellung noch eine Anmutung der Architektur der 1930er-Jahre. Doch schon die nach außen gestülpten Beichtnischen der Nordwand verraten den weiten, von Nebenfunktionsräumen frei gehaltenen Gemeinderaum der 1950er-Jahre.

Die Kirche sollte zunächst auf Pius X. geweiht werden. Da dessen Heiligsprechung seinerzeit auf sich warten ließ, wurde dem Wunsch der jungen Gemeinde entsprechend das Marienpatrozinium zur Einsegnung gewählt. Blickpunkt des festlich hohen und bräutlich weiß durchleuchteten Raumes ist die große Textilbahn mit der grafisch reduzierten Mondsichelmadonna vor der Chorwand.

M. E.

St. Blasius
Hamm
Karte Nr. 11

Adresse:
Hammer Dorfstraße 121
40211 Düsseldorf
Tel. 0211-305310
www.duesseldorf-hamm.de

Geschichte: Älteste Hinweise auf eine Kirche Anfang des 14. Jh.; 1824/25 Vorgängerbau, Architekt Adolph von Vagedes, Düsseldorf; 1910/11 Neubau einer neuromanischen Tuffsteinbasilika, Architekt Josef Kleesattel, Düsseldorf; Wiederaufbau, Architekten Adam und Walter Diekmann, Düsseldorf; 1974-81 Restaurierung, Architekt Heinrich Dölken, Düsseldorf; 1996 Renovierung mit substanzerhaltenden Maßnahmen, Architekten Hans Erwin Schwartzmanns und Christoph Schaffranek, Düsseldorf.

Eine große Kirche in kleinem Dorf: Mit seiner nach Westen ausgerichteten Turmfassade beabsichtigte der Architekt Kleesattel eine enorme Fernwirkung.

Bis heute hält die Hammer Gemeinde an einer ihr liebgewordenen Tradition fest: nämlich nur am Festtag des hl. Blasius selbst, dem 3. Februar, mit einer feierlichen Andacht und Prozession ihres Kirchenpatrons zu gedenken und auch nur an diesem Tag den mit diesem frühchristlichen Märtyrer verbundenen Blasiussegen zu spenden. Schon immer identifizierten sich die lange in ärmlichen Verhältnissen lebenden Pfarrmitglieder mit der Verehrung eines der 14 Nothelfer, zu denen der hl. Blasius gehört. Umso glücklicher schätzte sich die vorwiegend aus Landwirten und Bauern bestehende Bevölkerung, die jahrhundertelang vorwiegend vom Gemüseanbau lebte, als Hamm mit der einsetzenden Industrialisierung zusehends an Wohlstand gewann. Mit einem Mal schien sogar eine dringend neu zu bauende Pfarrkirche – nach Abriss des von 1825 stammenden Vorgängerbaus – in realistischer Reich-

Schlichtheit prägt das Innere von St. Blasius.

weite. Der Auftrag zu einem Kirchenneubau ging an Josef Kleesattel, der eine größere neuromanische Basilika entwarf, deren mächtiger Westturm auf Fernwirkung über die Rheinlandschaft hin abzielte. Bis heute überrascht in dem noch immer dörflich geprägten Ort die ausladende Monumentalität dieses Sakralbaus, dessen breite Turmfront sich von Straße und Marktplatz aufgrund der Grundstücksverhältnisse abkehrt. Stattdessen ist es die Chorseite, über die man entlang dem äußeren Langhaus zum Kirchenportal mit seiner vorgelagerten Eingangshalle gelangt. Wirkt der Außenbau mit seiner reichen romanischen Architekturgliederung, wie sie Kleesattel etwa zeitgleich auch an vielen anderen Düsseldorfer Beispielen favorisierte, eher massiv, zeigt sich das Innere festlich hell mit aufwendigen polierten Granitsäulen, aber dennoch in Gestaltung und Lichtgebung schlicht und zurückgenommen.

Einen optischen Akzent setzt das 1978 erst nachträglich von Ernst Jansen-Winkeln in der Mitte des Chores eingesetzte Fenster mit dem thronenden Christus, das farblich und motivisch aus den anderen seiner 1967 geschaffenen Fensterserie heraustritt. Eine ganz eigene Geschichte hat das große Holzkreuz auf dem rechten Seitenaltar von 1811, das aus dem ehemaligen Düsseldorfer Hubertusstift stammt, zunächst in der Hammer Kreuzkapelle verehrt wurde und dann jahrzehntelang über dem Hochaltar der Vagedes-Kirche hing. Nach deren Abriss aber geriet es in den Wirren der Kriege in Vergessenheit und wurde erst per Zufall auf einem Dachboden wiedergefunden, sorgfältig restauriert und an seinem heutigen Platz neu zur Geltung gebracht.

BTG

Christus als Triumphator von Ernst Jansen-Winkeln gestaltet

Karte Nr. 11a Jan-Wellem-Kapelle bei Hamm

Die Jan-Wellem-Kapelle – oder auch Kreuzkapelle genannt – geht namentlich auf eine Stiftung des Pfalzgrafen Philipp Wilhelm im Jahr 1658 anlässlich der Geburt seines Sohnes Johann Wilhelm, dem späteren Kurfürsten, zurück. Der quadratische Putzbau mit Chorhaus und Dachreiter, zu dem einst eine Lindenallee führte, liegt idyllisch auf einer kleinen Anhöhe inmitten der Hammer Felder und bildet den Abschluss eines Kreuzwegs mit sieben Bildstöcken. Die Kapelle sollte – so die Bedingung des Bauherrn – zum herzoglichen Schloss in Düsseldorf dieselbe Entfernung aufweisen wie Golgota zum Haus des Pilatus in Jerusalem. *BTG*

Der Blasius-Segen

Traditionell wird um den 3. Februar, dem Fest des hl. Blasius, in der Kirche der Blasiussegen erteilt. Der armenische Märtyrerbischof aus Sebaste soll zur Zeit der Christenverfolgung zurückgezogen in einer Berghöhle mit wilden Tieren gelebt haben, später grausam gefoltert und ins Gefängnis gesperrt worden sein, bevor er enthauptet wurde. Der Legende nach brachte eine Mutter ihr Kind, das an einer Fischgräte zu ersticken drohte, zu dem eingekerkerten Priester, der dem Jungen aus der Zelle heraus seinen Segen spendete und ihn damit rettete. Bis heute soll der Segen dieses frühchristlichen Märtyrers vor Halskrankheiten und jedem anderen Übel bewahren. *BTG*

Adresse:
Fährstraße 95
40221 Düsseldorf

Geschichte: 1658-60 Neubau; 1934-38 Restaurierung, Architekt Karl Riemann; 1951-58 Wiederherstellung durch Hans Maes; Eigentum der Stadt Düsseldorf; ehemals Nutzung durch die Pfarrgemeinde St. Blasius, heute durch die orthodoxe Parochie zu den Heiligen Erzengeln.

Endstation eines Kreuzwegs: die Jan-Wellem-Kapelle

Karte Nr. 11b Rochuskapelle Hamm

Die in unmittelbarer Nähe zum Rhein errichtete Rochuskapelle aus dem Jahr 1709 ersetzte ein älteres Heiligenhäuschen und diente einst als private Grabkapelle der alteingesessenen Hammer Familie Daniels, wovon noch heute die Grabplatten im Inneren zeugen. Wilhelm Daniels war Hofrat von Herzog Philipp Wilhelm. Der rechteckige Backsteinsaal mit geschweiftem Schieferdach und Klostergewölbe im Inneren bildet das Zentrum des alten Ortskerns *Auf den Steinen*. Zu der neben St. Rochus auch noch den Heiligen Maria, Joseph und Sebastianus geweihten Kapelle zog alljährlich zum Festtag des hl. Rochus am 16. August eine von der Pfarrkirche St. Blasius ausgehende Prozession. *BTG*

Adresse:
Auf den Steinen
40221 Düsseldorf

Geschichte: 1709 Neubau; 1933/34 Restaurierung, Architekt Gerhard Etz, Düsseldorf; 1971/72 und 1993/94 Renovierungen, Architekt Heinrich Dölken, Düsseldorf; 1983 Neugestaltung des Altares, Künstler Olaf Höhnen, Köln.

Unweit zur Pfarrkirche St. Blasius liegt direkt am Rhein die Rochuskapelle.

St. Bonifatius
Bilk

Karte Nr. 12

Pfarrhaus und Kirche mit leicht expressionistisch beeinflussten Bauformen

Adresse:
Max-Brandts-Straße 1
40223 Düsseldorf
Tel. 0211-393387
www.bonifatiuskirche.de

Geschichte: 21.8.1927 Grundsteinlegung, Architekt Franz Schneider, Düsseldorf; zunächst nur Pfarrhaus, Chor und Teil des Langhauses errichtet; 1.7.1928 Benediktion dieses Teilbaus, vier Langhausachsen und ein Turm sollten später folgen; 1930 Rektoratspfarrei; August 1942 schwere Kriegszerstörungen; 1950-52 Wiederaufbau; 20.11.1950 Erhebung zur selbstständigen Pfarrei; 1955/56 Erweiterungsbau der Kirche, Architekt Paul Schneider-Esleben, Düsseldorf, Sohn von Franz Schneider; 6.6.1959 Kirchweihe.

St. Bonifatius zeigt nach außen zwei Gesichter: Zur Straße fällt die glatte Sichtbetonfassade mit den kleinen dreieckigen Fenstern auf, die deutlich die Architektursprache der 1950er-Jahre spricht. An der südöstlichen Seite erschließt sich dagegen ein ganz anderes Bild. Hier formen die zurückhaltend expressionistisch beeinflussten Backsteinmauern von Kirche und Pfarrhaus ein eindrückliches Architekturensemble der Zwischenkriegszeit.

Der u. a. mit dem Mannesmann-Hochhaus, der Hanielgarage und im Bereich des Sakralbaus mit St. Rochus bekannt gewordene Düsseldorfer Architekt Paul Schneider-

Der Innenraum zeigt dagegen Anlehnungen an den Neubarock.

Langhausfenster von Meistermann: Pfingsten und der hl. Bonifatius

Giebelfassade und Orgelempore der 1950er-Jahre

Esleben (1915-2005) erweiterte hier 1955/56 das Werk seines Vaters Franz Schneider (gest. 1948). Während sich die Giebelfassade aus Sichtbeton deutlich vom Backsteinmauerwerk des restlichen Baus abhebt, ordnet sich die Erweiterung ansonsten den älteren Bauteilen unter. Die außen expressionistisch, innen neubarock angelegte Architektur des Zwischenkriegsbaus wird in schlichteren Formen fortgesetzt, sie nimmt die äußeren und inneren Wandpfeilergliederungen auf, verzichtet aber auf die Fortführung der schlanken Spitzbogenfenster. Dadurch ist der rückwärtige Bereich des Langhauses dunkler. Nimmt sich der Besucher Zeit und lässt den Raum auf sich wirken, bemerkt er die zum Chor hin zunehmende Helligkeit. Der über 13 Stufen erhöhte Hochaltar mit dem auf das Lamm verweisenden Tabernakel ist im Licht herausgehoben und der gesamte längs gerichtete Raum ist auf diesen Bereich hin geordnet.

Das Licht flutet durch sensibel aufeinander abgestimmte Fenster in den Raum, die alle von dem Kölner Glaskünstler Georg Meistermann entworfen wurden. Bereits 1956 entstanden die abstrakten Chorfenster: Ein mittiger Spalt öffnet jeweils den Blick auf gestapelte Farbflächen, wobei die Farbigkeit nach oben hin zunimmt. Die zeitgleich entstandenen Dreiecksfenster der damals neu errichteten Giebelfassade sind durch einfache geometrische Variationen der Grundfarben Blau, Rot und Gelb gebildet. Hier musste sich Meistermann den vom Architekten vorgegebenen kleinen Fensterformaten unterordnen. Die 1978 eingesetzten Langhausfenster thematisieren sechs Feste des Kirchenjahres: Weihnachten, Ostern, Pfingsten, Dreifaltigkeit, Fronleichnam und Allerseelen. Sie zeigen die typische Handschrift Meistermanns: kraftvolle, lichte Bleirutenzeichnungen, die ihren Inhalt oft nur andeuten, und wenige, die ganze Farbpalette auskostende Farbakzente. Jedes dieser Fenster ist ein Meditationsbild für sich.

M. S.

St. Bruno
Unterrath

Karte Nr. 13

Im Jahr 2000 wurde der Innenraum umfassend neu gestaltet.

Adresse:
Kalkumer Straße 58
40468 Düsseldorf
Tel. 0211-4220936
www.pfarrverband-unterrath-lichtenbroich.de

Geschichte: 1903-05 Bau einer Notkirche St. Antonius; 1910 Rektoratspfarre; 1915 Wechsel des Patroziniums zu St. Bruno, da aufgrund der Eingemeindungen drei Antoniuspfarreien in Düsseldorf bestanden; 1919 kanonische Pfarrei; 1927/28 Bau St. Bruno, Architekten Hans Tietmann und Karl Haake, Düsseldorf; 1949-55 modifizierter Wiederaufbau, Architekt Heinz Thoma, Düsseldorf; 1999/2000 Renovierung und Umgestaltung Altarbereich, Architekten Hubert Brauns und Richard Janeschitz-Kriegl, Mitarbeit Wolfgang Brechbühl, Düsseldorf.

Ausschnitt des neuen Kreuzweges von Cynthia Tokaya

St. Bruno galt als der erste moderne Sakralbau der Stadt. Die schlanken, gespitzten Lanzettfenster lassen die neugotische Anmutung noch nicht ganz hinter sich, der blockhafte, schlanke Turm mit asymmetrisch eingefügten Schallöffnungen und von dort herunter geführten Wandschlitzen knüpft dagegen deutlicher an die Neue Sachlichkeit an. Im Krieg stark zerstört, dauerte der Wiederaufbau bis 1955. Dabei wurde die Giebelfassade in deutlich veränderter Formen neu errichtet: An die Stelle von drei Spitzbogenarkaden traten die mächtigen, rechtwinkligen Werksteinzugänge; das schlanke Spitzbogenfenster dieser Westfassade wurde durch das heutige Rundfenster ersetzt. Noch stärker wurde allerdings der ursprünglich von einer Spitztonnenwölbung mit unterseitiger Netzstruktur, spitzbogigen Öffnungen zu den Seitenschiffen, Triumphbogen und expressiver Apsisgliederung bestimmte Innenraum verändert. Die heutige Innenraumgliederung ist mit durchlaufender flacher Decke und weiten Öffnungen zu den Seitenschiffen sehr viel sachlicher.

Die Giebelfassade wurde beim Wiederaufbau verändert, der Turm blieb.

Die im Jahr 2000 abgeschlossene erneute Innenraumsanierung unterstreicht das engagierte Bestreben der Gemeinde, innerhalb der alten Mauern einen ins Heute transformierten Raum zu bilden. Dies wird durch Farb- und Materialwahl an Boden, Decke und Bänken unterstrichen, aber auch durch neue Ausstattungsstücke und die veränderte liturgische Konzeption bewirkt. Bedeutend für die liturgische Feier ist die Absenkung des vorderen Chorbereiches, auf dem Altar und Ambo nun deutlich näher zur Gemeinde gerückt sind. Der verbliebene hintere Chorbereich wurde zur Taufkapelle umgewidmet. Hier fügten die Planer ein tiefes, kreuzförmiges Taufbecken ein, das auch die Taufe durch Untertauchen ermöglicht. Eine aus vielen kleinen Segeln bestehende Wandinstallation überspielt das Rund der Apsis und rahmt den ausdrucksstarken Gekreuzigten am mächtigen, y-förmigen Kreuz.

Seit dem Weltjugendtag schmückt ein weiteres, im Wortsinn raumgreifendes Ausstattungsstück die Kirche: Das rechte Seitenschiff ist dem von der Düsseldorfer Künstlerin Cynthia Tokaya gemalten Kreuzweg vorbehalten. Der große Bilderfries mit sehr kräftigen Farben erscheint in einem Kirchenraum zunächst ungewöhnlich. Schaut man sich eine Zeit lang ein, entdeckt man verschiedene Darstellungsebenen, angedeutete Gesichter. Dieser Kreuzweg ermöglicht neue Zugänge zum Geschehen der Karwoche, zum Beten des Kreuzwegs. 2009 bot er die Vorlage für den ökumenischen Kreuzweg der Jugend. St. Bruno zeigt damit erneut die Suche nach zeitgenössischem Ausdruck kirchlicher Kunst. *M. S.*

St. Cäcilia Hubbelrath

Karte Nr. 14

Adresse:
Dorfstraße 5
40629 Düsseldorf
Tel. 0211-2926818

Geschichte: Eine Schenkungsurkunde von 950 nennt den *Hupoldesrother* Hof samt Eigenkapelle; von 950 bis zur Säkularisation gehörte der Hof zum Stift Gerresheim; Neubau von Kapelle und Turm im 12. Jh.; Langhaus vermutlich um 1440 wegen Baufälligkeit erneuert; um 1690 Neubau des Rechteckchores; 1722 Sakristeianbau; 1826 Turmhelm und Schallarkaden erneuert; um1840 Gewölbe durch klassizistische Flachdecke ersetzt und Erhöhung der Orgelempore; 1932 Sakristei erneuert; die ursprünglich steinsichtigen Außenmauern seit 1978 weiß geschlämmt.

Der romanische Turm hält die lange Geschichte Hubbelraths lebendig.

Wenn in Hubbelrath die Kirchenglocken zur Messe rufen, entdeckt der Besucher ein Kleinod inmitten einer ländlichen Idylle. Eine zum Pfarrsaal umgebaute Fachwerkscheune erinnert noch an den vor gut 950 Jahren in den Geschichtsquellen erstmals erwähnten Hof *Hupoldesroth*. Die Kapelle des damals bedeutenden und von 950 bis zur Säkularisation zum Gerresheimer Stift gehörenden Hofes ist mit vielen Neu- und Umbauten bis heute überliefert.

Von der ersten, vielleicht bereits aus dem 9. Jh. stammenden Kapelle ist nichts mehr erhalten, der Westturm aus dem 12. Jh. bildet den ältesten Bauteil. Hoch oben im Turm, hinter den romanischen Schallarkaden läutet die älteste Kirchenglocke Düsseldorfs. Diese der Kirchenpatronin St. Cäcilia geweihte Glocke wurde 1440 von dem Kölner Glockengießer Heinrich Brodermann gegossen. Den Namen des Gießers überliefert die Glockeninschrift: „Sancta Celia hesch ich. Hinrich Brodermann gus mich. M CCCC XXXX.“ 1454 war Brodermann auch verantwortlich für den Guss der Nikolaus-Glocke von St. Nikolaus in Düsseldorf-Himmelgeist und 1448 goss er zusammen mit Christian Cloit die *Pretiosa*, die (heute) älteste Glocke im Hauptgeläut des Kölner Domes. Während viele Kirchenglocken im Zweiten Weltkrieg eingeschmolzen wurden, haben in Hubbelrath mit der Cäcilia-Glocke und der Marien-Glocke von 1502 zwei bedeutende Glocken überlebt.

Ein über Jahrhunderte geübter Brauch hat jedoch nicht überlebt. Mit der Auflösung des Gerresheimer Damenstiftes in der Säkularisation endete auch die Bittprozession des Stiftes, welche Stiftsdamen, Kanoniker und Gläubige jahrhundertclang kurz vor Christi Himmelfahrt nach Hubbelrath führte. In der Hofkapelle wurden Chorgebet und Bittmesse gefeiert, anschließend die Stiftsdamen auf dem Hof verköstigt: Es gab Eier, Käse und Stuten. Nach dem Essen brachten zwei mit frischem Laub behangene Wagen die Fräulein zurück nach Gerresheim.

M. S.

Glocken

Kirchenglocken werden bereits in den frühen Klöstern zum Einteilen des Tages für das Gebet genutzt. Seit dem 11. Jh. überliefern die meist mitgegossenen Inschriften die Datierung, manchmal den Gießernamen und Hinweise auf das Patrozinium, Bibeltexte oder spezielle Gebete. Die lateinische Bezeichnung der Glocke, *signum* = Zeichen, und des Glockenläutens, *signum dare* = Zeichen geben, verweist auf die wichtigsten Funktionen der Glocken: Sie rufen zum Gottesdienst, zum Chorgebet, zum Angelusgebet; sie berichten vom Tod eines Menschen und warnen vor Sturm oder heranziehendem Unglück. Einzelne Glocken haben - oft durch Läuteordnungen - festgelegte Aufgaben, zusammen bilden sie ein festliches Geläut. *M. S.*

Die 1440 gegossene Cäcilia-Glocke ist die älteste Glocke Düsseldorfs.

Karte Nr. 14a

St. Victor Knittkuhl

Von außen erscheint die Kirche mit ihren hohen, rot gefärbten Sichtbetontafeln sehr geschlossen, im Inneren entfaltet sie jedoch einen qualitätvollen, bergenden, auf gute Weise an der erneuerten Liturgie ausgerichteten Raum. Altar und Ambo sind schlicht und doch zugleich mit hoher Qualität festlich gestaltet und werden von drei Raumarmen umfangen: Die Gemeinde umsteht den Altar. Die Knittkuhler Kirche hat zwei sehr ähnlich gestaltete, bereits 1975 errichtete Schwesternkirchen in Wuppertal und Remscheid. *M. S.*

Adresse:
Am Neuenhof 3
40629 Düsseldorf
Tel. 0211-294687

Geschichte: Wachstum des Ortsteils Knittkuhl in 1960er-Jahren durch die Bergische Kaserne; 1981/82 Errichtung der zu Hubbelrath gehörenden Filialkirche St. Victor, Architekt Arthur Hoffmann, Düsseldorf.

Ein großes Zeltdach überfängt die Gemeinde in St. Victor.

Karte Nr. 15

St. Cäcilia
Benrath

Adresse:
Hauptstraße 12
40597 Düsseldorf
Tel. 0211-719393
www.sankt-caecilia.net

Geschichte: Romanischer Vorgängerbau; 1821/22 Neuerrichtung Langhaus; 1901-03 Neubau einer dreischiffigen Backsteinhallenkirche, Architekt Wilhelm Sültenfuß, Düsseldorf; 1962 Umbau, Architekt Friedrich Schaller, Köln; 1965-76 erneuter Umbau und Grundrenovierung, Architekt Egbert von Holtum, Düsseldorf; 1990er-Jahre Renovierung.

Erhaben steht die Kreuzigungsgruppe mit Corpus und Pelikan vor den Apsisfenstern von 1951.

Die Verehrung der Schwarzen Muttergottes von Benrath, die heute in der Taufkapelle der 1903 neu errichteten Pfarrkirche St. Cäcilia steht und das eigentliche Herzstück des neugotischen Baus bildet, geht bis in das Jahr 1677 zurück. Herzog Philipp Wilhelm von Benrath

Blick vom Altar ins Langhaus

pflegte damals gute Kontakte zu den Benediktinern im schweizerischen Einsiedeln, wo er sich von einer regen Wallfahrtstradition inspirieren ließ und schon bald darauf eine Kopie von dem dortigen Gnadenbild *Unserer lieben Frau* in Auftrag gab. Der Bau einer eigens für diese Heiligenstatue errichteten Gnadenkapelle unweit des 1651 erbauten Benrather Barockschlosses wurde auf den Titel Mariä Heimsuchung konsekriert. So fand 1677 am 2. Juli, dem Tag des gleichnamigen Kirchenfestes, die erste Prozession von Düsseldorf nach Benrath statt. Schon kurze Zeit später boomte das Pilgerwesen, sodass der Herzog für die Niederlassung einer Kapuziner-Gemeinschaft und die damit gesicherte seelsorgliche Versorgung der vielen Pilger einen Klosterbau veranlasste. Als die Gnadenkapelle nach der französischen Revolution im Zuge der Besetzung des Rheinlandes jedoch zum Abbruch freigegeben wurde, stellten die Benrather die Schwarze Muttergottes in ihrer Pfarrkirche auf. Zunächst gelangte sie in den Erweiterungsbau der mittelalterlichen Kleinbasilika, 1903 dann in den Neubau, wo sie seitdem ihren angestammten Platz hat und zum Mittelpunkt des religiösen Lebens wurde. Mit den königlichen Attributen Krone und Zepter sowie einem schmuckvollen Brokatmantel zog die Schwarze Madonna schon immer Gläubige aus nah und fern an und vereinte sie zu ihren Füßen zum fürbittenden Gebet um Schutz und Hilfe.

Die Schwarze Muttergottes hinter Glas in der Taufkapelle

Bis heute ist St. Cäcilia bedeutende Wallfahrtsstätte, aber darüber hinaus auch belebte und lebendige Gemeindekirche mitten im Ortskern. Im Zentrum des Marktplatzes und umgeben von Geschäften und alltäglicher Betriebsamkeit, fügt sie sich nicht nur mit ihrem äußeren Erscheinungsbild aus roten Ziegeln in die Idylle dieser städtebaulich harmonischen Anlage; sie gehört in das Leben der Menschen dieses Stadtteils.

„Schwarz bist Maria du, doch himmlisch schön", heißt es in dem Wallfahrtslied, das noch heute in Benrath gesungen wird. Seine Poesie über die dunkel und sündig Scheinende, die in Wirklichkeit die unbefleckt Empfangene ist, entlehnt sich dem Hohen Lied Salomos: „Braun bin ich, doch schön, ihr Töchter Jerusalems, wie die Zelte von Kedar, wie Salomos Decken. Schaut mich nicht so an, weil ich gebräunt bin. Die Sonne hat mich verbrannt" (Hld 1,5-6a). *BTG*

St. Dionysius Volmerswerth

Karte Nr. 16

Adresse:
Volmarweg 3
40221 Düsseldorf
Tel. 0211-155663

Geschichte: 1173 erste Erwähnung der ehemaligen Rheininsel Volmerswerth; um 1300 Bau einer bescheidenen gotischen Saalkirche (*insula volmeri capella*); erstes Viertel 18. Jh. Restaurierung und Erweiterung der gotischen Kirche; bis 1818 erneute Restaurierung und Sakristeianbau; 1854/55 Abbruch wegen Baufälligkeit und Bau der neugotischen Kirche, Architekt Vincenz Statz, Köln; 30.9.1855 Weihe; 1865/66 Bau des Glockenturmes nach Plänen von Friedrich Weise, Neuss; 1949-55 teils vereinfachende Wiederherstellung und Bau der Taufkapelle, Architekt Robert Gäs, Düsseldorf; 1979-82 umfassende Restaurierung unter Beachtung der neugotischen Konzeption, Architekt Walter Nitsch, Neuss, und Bau einer neuen Orgelbühne.

Beschauliche Ansicht nächst dem Rhein – Turm und Kirche blieben vom Abriss verschont.

Wer an einem unwirtlichen Tag vom Rheindamm bei Volmerswerth her die Dionysiuskirche erreicht, windig, durchnässt, der hat vielleicht das Gefühl, er komme in eine gute, warme Stube. Möglicherweise hat er sogar Glück und tritt gerade in dem Moment ein, da jemand die Orgel spielt. Dann ist der Eindruck, hier sei man in die „gute alte Zeit“ versetzt, durchaus perfekt. Die kleine einschiffige Backsteinkirche auf kreuzförmigem Grundriss, im neugotischen Stil mit Maßwerkfenstern und Kreuzrippengewölben gebaut und von außen immer noch als Zentrum des ehemaligen Fischerdorfes erkennbar, ist hinsichtlich ihrer Ausstattung von der Opulenz und Gemütlichkeit der Gründerzeit geprägt. Selbst ein metallener Kronleuchter hängt von der Decke. 1985 wurde die Kirche mitsamt „Einrichtung“ zum Denkmal erhoben und es wird heute kaum jemanden geben, der dem seine Zustimmung versagen wollte.

Und doch: Vor nicht allzu langer Zeit war dies ganz anders. Die vom Kölner Baumeister Statz entworfene Kirche war in den 1960er-Jahren trotz umfangreicher Nachkriegsrestaurierungen in solchem Zustand, dass man ihren Abriss beschloss. 1972 waren die Pläne zu einem modernen Neubau aus frei stehenden

Steinerne Kommunionbänke schranken den mit Mettlacher Platten gefliesten Chor ab. An den Wänden um den Hochaltar das Tabernakel, die Reliefs des ehemaligen Dionysiusaltares, die gotischen Figuren des Dionysius und der Anna Selbdritt sowie der hl. Martin.

Wänden fertig. Das Generalvikariat hatte bereits die Abriss- und Baugenehmigungen erteilt, da verweigerte der damalige Landeskonservator in letzter Minute seine Zustimmung. Um ihre Kirche besorgte Volmerswerther hatten erfolgreich gegen den drohenden Verlust Reklame gemacht. So blieben auch die ursprünglichen Bänke, der farbige Fliesenboden, die steinernen Kommunionbänke, ein Nebenaltar, die erzählfreudigen Altarreliefs und vieles mehr erhalten.

Von hohem Identifikationswert künden auch jüngere Ausstattungsstücke. Anfang der 1950er-Jahre stifteten Gemeindemitglieder neue Fenster. Mit dem Georg- und dem Michaelfenster im Chor ehrten Volmerswerther Väter ihre im Zweiten Weltkrieg gefallenen oder vermissten Söhne. Der damals übliche flachgeometrische Figurenstil fügt sich gut zur detailreichen älteren Ausstattung.

Kreatives Engagement bewies die Gemeinde anlässlich einer neu anzuschaffenden Orgel. „Orgelaktien“ und ein professionell vom Ortsverein DJK Tusa 06 unterstützter Orgellauf in 981 Runden um das Dorf (dazu 700 Liter Bier, 1.600 Bratwürste und 45 zerbrochene Gläser beim begeisterten Publikum) sorgten für die Finanzen. Seit 2003 grüßt das Instrument von der wenig älteren, den historisierenden Stil der Kirche respektierenden Bühne über dem Eingang. Auch außerhalb der Messe – wenn der Besucher Glück hat.

M. E.

Die wieder aufgestellten Teile des Marienaltares im nördlichen Kreuzarm

Karte Nr. 17

Heilige Dreifaltigkeit
Derendorf

Nach Entfernen der Mittelschiffpfeiler entstand ein überwältigend weiter und lichter Innenraum.

Adresse:
Jülicher Straße 50
40477 Düsseldorf
Tel. 0211-441591
www.pfarrverband-derendorf-pempelfort.de

Geschichte: 1688 Bau einer Dreifaltigkeitskapelle; 1691-93 Umbau zur ersten Pfarrkirche; 1889-92 Neubau an anderer Stelle, Architekt Caspar Clemens Pickel, Düsseldorf; 1927-29 umfangreiche, außen purifizierende Sanierungsarbeiten, Architekt Franz Schneider, Düsseldorf; 1951/52 verändernder Wiederaufbau, Architekten Bruno Kessels und Heinz Thoma, beide Düsseldorf; 1975/76 Renovierung, Erneuerung der Decke, Architekt Heinz Thoma.

Mit der barocken Erweiterung der Festungswerke um die Altstadt waren die Bewohner der nördlichen Bezirke vor Düsseldorf pastoral unterversorgt. Nachts konnte kein Priester die verriegelte Stadt verlassen, und so wartete manch einer in Derendorf vergeblich auf das Sterbesakrament. „(D)en dadurch befahrten Untergang so vieler Christglaubigen Seelen zu Gemueth gezogen", stifteten die Düsseldorfer Kanoniker Johannes Bartholdus de Weyer und Heinrich Arnold Sommers 1691 „eine für dasige Eingesessene, und übrige außwendige Pfahr-Genossen (...) sehnlichst intendirte neue Pfahr-Kirch" und ließen das Gebiet vor den Befestigungsanlagen zu einem eigenen Kirchspiel zusammenfassen. Pfarrkirche wurde eine nur drei Jahre zuvor für den Katechismusunterricht der Dorfjugend errichtete Dreifaltigkeitskapelle. Wenige alte Fotografien zeigen den in der Folgezeit merkwürdig erweiterten Bau: Zwei seltsam niedrige Türme mit gotischen Knickhelmen flankierten die westliche Eingangsseite der ursprünglichen barocken Halle. Ein dritter Turm befand sich über dem Chor. Zahl und Anordnung der Türme symbolisierten die Dreifaltigkeit.

Nach seinem Tod wurde Kanonikus Sommers feierlich in der Kirche bestattet. 26 Jahre

In der Taufkapelle fand Ludwig Gies' Dreifaltigkeitsgitter aus dem Chor neue Verwendung.

später auch sein Bruder Peter, der ihn in der hingebungsvollen Verwaltung des Pfarrvermögens beerbt hatte. Die heutige, vom sich teilenden Asphaltstrom der Jülicher Straße inselartig umflossene Kirche gibt nicht auf Anhieb preis, dass sie mit diesen Männern auf eine der frühesten Pfarrgründungen der Düsseldorfer Neuzeit verweisen kann. Der Bau entstand ab 1889 infolge eines Wettbewerbes. Architekt Caspar Clemens Pickel hatte mit dem Entwurf „Freier Durchblick“ den ersten Platz erringen können. Das breite, den Blick zum Altarraum kaum einengende Mittelschiff des neugotischen Bauwerkes muss damals sehr modern gewirkt haben. Nach Fertigstellung der Kirche wurden die Gebeine der Gebrüder Sommers am Tag der Weihe 1892 in eine außen an die Chorfundamente angefügte Gruft gebettet. Und dort gingen sie in den Trümmern des Zweiten Weltkrieges unter. Nur eine im Chorbereich angebrachte Steintafel erinnert noch an diese beiden Väter der Pfarrei. Pickels Konzept des freien Durchblicks aber ist gegenwärtig mehr denn je realisiert. Der nach dem Krieg ganz hell und ohne Mittelschiffpfeiler erneuerte Bau mit hängender, minimal grau abgestufter Pyramidendecke und einheitlich kühlem, weiß-blauem Fensterwerk von Franz Pauli besitzt eine beeindruckende räumliche Weite und Transparenz. *M. E.*

Über Wänden und Pfeilern des gesamten Raumes lagert die Pyramidendecke.

Das Urbild der Gemeindefeier: Christus und seine Jünger beim letzten Abendmahl

St. Elisabeth und Vinzenz
Flingern

Karte Nr. 18

Adresse:
Vinzenzplatz 1
40211 Düsseldorf
Tel. 0211-3559310
www.katholisches-flingern-duesseltal.de

Geschichte: 1908-10 Bau der Kirche, Architekt Josef Kleesattel, Düsseldorf; 1912 Erhebung zur selbstständigen Kirchengemeinde St. Elisabeth; 1913 Kirchweihe; bis 1949 Neubau eines Rechteckchores statt des kriegszerstörten Apsis-Chores, Architekt Peter Josef Braun, Düsseldorf; 1994 Wiederherstellung des ursprünglichen Apsis-Chores, Architekten Hubert Brauns und Richard Janeschitz-Kriegl, beide Düsseldorf; 2000 Fusion von Elisabeth- und Vinzenzgemeinde, Einrichtung der Vinzenzkapelle in der Krypta; die vormalige St. Vinzenzkirche am Höherweg wird seit 2001 vom freikirchlichen New Life Fellowship genutzt.

Knapp und kühl formulierter Altarraum

Elisabeth gibt einem armen Versehrten zu Trinken. Ernst Jansen-Winkelns flach kristallin gehaltene Fenster sind aus Echtantikglas.

Einmal im Jahr ist der kühle und fast nüchterne Innenraum der Kirche wie verwandelt. Am Sonntag nächst dem 19. November steht das hölzerne Bild der hl. Elisabeth im Altarraum, geschmückt mit Hunderten langstieliger Rosen. Zum Begräbnistag der Heiligen darf sich eines ihrer wunderbaren Zeichen immer wieder neu ereignen. Sie, die sich für Arme und Kranke radikal verschenkte, hatte gesehen, wie sich vor ihren und den Augen ihres geizenden Schwiegervaters Brot für Hungernde in Rosen wandelte. Das ursprünglich der Elisabeth von Portugal zugeschriebene Ereignis war schon früh auf die Thüringer Elisabeth übertragen worden.

Seit 1969 begeht die Gemeinde von St. Elisabeth und Vinzenz das Fest ihrer Patronin mit einer Rosenvesper. Die prachtvollen Blumen um Altar und Heiligenbild werden gesegnet und an die Gottesdienstbesucher verteilt. Mittlerweile endet die Feier mit einer kleinen Prozession vor das große frei stehende Stahltor in der Vorhalle. Die unbewegliche Pforte gewährt durch eine kleine Öffnung einen pietätvollen Blick auf eine dahinter bewahrte Reliquienmonstranz. Erzbischof Joachim Meisner hatte der Gemeinde 1993 anlässlich einer Visitation eine Elisabethreliquie geschenkt, einen Partikel des Schädels der schon zu Lebzeiten äußerst populären Wohltäterin. Wie der Leib der Heiligen durch die Pforte strahlt, so leuchten auch die Rosen der Elisabeth. Sie sind

Kirche in der Nachbarschaft

ein Bild der schenkenden Liebe ihres Schöpfers. *Er* richtet sich an die Welt, wie auch die Fensterrose mit dem zentralen Erlöserbild sich mit steinernem Kelch nach außen kehrt.

Im Anschluss an die Rosenvesper trägt die Gemeinde die Blumen hinaus. Vor den rot lackierten Portalflügeln bedrängen sich Kirche und Stadt. Die gegenüberliegende Eisenbahnlinie hatte einst am Bau einer Kirche an diesem Ort zweifeln lassen. Ein Teil der Parzelle wurde deshalb verkauft und das Gotteshaus daraufhin regelrecht zwischen Wohnbauten geklemmt. Doch was früher Not, ist heute Tugend. Im Segensgebet der Rosenvesper wünscht die Gemeinde, ihre Blumen als Zeichen der Verbundenheit und Güte an andere Menschen weiterzugeben. Ganz in diesem Sinne sind an die Fassade des rechts angrenzenden Pfarrhauses freundliche, den Passanten zugewandte Gesichter gemalt. Die Fassade des Gemeindehauses an der Ackerstraße greift das Thema der Speisung auf. Im Bild von Brot und Fischen wirkt das Zeichen der Elisabeth weiter in die Stadt. Sie hatte die Liebe Christi verwandelt in Sättigung der Armen und Kranken. *M. E.*

Enigmatische Sicht auf das Elisabethreliquiar

Elisabeth von Thüringen (1207–31)

Die ungarische Königstochter lebte ab 1211 als spätere Landgräfin von Thüringen auf der Wartburg. Schon dort zeigte sie die Tendenz, allen persönlichen Bedürfnissen zu entsagen. Nach dem frühen Tod ihres Gatten Ludwig auf dem Kreuzzug zog sie nach Marburg und unterwarf sich ihrem Beichtvater Konrad in der strengsten Buße. In dem von ihr gegründeten Armenhospital versah sie ohne Rücksicht auf die eigene Gesundheit Dienst an Kranken und Aussätzigen. Die Gebeine der jung Verstorbenen wurden bereits 1236 vom barfüßigen und im grauen Büßergewand erschienenen Kaiser Friedrich II. persönlich erhoben. *M. E.*

Heilige Familie Stockum

Karte Nr. 19

Adresse:
Carl-Sonnenschein-Straße 37
40468 Düsseldorf
Tel. 0211-47805-0
www.heiligefamilie.de

Geschichte: *Stockumer Höfe* gehörten im Mittelalter zu verschiedenen Klöstern und Stiften; *Stockumer Kapellchen* ehemals Eigenkirche eines der Höfe; 1450 Neuerrichtung der Kapelle; 1680 Brand und Abriss; 1752 Neuerrichtung; 1969 Abriss der Kapelle für Errichtung der Messebauten; 1931 Nutzung einer Baracke als Notkirche für die „wilde Siedlung Heinefeld"; 1934/35 Bau einer Kirche Heilige Familie auf dem Heinefeld, Architekt Hermann Schagen, Düsseldorf; 1960-62 Errichtung einer größeren Kirche, Architekt Hans Schwippert, Düsseldorf; 1.7.1962 Weihe; 2002/03 Umgestaltung Altarraum, Architekt Gisbert Dahmen-Wassenberg, Kevelaer.

Von außen erinnert die Kirche etwas an Industriebauten.

Die Chronik des Stockumer Kapellchens berichtet im 18. und 19. Jh. von ausdauernden Streitigkeiten verschiedener Familien um die vorderen Kirchenbänke. Aufgrund dieser auch vor Gericht ausgetragenen Streitigkeiten weigerte sich der damals zuständige Derendorfer Pfarrer über lange Jahre hinweg, Messen im Kapellchen zu feiern. Man könnte fast meinen, diese Episode habe sehr viel später den Düsseldorfer Architekten Hans Schwippert inspiriert, den Neubau einer Kirche für die östlich entstandenen Siedlungen mit möglichst vielen Plätzen nah am Altar zu planen. Die 1960-62 errichtete Kirche zeigt sich außen als nüchterner, eher an Industriebauten erinnernder, halbkreisförmiger Backsteinbau. Im Inneren umfassen die gerundeten Bänke den Altar im Halbkreis, die Gemeinde kann sich als Gemeinschaft wahrnehmen. Der Altar ist von der hohen und breiten, vollkommen ungegliederten geraden Altarwand aus Backsteinmauerwerk hinterfangen. In die andere Richtung schwingt das leicht gestelzte Halbrund des Raumes aus, dessen Wand die Gemeinde wie mit einem Mantel umfängt. Im Rücken der Gemeinde erschließt ein Umgang die Portale und die seitlich liegende Marienkapelle, in der Hauptachse des Raumes steht hier der Taufstein – für alle Eintretenden sichtbar und so stets an das Eingangssakrament erinnernd. Über diesem rückwärtigen Umgang umzieht die Orgelempore den Raum – hier öffnet sich die ansonsten streng geschlossene Kir-

Hubert Spierling verglaste 1985 diese große geschwungene Fensterwand.

Innen ein ruhiger, positiv überraschender, die Gemeinde im Halbrund um den Altar versammelnder Raum

che mit einer hohen Fensterwand. 1985 fügte Hubert Spierling dort die abstrakten Glasfenster ein, die mit wenigen Farben und betonten Bleirutenlinien zum Schauen und Nachdenken einladen.

2003 wurde der Altarraum neu gestaltet (Architekt Gisbert Dahmen-Wassenberg) und dem Raumkonzept noch besser angepasst. Aus dem gleichen grünlichen Stein des Altares sind nun auch die neue, das Rund um den Altar schließende Sitzbank und der neue Ambo. Eine ungewöhnliche, in diesem Raum sehr überzeugende Lösung bietet der Tabernakel: Er schwebt zwischen Himmel und Erde. Das goldene Gehäuse ist würfelförmig mit leicht durchscheinenden Platten aus Onyxmarmor verkleidet: Der Tabernakel scheint aus sich heraus zu leuchten.

Architektur und Ausstattung sind auf das Wesentliche konzentriert und bewirken eine hohe Raumästhetik. Schon vor dem Zweiten Vatikanischen Konzil wurde hier ein sehr konsequent die gemeinschaftliche Versammlung am Altar betonender Raum errichtet. Streitigkeiten um die besten Plätze gehören der Geschichte an. *M. S.*

Karte Nr. 19a

St. Albertus Magnus
Golzheim

Die heutige Albertus-Magnus-Kirche geht zu großen Teilen auf die kurz vor Ausbruch des Zweiten Weltkriegs gebaute Kirche zurück. Der damals errichteten vierjochigen Basilika mit westwerkartigem Westturm fügte man in den 1970er-Jahren ein Chorjoch mit halbrunder Apsis an, brach den Turm bis zum Dach des Hauptschiffes ab und schlug im Innenraum den Putz ab. Unter dem Putz kam die heute den Raum auf ungewöhnlich gute Weise prägende dreigeschossige Bogengliederung aus Beton und Backsteinen zutage, die ursprünglich nur eine unsichtbare Baukonstruktion sein sollte. Die drei schlanken Westfenster überliefern Vorkriegsentwürfe von Anton Wendling, die mit symbolhaften Fischen und Broten an seinen Lehrer Johan Thorn-Prikker erinnern. *M. S.*

Adresse:
Kaiserswerther Straße 211
40474 Düsseldorf
Tel. 0211-4780550
www.heiligefamilie.de

Geschichte: 1660 Errichtung der St. Josephskapelle; 1858 Abriss; 1861 Weihe der neu errichteten Kapelle St. Joseph; 1912 Gründung Kirchbauverein; 1937 Abriss der Kapelle für Straßenbau; 1938 Gründung Rektorat; 1938/39 Teilerrichtung der Kirche St. Albertus Magnus, Architekt Franz Schneider, Düsseldorf; 23.4.1939 Weihe; 1974-76 Erweiterung, Modernisierung und Turmbau, Architekten Hubert Brauns und Richard Janeschitz-Kriegl, Düsseldorf.

Das umgestaltete Kirchenschiff von St. Albertus Magnus mit neuem Turm

Adresse:
Im Grund 99
40474 Düsseldorf
Tel. 0211-4780540
www.heiligefamilie.de

Geschichte: Ende des 19. Jh. private Gruftkapelle im Park von Haus Lohausen für Gottesdienste genutzt; 1898 Errichtung der Rektoratsgemeinde; 1899 Bau der Kirche St. Mariä Himmelfahrt, Architekt Peter Peters, Aachen; 12.11.1933 Weihe; 1938 Sakristeianbau, Architekt Hermann Schagen, Düsseldorf; 1994-97 Sanierung und Kürzung des Turms, Architekten Brauns, Janeschitz-Kriegl, Dahmen-Wassenberg.

Karte Nr. 19b St. Mariä Himmelfahrt
Lohausen

Die neuromanische Dorfkirche St. Mariä Himmelfahrt zeigt mit ihrem Tympanon und den Kapitellen im Inneren aufwendige Bauskulptur der Entstehungszeit. Ihr gut proportionierter Innenraum bietet seit der letzten Sanierung 1997 einen einladenden Ort, der historistische und zeitgenössische Ausstattung zu einer gelungenen Einheit verbindet. Die neue Chorausstattung ist in schlichten Formen aus edlen Materialien gebildet. *M. S.*

Alt und Neu bilden in Lohausen einen einladenden Raum.

Adresse:
Niederrheinstraße Höhe Nr. 204

Die Graf-Spee-Kapelle zeigt streng-romanische Formen.

Karte Nr. 19c Graf-Spee-Kapelle
Lohausen

Graf August Spee ließ 1839 eine kleine neuromanische Kapelle in Erinnerung an seinen an dieser Stelle verstorbenen Vater Franz Anton Spee errichten. Die Pläne stammen von Rudolf Wiegmann, der 1854 auch die neuromanische Schlosskapelle des Familiensitzes auf Schloss Heltorf errichtete. *M. S.*

Adresse:
Heiligenweg

Karte Nr. 19d Kapelle im Lantz'schen Park
Lohausen

1879 errichtete die Eigentümerfamilie von Haus Lohausen, Familie Lantz, im großen Park ihres Anwesens eine zweigeschossige neuromanische Gruftkapelle als Familiengrabstätte. In deren Obergeschoss wurden in den folgenden Jahren regelmäßig Messen für die Dorfbewohner gefeiert, bis 1899 die Pfarrkirche St. Mariä Himmelfahrt errichtet wurde. Über dem Portal mahnt der lateinische Spruch: „Gehe nicht vorüber ohne Gebet, bald bist du so wie wir.“ Die Mosaike im Inneren zeigen die Schutzheiligen der Familie Lantz mit Schriftbändern der Seligpreisungen. *M. S.*

Ein Kleinod mitten im Lantz'schen Park

St. Franziskus Xaverius
Mörsenbroich

Karte Nr. 20

Die Kirche St. Franziskus Xaverius ist der modernste der zwischen den beiden Weltkriegen entstandenen Kirchenbauten Düsseldorfs, die in dieser Zeit insgesamt eher etwas konservativer gestaltet sind. Ihr Aufbau ist durch klare kubische Formen bestimmt. Die Backsteinverkleidung der außen nicht sichtbaren Stahlbetonrahmen ist durch zeittypische schlanke Rundbogenfenster und an Seitenschiff und Turmostseite durch abwechselnde Schichten verschiedenfarbiger Steine zurückhaltend gegliedert. Langhaus und Chor gehen ohne äußerlich sichtbare Trennung ineinander über, der Chor ist nur durch das südliche Rundfenster betont. Der auffallend hohe, aus versetzten Wandscheiben gebildete Turm setzt trotz der ihn heute bedrängenden Hochhäuser einen kräftigen Akzent an einer der größten Düsseldorfer Kreuzungen, dem Mörsenbroicher Ei.

Der Wiederaufbau veränderte den sehr großen, weiten Innenraum nachhaltig. 1948/49 wurde dem ehemals zweischiffigen Raum das nördliche Seitenschiff angefügt. Die grundlegende Sanierung der späten 1950er-Jahre ersetzte die ursprünglich rundbogigen Öffnungen zu den Seitenschiffen durch die heutigen mit geknicktem Sturz und verkleidete die anfangs hell verputzte Obergadenwand mit Backstein. Innen ist der über sieben Stufen erhöhte Chor durch seitliche Emporeneinbauten schmaler als das Mittelschiff und so deutlich abgesetzt. Durch die schlanken Emporenöffnungen fällt indirektes Licht ein, ein gestalterisches Thema, das in dieser Zeit öfter auftaucht.

Der heutige Raumeindruck wird wesentlich durch zwei qualitätvolle Ausstattungszyklen bestimmt: die Fenster der 1960er-Jahre von Egbert Lammers und die in den 1980er-Jahren geschaffenen Bronzewerke von Hildegard Bienen mit Kreuzweg, Taufstein, Tabernakel und Ambo. Die zwölf Fenster des Mittelschiffs haben ein eher ungewöhnliches Thema: das Glaubensbekenntnis. Rechts des Chores beginnt der Zyklus auf der Südseite mit der Darstellung „Ich glaube an Gott ...“ und läuft dann im Uhrzeigersinn bis zum gegenüberliegenden nördlichen Fenster. Im nördlichen Seitenschiff hängen die 14 Kreuzwegreliefs von Hildegard Bienen, sie gehören zu ihren späten, sehr gereiften Werken. An der Stirnwand ist gegenüber dem Taufbrun-

Zu ihrer Zeit die modernste Kirche Düsseldorfs

Adresse:
Mörsenbroicher Weg 4
40470 Düsseldorf
Tel. 0211-6101930
www.dem-leben-dienen.de

Geschichte: 1887 Gründung Kirchbauverein; 1895/96 Errichtung neugotischer Notkirche, Architekt Anton Vossen; 1904 Errichtung Pfarrei St. Franziskus; 1927 Architektenwettbewerb mit 109 eingereichten Entwürfen; 1928/29 Neubau, Architekten Hans Tietmann und Karl Haake, Düsseldorf; 22.9.1929 Weihe; 1948/49 schlichter Wiederaufbau unter Hinzufügung des nördlichen Seitenschiffs, Architekt Koch; 1955-61 Sanierung und Umgestaltung des Inneren, Architekt Ludger Kösters, Köln; 1984/85 Turmsanierung und neue Decke im Kirchenraum, Architekten Hubert Brauns und Richard Janeschitz-Kriegl, Düsseldorf.

Der Tabernakel von Hildegard Bienen zeigt Elija unter dem Ginsterstrauch.

Seit dem Krieg erfuhr der Innenraum drei Umgestaltungen.

nen eine normalerweise nicht übliche 15. Tafel mit dem Himmlischen Jerusalem angebracht. Nicht zuletzt die Orgel der Firma Klais ist sehens- und vor allem hörenswert! Seit ihrer Erweiterung im Jahr 2000 ist sie mit 60 Registern eine der größten Orgeln Düsseldorfs. *M. S.*

St. Gertrud Eller

Karte Nr. 21

Nach dem Vorbild der Trierer Liebfrauenkirche geplant: die Gertrudiskirche mitten im Zentrum von Eller

Adresse:
Gertrudisplatz
40229 Düsseldorf
Tel. 0211-214222
www.sanktgertrud.de

Geschichte: Zwei Burgkapellen mit dem Patronat der hl. Gertrud sind seit dem 14. Jh. belegt; 1827-29 erster Kirchenbau, Architekt Anton Walger, Düsseldorf, mit Modifizierungen durch den Berliner Oberbaurat Carl Friedrich Schinkel; 1900/01 Neubau, Architekt Wilhelm Sültenfuß, Düsseldorf; 1943-48 Wiederaufbau der dreischiffigen Backsteinbasilika, Architekten Peter-Josef Baum und Franz Angerer; 1968-75 Restaurierung; 1979/80 Instandsetzung des Turmes, Architekten Paul Maier-Lamers und Heinz Otten, Neuss; 1995-98 allgemeine Instandsetzungsarbeiten; 2009 Dach- und Fassadensanierung, Architektin Beatrix Maier-Lamers, Neuss.

Markttag bedeutet für viele Eller immer auch Kirchtag. Denn wenn sie donnerstags mitten im Ortskern auf dem zwischen Pfarrkirche und Rathaus gelegenen Gertrudisplatz ihre Einkäufe auf dem Wochenmarkt erledigen, laden gleichzeitig die geöffneten Pforten von St. Gertrud ein, die Betriebsamkeit mit einer gut halbstündigen Messe zur Mittagszeit zu unterbrechen. Ein Angebot, das sich in den letzten Jahren bewährt hat und anschaulich die alltägliche Verbundenheit der Eller Bevölkerung mit ihrer Kirche spiegelt. Schließlich ist die neugotische Gertrudiskirche mit dem für ihre Entstehungszeit typischen Inventar und Schmuck im Inneren ein heimeliger Ort zum Verweilen und Innehalten, zum Rasten und Beten inmitten des Lärms eines dicht bevölkerten Stadtteils. Was immer schon so war, dass die Menschen hier mit und in ihrer Kirche intensiv gelebt haben, setzt sich heute nur folgerichtig als moderner Ausläufer einer gewachsenen Tradition fort. Denn die Geschichte dieser Kirche und ihres Patronats der beliebtesten Heiligen Europas reicht weit ins Mittelalter zurück. Zunächst wurde um 1350 eine erste von zwei Burgkapellen zu Ehren der hl. Gertrud von Nivelles gebaut. Nach dem Umbau des *castrum Elnere* in eine Wasserburg ließ Ritter Adolf Quade nach 1448 in der Vorburg dann eine zweite Kapelle bauen. Testamentarisch verfügte er, dass dort ein Altar zu Ehren des hl. Hubertus und des hl. Nikolaus errichtet werden sollte, an die noch heute die Nebenfiguren des neugotischen Hauptaltares von St. Gertrud erinnern. Außerdem sollten wöchentlich von einem Vikar *Seelenmessen* für die Stifterfamilie gelesen werden. Eine großzügig dotierte Vikarie der hl. Gertrud ist 1511 belegt. 1624 begannen Verhandlungen mit der Muttergemeinde Gerresheim über die Gründung einer selbstständigen Pfarrei, die 1672 das gewünschte Ergebnis lieferten. Für das zu Beginn des 19. Jh. etwa 800 Einwohner zählende Eller reichte die Kapelle dann aber nicht mehr aus. 1827-29 entstand das dritte Gotteshaus. Diese erste Pfarrkirche inmitten der Gemeinde, ein dreischiffiger Bau im klassizistischen Stil mit fünf Fensterachsen und flachem Zeltdach auf dem Turm, bestand bis 1901, als Wilhelm Sültenfuß eine neugotische Kirche nach dem Vorbild der Trierer Liebfrauenkirche plante. Dieser Bau repräsentierte noch exemplarischer als andere Vergleichsbauten dieser Zeit neugotisches Stilempfinden. Es ist ein Glück, dass 1943 nahezu alle Ausstattungsstücke von den Bomben verschont blieben und sie der Kirche heute ihren unverwechselbaren Charme verleihen. *BTG*

Zu den vielen neugotischen Schmuckstücken der Kirche zählt der reich verzierte Schnitzaltar im Chor.

Die nach historischem Vorbild nachgearbeiteten Fußbodenfliesen von Dieter Hartmann bilden eine harmonische Einheit mit dem original erhaltenen Inventar.

Heilig Geist
Karte Nr. 22 Pempelfort

Adresse:
Moltkestraße 63a
40477 Düsseldorf
Tel. 0211-446212

Geschichte: 1910/11 Bau der Kirche, Architekt Josef Kleesattel, Düsseldorf; 26.10.1913 Weihe; 1948/49 Einrichtung einer Notkirche in den nördlichen Seitenschiffen, Architekt Aloys Odenthal, Düsseldorf; bis 1957 vereinfachender Wiederaufbau unter Verzicht auf die ursprüngliche Ostapsis, Architekt Heinz Thoma, Düsseldorf; 1972-74 Bau des Pfarrzentrums, Architekt Heinz Thoma; 1980/81 Innenrestaurierung.

Die äußere Erscheinung der Kirche vereinigt Vertrautes und Unerwartetes. In der geraden Wand zwischen den kantigen Türmen vermutet man zunächst nicht den östlichen Chorbau. An dieser Stelle würde man im Vergleich zu anderen neuromanischen Kirchen das Rund einer Apsis oder – lägen die Türme im Westen – das architektonische Hauptportal erwarten. Letzteres befindet sich bei Heilig Geist nun nicht in der Achse gegenüber dem Chor, wie es einem basikalen Bau eher entspräche, sondern es liegt – vergleichbar mit dem sogenannten Paradies von St. Suitbertus in Kaiserswerth – vor der nördlichen Schiffwand. Der dreigliedrige und mit reichem Steinmetzwerk verzierte Portalbau wurde seinerzeit aus Platzgründen hierher gestellt. In der Regel betritt man die Kirche dann aber doch nicht hier oder über das ebenso aufwendig geschmückte Südportal. Unmittelbar westlich an Heilig Geist wurde 1972-74 ein teils in Sichtbeton belassenes Pfarrzentrum mit turmartigem Treppenhaus angefügt. Kirche und Pfarrzentrum haben seither einen modernen gemeinsamen Zugang. Und schließlich: Wer diesen nutzt, erlebt die lang gestreckte, querhauslose Kirche dann auch als breit gelagerten, weil vierschiffigen Raum.

Die Chorseite der Kirche ist auf mächtige Außenwirkung angelegt.

Heilig Geist wurde 1910/11 erbaut. Vorbild für das Innere des historistischen Bauwerkes war für Architekt Kleesattel die Titularkirche des damaligen Kölner Erzbischofs Antonius Fischer, St. Nereus und Achilleus in Rom. Der frühchristlichen Bauart eher allgemein vergleichbar besaß Heilig Geist insofern einen Rundchor mit in die Kuppel eingeschnittenen Fenstern und flache Balkendecken. Die heutige gerade Chorwand ersetzt die im Krieg zerstörte Apsis. Der antikisierende Innenraum der Pempelforter Kirche dürfte dem purifizierenden Geschmack der Nachkriegszeit entgegengekommen sein. Im Zuge des Wiederaufbaus wurden steinerne Gewölbe damals gerne durch weniger aufwendige hölzerne Konstruktionen ersetzt. In Heilig Geist konnte man an die schon vor dem Kriege bestehenden Decken anknüpfen. Eine Vorstellung von der ursprünglichen Majestät

Auch die Portalrahmungen – hier die Bogenzier des Südportals – greifen frühchristliche und romanische Formen auf.

Zwischen den Arkaden führt die *via sacra* zum Altar.

des Gesamtraumes vermittelt heute nur noch die im linken Seitenschiffbereich erhaltene antikisierende Säulenreihe. Die fliesenartig mosaizierten und mit modernen Kämpfern versehenen Mittelschiffstützen der Wiederaufbauzeit suchen lediglich in der Proportion den Vergleich mit ihren Vorgängern. Anton Wendlings aus dem Kreuz entwickelte Ornamentfenster im Chor sprechen die ganz frühe, symbolische Sprache der christlichen Kunst: „Du sollst Dir kein Bildnis machen!" *M. E.*

Herz Jesu Derendorf

Karte Nr. 23

Adresse:
Roßstraße 79
40476 Düsseldorf
Tel. 0211-451485
www.herzjesu-kirche-duesseldorf.de

Geschichte: 1905-07 Bau der Kirche, Architekt Josef Kleesattel, Düsseldorf; 1946-48 Wiederherstellung, Architekt Aloys Odenthal, Düsseldorf; ab 1974 über mehr als zehn Jahre Erneuerung des äußeren Stein- und Maßwerkes durch Pauen und Partner; 2002-05 vollständige Erneuerung der Gewölbe.

Wäre der ehemals 102 Meter aufragende und 1945 durch Sturm zerstörte Helm in den 1970er-Jahren wiederhergestellt worden, dann besäße Herz Jesu wieder den höchsten Glockenturm Düsseldorfs. Doch auch als Torso darf dieser Kirchturm immer noch zu den schönsten der Stadt gerechnet werden, wenn ihm in dieser Hinsicht nicht gar der erste Rang gebührt. Vom mit Caféstühlen besetzten Vorplatz an der Roßstraße oder durch das Blattspiel der Bäume des kleinen parkähnlich angelegten Pfarrgartens kann man reizvolle Blicke auf das sich nach oben zunehmend in Maß- und Fialwerk öffnende steinerne Gebilde werfen. Josef Kleesattels einzige Kirche im neugotischen Stil ist mit reicher Zier nach dem Vorbild spätmittelalterlicher Bauten des 15. Jh. versehen. Die großen, das ganze Bauwerk umlaufenden Fenster setzen mit Fischblasen-Couronnements und Maßwerkbrücken das kostbare Formenwerk fort.

Spielerisch reizvoller Übergang des Turmschaftes von der quadratischen Grundform ins Achteck

Das Sterngewölbe im Chor wirkt wie ein schwebender Baldachin, der sich auf die Erde niedersenkt.

In der Vergangenheit hat es einige Mühen gekostet, diese Kirchenschönheit zu erhalten. Zuletzt 2002-05. Risse und herabfallender Putz hatten den Einsturz der Decken befürchten lassen. Baustatische Untersuchungen ergaben, dass die vom Krieg unzerstörten, wie schwebend wirkenden Netz- und Sterngewölbe ehedem zu flach gezogen und das Rippennetz nicht tragend *unter*, sondern wie Tortenspritzguss *an* die Wölbung geheftet worden war. Deshalb mussten sie vollständig und nun bautechnisch korrekt erneuert werden. Der Eindruck, diese Deckenwerke seien gewichtslos, wird durch die in allen Schiffen unmittelbar unter sie geführten, stelzenartig schlanken Dienste gestützt. Nur in der baldachinartigen Vierung (und ganz zart im Chor) enden die Dienste in Kapitellen. Die kräftigen roten Zeilen der Langhausarkaden unterstreichen dies luftige Oben der Gewölbe.

Ob sich der Künstler Kurt Zimmermann von dieser „fliegenden“ Architektur hat inspirieren lassen? In der Totenkapelle rechts der Orgelempore befindet sich ein Bronzekunstwerk des Kölner Bildhauers. Zimmermanns Arbeiten sind oft recht blockhaft. Doch dieser zentnerschwere Engel Michael streicht unter der Decke hängend in geschmeidiger Körperkurvatur durch den Raum. Jochem Poensgens abstrakte, teils mit ganz schwarzen Scheiben versetzte Fenster geben dem Ort, an dem Michael um Totengeleit ersucht wird, ein ernstes Licht. Der Besucher konnte dem himmlischen Seelenbegleiter auch schon am Eingang begegnen: Der rechte Griff des Seitenportals zeigt ihn aufrecht, elegant, mit der Lanze in der Hand neben einer fallenden Gestalt. *M. E.*

Kurt Zimmermanns Erzengel Michael ist ein sanftmütiger Begleiter ins Himmelreich.

Herz Jesu
Urdenbach

Karte Nr. 24

Lange mussten die Urdenbacher politisch und wirtschaftlich um den Bau einer von Benrath unabhängigen Pfarrkirche kämpfen, bis 1893 endlich der Grundstein zu einem ersten Bauabschnitt dieser neuromanischen dreischiffigen Basilika gelegt werden konnte. Durch die Ansiedlung von Industriearbeitern bedurfte es in der Gegend um Benrath und Reisholz eines zusätzlichen Gotteshauses, das 1914 konsekriert wurde.

Wer von Benrath her über die Urdenbacher Allee den Ortskern erreicht, wird von einem viergeschossigen monumentalen Backsteinturm am Straßenrand in leicht erhöhter Lage überrascht, dessen Ausmaße im Verhältnis zu dem sonst als Dorfkirche konzipierten Bau überproportional groß erscheinen. Mag sein, dass dieses steingewordene Selbstbewusstsein Anfang des 20. Jh. nötig war, um die jahrzehntelange Mühe und Anstrengung auch sichtbar zu belohnen, mit denen sich die Urdenbacher von den Benrathern abgrenzen wollten. Tatsache ist, das Herz Jesu heute nach mehreren Phasen baugeschichtlich auch umstrittener Veränderungen mehr denn je das Lebensgefühl einer Gemeinde zum Ausdruck bringt, die ihre Kirche sprichwörtlich im Dorf lässt und sich diesem bergenden Sakralraum auch jenseits des Sonntagsgebots intensiv verbunden fühlt. Besucher finden hier abseits des Lärms der Straße eine auch künstlerisch ansprechende Oase der Stille. Diese einladende Atmosphäre verantworten vor allem die warmes Licht spendenden Fenster. Im Obergaden sind es Drillingsfenster, in den Seitenschiffen großflächige Fensteröffnungen mit abstrakten vegetabilen Motiven, im Turm ein dekoratives Rosettenfenster und in den Apsisfenstern nach Entwürfen von Dieter Hartmann die Gleichnisse vom barmherzigen Samariter, vom barmherzigen Vater und im Zentrum der beiden das Herz-Jesu-Fenster mit der Begegnung zwischen Jesus und dem Apostel Thomas.

Als eine Oase der Stille geschätzt: der monumentale Backsteinbau Herz Jesu

Zu einer Einheit verbindet Bert Gerresheim drei Einzelplastiken in seiner Taufbrunnenanlage.

Adresse:
Urdenbacher Allee 113
40593 Düsseldorf
Tel. 0221-719119
www.herz-jesu-urdenbach.de

Geschichte: 1893/94 Errichtung Chor und zwei Langhausjoche; 1902 eigenständiges Rektorat; 1906 Erhebung zur kanonischen Pfarrei; 1914 Erweiterung und Turmbau, Architekten Wilhelm und Paul Sültenfuß, Düsseldorf; 1963-66 Umgestaltung durch Otto Luczak, Monheim; 1976-81 Restaurierung, Architekt Wilhelm Dahmen, Düsseldorf; 1990er-Jahre Restaurierung.

Die Chorfenster von Dieter Hartmann – im Zentrum die Begegnung Jesu mit dem Apostel Thomas – spenden warmes Licht.

Von besonderer Aussagekraft ist die Taufbrunnenanlage von Bert Gerresheim. Dem Auftrag, die Gegenwart des gekreuzigten und auferstandenen Jesus als Jude mit der der ganzen Christenheit bei jeder Taufe bildlich in einen Dialog zu bringen, entspricht der Düsseldorfer Künstler mit drei korrespondierenden Einzelplastiken: dem lebensgroßen Christuscorpus ohne Kreuzesbalken an der Wand, dem Stillleben von Steinen, Nägeln und Dornenkrone auf dem Boden und der fortlaufenden Bilderzählung von Geschehnissen der Apostelgeschichte an der Taufbrunnenwandung. Erst auf den zweiten Blick offenbart sich hier eine *Sacra Conversazione*, die Petrus, Paulus und Ananias mit historischen Persönlichkeiten nachfolgender Epochen in einem neuen Ereignisraum über die Zeiten hinweg ins Gespräch miteinander bringt. *BTG*

Der Taufstein zeigt auf dem Rund seiner Beckenwandung vier Ereignisbilder in Hochrelief, die fortlaufend Geschehnisse der Apostelgeschichte erzählen.

St. Hubertus
Itter

Karte Nr. 25

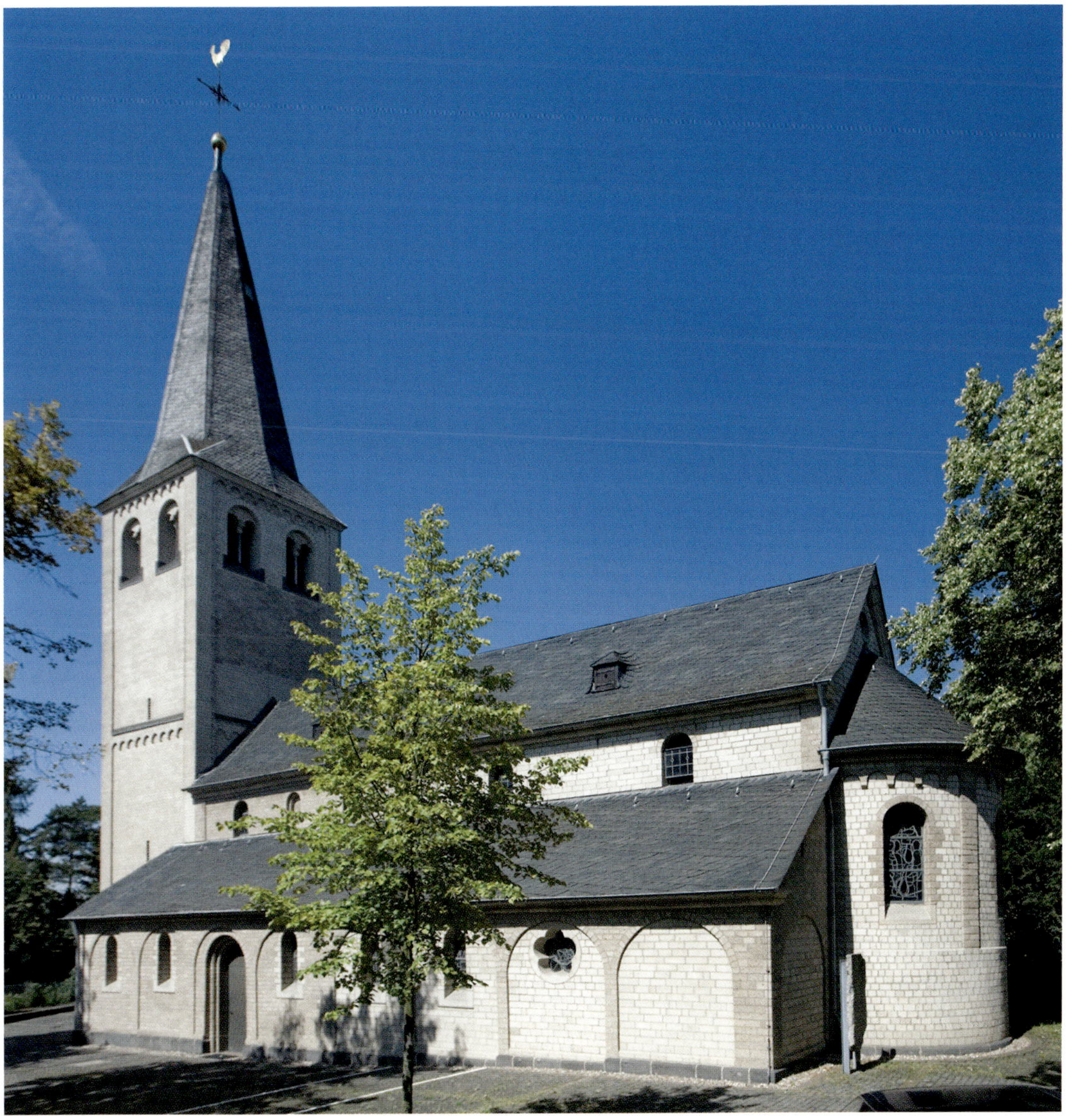

Adresse:
Am Broichgraben 73
40589 Düsseldorf
Tel. 0211-757763
www.meinegemein.de

Geschichte: Um 1100 kleiner Kirchbau; um 1150 Anbau eines Turmes; zweite Hälfte 12. Jh. Erweiterungsbau in basilikaler Form; 1872 Erweiterung nach Osten und Anbau der Sakristei; 1931 Ausmalung; 1956 Wiederherstellung und Bau von Taufkapelle und Westempore, Architekt Kurt Schweflinghaus, Ratingen; 1970 Bau einer größeren Sakristei; 1972/73 Instandsetzung, Architekt Alfons Leitl, Köln.

Mehr als 850 Jahre Kirchen- und Ortsgeschichte dokumentiert die romanische Dorfkirche St. Hubertus.

Vermutlich geht die Gründung von St. Hubertus in der ersten Hälfte des 12. Jh. auf die Äbtissin des Kaiserswerther Stifts zurück, dem das Itterer Gotteshaus inkorporiert war. Pfarrrechte fielen der romanischen Dorfkirche, die zunächst nur aus einem kleinen Kapellenraum bestand, erst 300 Jahre später zu; bis dahin war sie Filialkirche von Himmelgeist, das ebenfalls in enger Beziehung zum Stift stand. Die Pfarrchronik von Itter liefert eine ab dem 16. Jh. nicht lückenlos geführte, aber dennoch sehr informative Quelle für den Einblick in das seelsorgliche Leben einer Landgemeinde während der bewegten Jahre der Reformation und Gegenreformation sowie der Unruhen des Dreißigjährigen Krieges bis in das Jahr 1642. Dann endet die Dokumentation über die kirchengeschichtlichen Entwicklungen in dieser Gegend. Es ist die Zeit, in der Plünderungen an der Tagesordnung waren und viele – unter ihnen auch der Pfarrer – der Pest zum Opfer fielen oder den täglichen Überlebenskampf nach nicht enden wollendem Krieg erschöpfungsbedingt verloren. Gleich mehrmals wurde das Dorf Itter während der Kriegsjahre von 1618-48 gebrandschatzt. Manches geraubte oder vernichtete Kircheninventar musste wieder beschafft oder aber beschädigtes renoviert werden. Georg von Neuhoff und seine Gemahlin Mechthildis von Reuschenberg, die den nahe gelegenen Rittersitz Haus Elbroich bewohnten, erwiesen sich in dieser Not als Wohltäter der verarmten Itterer und verfügten testamentarisch eine jährliche Zahlung von 150 Reichstalern an Pfarrer und Kirche. Außerdem ließen sie jedes Jahr Roggen an die Armen verteilen, die andächtig dem Messopfer beiwohnten.

Und als sei das alles noch nicht genug, brach sich etwa 150 Jahre später das nächste Zerstörungswerk Bahn: 1795 wüteten erneut

Eine Rückbesinnung auf die ursprüngliche Bauform prägt heute die Innenansicht des ländlichen Kleinods.

Soldaten. 1811 erwähnt das Kircheninventar: „Bekanntlich ist unsere Kirche gänzlich ausgeplündert und das Wenige, was wir haben, schier von anderen Kirchen ist geschenkt worden." Kostbare Ausstattungsstücke aus der Entstehungszeit gibt es daher nicht mehr.

Rundherum erneuert und restauriert wurde St. Hubertus erst 1862. 1931 wurde die Kirche ausgemalt, mit Figuren ausgestattet und damit erheblich in ihrer Innenraumwirkung verändert, was 1956 bewusst rückgängig gemacht wurde. Heute ist es die wiederhergestellte Schlichtheit der romanischen Architektur – innen wie außen –, die St. Hubertus zu einem ländlichen Kleinod und stummen Zeugen gut 850-jähriger Kirchen- und Ortsgeschichte macht. *BTG*

Adresse:
Groß-Winkelhausen

Geschichte: 1436 und Anfang des 17. Jh. Erwähnung einer Kapelle in Winkelhausen; zweite Hälfte 18. Jh. Neubau der Barockkapelle, die zu der ehemaligen Wasserburg Groß-Winkelhausen im Besitz der Familie von Hatzfeld-Dönhoff auf Schloss Schönstein gehört; 1906/07 Renovierung; 1981 Schenkung an die Stadt Düsseldorf durch Graf von Hatzfeld; 1982 Renovierung auf Initiative eines Förderkreises unter dem Protektorat von Maximilian Graf von Spee, Architekt Alo Terhoeven, Krefeld.

Der geschweifte Volutengiebel der Kapelle ist charakteristisch für ihre Entstehungszeit.

Karte Nr. 25a St.-Hubertus-Kapelle Winkelhausen Angermund

Die dem hl. Hubertus geweihte Kapelle, die am Ende einer zum Gut Groß-Winkelhausen führenden Allee liegt und in der die ortsansässigen Schützenbrüder noch heute Messe feiern, hält ebenfalls die Tradition der Hubertusverehrung aufrecht. Denn als Patron der Schützen bot der 727 gestorbene Bischof seit dem frühen 18. Jh., als vermutlich der kleine Ziegelbau entstand, Anlass für regelmäßige Prozessionen und Bittgänge in Groß-Winkelhausen. Heute ist die Hubertuskapelle das einzige in Düsseldorf erhaltene Beispiel einer früher nicht seltenen Burgkapelle vor mittelalterlichen und barocken Rittersitzen. *BTG*

St. Josef
Oberbilk

Karte Nr. 26

Blick in die dreischiffige Basilika ohne Querschiff

Adresse:
Josefplatz 12
40227 Düsseldorf
Tel. 0211-7705970
www.kiog.de

Geschichte: 1872 Weihe der neugotischen Kirche von Paschalis Gratze, Düsseldorf; 1880 Fertigstellung des Turmes, Architekt Caspar Clemens Pickel, Düsseldorf; 1891 Erhebung der Gemeinde zur kanonischen Pfarrei; 1910/11 Renovierung und innerer Umbau; 1946-54 Wiederaufbau; 1973-76 Renovierung, Architekten Hubert Brauns und Richard Janeschitz-Kriegl, Düsseldorf; 1976-83 Fenster von Hans Lünenborg, Köln.

Industrieansiedlung und unzählige Handwerksbetriebe machen Oberbilk im 19. Jh. zu einem Ort, in dem schwere körperliche Arbeit das Leben der Menschen prägt. Bezeichnenderweise macht die Bevölkerung 1872 bei der Weihe den hl. Josef zum Schutzpatron des von Paschalis Gratze, einem Düsseldorfer Franziskanerbruder, errichteten Gotteshauses. In Josef dem Arbeiter, dessen Fest Papst Pius XII. am 1. Mai 1955 offiziell in den Kirchenkalender aufnimmt, sehen die Oberbilker einen der ihren: einen harten Arbeiter, der sich im Schweiße seines Angesichts sein Auskommen verdient. Sie verehren den fleißigen Zimmermann, der als ein Mann der Tat gilt und damit für viele zur Identifikationsfigur im eigenen von Mühsal gezeichneten Leben wird.

Zu den wenigen spektakulären Schmuckstücken der bescheidenen Ausstattung von St. Josef zählen die 1976 von dem Kölner Künstler Hans Lünenborg entworfenen Kirchenfenster. Sie verleihen mit vorwiegend farblosem Mattglas dem klar überschaubaren Raum ein leicht gedämpftes Licht, sind im Chorraum von abstrakter Farbornamentik aufgelockert und zeigen in den Seitenschifffenstern kleinformatige Szenen aus dem Leben des hl. Josef.

Blickfang aber ist das von Bert Gerresheim 1992 im Zeichen des griechischen T (Tau), dem biblischen Rettungszeichen, geschaffene lebensgroße Bronzekruzifix im Chorraum. Wie ein Lebensbaum, um den sich Weinlaub rankt, wächst es aus dem Boden und will mit dem Antlitz eines Sterbenden und

Den leidenden und österlichen Christus schafft Bert Gerresheim in einer Person.

Vor der Fassade von St. Josef entfaltet Bert Gerresheim in seinem Josefsmonument mit sechs Figuren und 15 Bodenplatten eine eindrucksvolle Geschichtslandschaft.

doch glorreich Auferstandenen Hoffnungszeichen sein. Hier lässt der Oberbilker Künstler die Gesichtszüge eines Schmerzensmannes mit dem Porträt eines österlichen Siegers verschmelzen; hier mischen sich Realismus und Mystik und werden zur Kernbotschaft christlicher Verkündigung, die sich auch noch weit vor der Kirchentür fortsetzt oder dort bereits beginnt. Denn in der Verlängerung der Kirchenachse, auf dem Vorplatz der Josefskirche, steht das bereits 1990 von Gerresheim in Bronze gegossene Josefsmonument, eine sechsfigurige lebensgroße Plastik, die auf ihrer halbrunden Insel nur wenige Meter vor dem Kirchenportal Hinweisfunktion übernimmt. Wie eine Art Vor-Raum zum Heiligtum gehört dieses gewaltige Denkmal zwar noch der profanen Welt an, stellt aber wie eine vorgeschobene Bastion einen direkten Bezug zum Gotteshaus her und verbindet anschaulich und greifbar Gott und Welt, Glaube und Leben. „Es ist wie eine ausgestreckte Hand der Kirche, die den Menschen einlädt, eine Weile bei Gott zu verbringen", so schrieb der damalige Stadtdechant Gottfried Weber bei dessen Fertigstellung.

BTG

St. Joseph
Rath

Karte Nr. 27

Adresse:
Rather Kirchplatz 10
40472 Düsseldorf
Tel. 0211-654024

Geschichte: 1897/98 Bau einer neuromanischen Notkirche; 1903 Erhebung zur Pfarre; 1905 Grundsteinlegung, Anbau von Chor und Querhaus an die Notkirche, Architekt Josef Kleesattel, Düsseldorf; nach Abriss der Notkirche bis 1909 Bau von Langhaus und Türmen; 25.4.1909 Weihe; 1911-21 Johannes Adenauer, ein Bruder des ersten deutschen Bundeskanzlers, ist Pfarrer der Gemeinde; 1944 Zerstörung von Querhaus und Chor; Mitte 1950er-Jahre Wiederaufbau, innen vereinfachende Wiederherstellung mit Flachdecke, Architekt Ludger Kösters, Köln; 1973-81 Generalüberholung und Wiederherstellung der neuromanischen Einwölbung, Architekt Karl-Heinz Bersch, Düsseldorf.

Bodenständig und solide wirkt bereits der Portikus des „Rather Doms".

Als Ende des 19. Jh. nach einem Patron für die neu einzurichtende Rather Pfarre gesucht wurde, fiel die Wahl auf den hl. Joseph. Kirchliche und weltliche Behörden hatten mit dem Bau einer Kirche dem „negativen Einfluss der nahen Großstadt" begegnen wollen. Joseph, der Patron von Ehe und Familie sowie der Arbeiter, Handwerker und Zimmerleute, dürfte sich zum Garant solch pastoraler Läuterung empfohlen haben. Ein Gotteshaus seines Namens konnte den Arbeitern und strebsamen Bürgern des jungen, noch eigenständigen Industriestädtchens Rath in Sachen Fleiß und familiärer Verantwortung zur Stärkung dienen.

1909 bezog die Gemeinde ihre neue große Kirche. Die Pläne zu dem beeindruckenden Bau mit Doppelturmfront und fest zwischen Treppentürmchen gespannter Säulenvorhalle (Portikus) hatte Josef Kleesattel geliefert. Der Düsseldorfer Architekt hatte sich beim Entwurf an romanischen Kirchen des Rheinlandes orientiert, beispielsweise mit dem eingeschossigen achteckigen Vierungsturm an der Abteikirche St. Maria Laach. Dass die den Ort dominierende Josephkirche nun vom Volksmund „Rather Dom" genannt wurde, dürfte Kleesattel gefallen haben. Denn sie war ja auch die Kirche *seines* Patrons.

Auch der hl. Joseph bekam hinreichenden Grund zur Freude. Dem verantwortungsbewussten Mann aus Nazareth – er hätte seine Braut Maria nach damaligem Recht wegen außerehelicher Schwangerschaft verstoßen können – sind relativ wenige Darstellungen der Kunst gewidmet. Doch seit 1983 besitzt die Josephkirche eine Komplettverglasung von Dieter Hartmann. Sie zeigt im Langhaus viele Begebenheiten aus dem Leben des Heiligen: Joseph als Zeuge der Geburt Jesu, bei der Flucht nach Ägypten oder mit Ziehsohn Jesus in der Werkstatt. Der aufrechten, verlässlichen Gestalt des Heiligen ist jeweils, wie mit Bleistift, das Gesicht eines noch jungen,

Familienszenen in den Fenstern Dieter Hartmanns: die Heilige Familie auf der Rast und eine Josefwerkstatt mit Lehrling Jesus

Besonders beeindruckend in der großen Kirche ist der offene, achteckige Turm über der Vierung.

geduldigen, ruhigen Mannes eingezeichnet – realistisch und leicht, und atmosphärisch vergleichbar den luftig weiten Rippenwölbungen der Kirche über den soliden schwarz-mächtigen Säulen aus Granit und rotsandsteinfarbenen Pfeilern.

M. E.

Josef Kleesattel (1852–1926)

Über 40, meist an der niederrheinischen Spätromanik orientierte Kirchen baute der in Köln geborene und seit 1883 in Düsseldorf tätige Architekt Josef Kleesattel. Allein acht Kirchen schuf er für die heutige Landeshauptstadt. Sein sich durch Volumen und reiche äußere Bauzier auszeichnender historisierender Stil prägte schon um 1900 den Begriff „Kleesattelkirchen". Im Detail zitierte Kleesattel bedeutende romanische Bauwerke wie die Abteikirche Maria Laach oder die Kölner Kirche St. Maria im Kapitol. Auch die 1904 errichtete und von Nationalsozialisten 1938 zerstörte Düsseldorfer Synagoge stammte von ihm.

M. E.

Adresse:
Rather Broich 155
40472 Düsseldorf
Tel. 0211-610040

Geschichte: 1932 Einrichtung eines von Franziskanern geleiteten Nichtsesshaftenheimes mit Kapelle auf dem Gebiet der Pfarre St. Joseph; 1968/69 Abriss der Vorgängerkapelle und Neubau, Architekt Erzdiözesanbaumeister Wilhelm Schlombs.

Karte Nr. 27a

Kapelle des Caritasheimes der Armen-Brüder des hl. Franziskus

Rath

Den Herbergssuchenden der Gegenwart galt die Einrichtung eines Obdachlosenheimes auf dem Gebiet von St. Joseph. Franziskanermönche leiteten das 1932 gegründete Heim. 2009 gehörten dem Konvent noch drei der Armen Brüder an. Die schlichte und turmlose Kapelle ist ganz im Geiste franziskanischer Armut erbaut, so wie es der 800 Jahre alte Orden seit jeher verlangt. Sie ist eine um einen Mönchschor ergänzte Variante der von Erzdiözesanbaumeister Wilhelm Schlombs und dem Ingenieur M. Rudcic entwickelten „Montagekirche" mit offenem, holzverkleidetem Dach. Der aus Modulen zusammengesetzte Fertigbau gestattete variables und kostengünstiges Bauen. Gut ein halbes Dutzend Mal wurde die „Montagekirche" im Kölner Erzbistum realisiert. In der Rather Kapelle lenkt ein gemalter Kreuzweg von Hermann Gottfried den Blick auf das individuelle Antlitz des Leids. Die Fenster stammen von Maria Katzgrau, einer Schülerin Anton Wendlings.

M. E.

Kirche und Franziskanermönch sind Brüdergleiche unter dem Zeichen der Armut.

St. Joseph
Holthausen

Karte Nr. 28

Adresse:
Am Langen Weiher 21
40589 Düsseldorf
Tel. 0211-791789
www.meinegemein.de

Geschichte: 1905 Errichtung von Chor und Querschiff einer neugotischen dreischiffigen Backsteinkirche mit Dachreiter, Architekt Wilhelm Sültenfuß, Düsseldorf; 1913 zweiter Bauabschnitt, Errichtung des Langhauses; 1976-78 Restaurierung, Architekt Wilhelm Dahmen, Düsseldorf; 1995-98 umfassende Bestandssicherung.

2005 begingen die Holthausener das 100-jährige Bestehen ihrer Pfarrkirche St. Joseph.

Noch bis etwa 1872 war Holthausen ein ländlich strukturiertes Dorf, das zur Zivilgemeinde Itter-Holthausen gehörte und seit Jahrhunderten zur Pfarre Itter zählte. Durch die rasche Industrialisierung – bis heute schließen unmittelbar die Werkshallen der Firma Henkel an die Kirche an – und die wachsenden Bevölkerungszahlen wurde 1904 der Grundstein für eine eigene neugotische Kirche gelegt. Endgültig von der Mutterpfarre Itter getrennt wurde Holthausen vier Jahre später. Als erster Seelsorger übernahm Franz Richard Adenauer, ein Bruder des späteren Bundeskanzlers, die

Gemeinde. Doch die zunächst nur aus Chor und Querhaus bestehende Kirche erwies sich schon nach wenigen Jahren als zu klein, sodass 1913 unter großer finanzieller Anstrengung auch das Langhaus fertiggestellt wurde. Analog zur architektonischen Erweiterung des Baus wuchs am Ort auch die Kirche aus „lebendigen Steinen". Es folgte der Ausbau eines kirchlichen Vereinswesens und kirchlich-sozialer Strukturen, die ganz den Bedürfnissen einer typischen Arbeiterpfarrei entsprachen und die über 100-jährige Geschichte von St. Joseph bis auf den heutigen Tag prägen.

Thema der Bildtafeln auf der Kanzel: Die Evangelisten verkünden Christus.

Die klar gegliederte Innenansicht zeigt die Einheitlichkeit des Raumes.

Die Kirche selbst zeigt sich – gerade auch mit ihren originalen Ausstattungsstücken – als harmonisch gestaltetes Beispiel einer für die Anfänge des 20. Jh. üblichen Neugotik, die besonders mit ihrer farblich differenzierten Bogen- und Gewölbegliederung besticht. Denn die rötliche Akzentuierung der Säulenarkaden, Gewölberippen und Wandkonsolen macht den Raum klar überschaubar und einheitlich. Sie hebt die Architektur in ihrem Detail hervor und räumt ihr im Gesamterscheinungsbild Priorität ein.

Der Zelebrationsaltar wurde 1980 von Bert Gerresheim geschaffen.

Eine optisch interessante Spannung entsteht zwischen dem modernen Vierungsaltar von Bert Gerresheim und dem gotischen Hochaltar des Chores. Gemeinsam mit dem Ambo bilden die beiden zentralen Inventarstücke ein fast anachronistisch wirkendes Eigenleben. Dabei verbindet die Motivwahl den neuen Altar mit seinem Vorgänger in weiten Teilen. Hier wie da geht es bei Abendmahl und Kreuzigung um die letzten Stunden im Leben Jesu, um seine Begegnung mit den Emmausjüngern und um alttestamentarische Motive wie das Opfer des Isaaks. Freilich versteht Gerresheim zeitgenössische Kunst nicht nur als ein Abbilden von Biblisch-Historischem. Typisch für ihn schafft er auch hier eine gelungene Mischung aus Theologie und Lokalgeschichte, wenn unverkennbar auch die Fabrikschlote der Firma Henkel ihren Platz auf dem Bronzerelief des Altarstipes finden.

BTG

Adresse:
Kaldenberger Straße 6
40589 Düsseldorf

Karte Nr. 28a St. Laurentius Holthausen

1975-77 baute Hans Schilling auf polygonalem Grundriss die Filialkirche St. Laurentius, die das typische Merkmal der späten Kirchen des Kölner Kirchenbaumeisters aufweist: einen breit lagernden, strahlenförmig auf den Altarbereich zulaufenden Raum. Dennoch skizziert der flach gedeckte hohe Backsteinbaukörper trotz der Einräumigkeit des Kirchensaals ein differenziertes Gefüge mit mehreren Wandöffnungen: zum Beispiel zur Werktagskapelle oder zum turmüberhöhten Tabernakel. Die Kirche besitzt eine hochwertige künstlerische Ausstattung: Altar, Ambo, Tabernakel und die Altarwandgestaltung sind Werke des Kölner Künstlers Toni Zenz. Hubert Spierling zeichnete die Entwürfe der licht gerasterten Fenster im Hauptraum und der Sakramentskapelle, während Hans Lünenborg sechs Jahre später die Fenster der Werktagskapelle mit kräftigeren Farben versah.

BTG

Die Ausdehnung Holthausens machte den Neubau von St. Laurentius erforderlich.

St. Katharina
Gerresheim

Karte Nr. 29

Die Innenansicht zeigt den Arche-Charakter der Kirche.

Es war der Kölner Erzbischof Antonius Fischer, der anlässlich einer Visitation im Jahr 1903 in Gerresheim den Bau einer Pfarrkirche anordnete und auf einer sofortigen Behebung der pastoralen Missstände bestand. Zähe Planungen eines eigens für den Kirchbau verantwortlichen Komitees hatten jahrelang nicht zu dem gewünschten Ergebnis geführt. Immerhin hatten sich in den letzten Jahrzehnten des 19. Jh. mehrere tausend Facharbeiter der Gerresheimer Glashütte mit ihren Familien in der bis 1909 eigenständigen Stadt angesiedelt, sodass nach Meinung des Kardinals zu den dringend erforderlichen Notwendigkeiten auch eine Kirche gehörte. Patronin der Kirche wurde in Erinnerung an das der Säkularisation zum Opfer gefallene Franziskanerinnenkloster Katharinenstift die hl. Katharina von Alexandrien. Doch das von dem Architekten Milles vierjochig und damit in seinem Ausmaß eher bescheiden angelegte Gotteshaus erwies sich 1955 als stark renovierungsbedürftig und zudem als zu klein für die nach wie vor anwachsende Gemeinde. Der Essener Architekt Heinrich Böll wurde mit der Planung einer neuen Kirche beauftragt, die in den Jahren 1964-66 auf dem Grundriss einer Parabel als *Schiff Gottes* entstand. Mit diesem monumentalen Ziegelbau, der an eine Arche erinnert und dem seitlich ein Glockenturm vorgestellt ist, dokumentiert Böll unverkennbar sein Bemühen um neue Raumlösungen mit unkonventionellen Konzepten. Trotz der flächig geschlossenen Wände, die nur durch ursprünglich für Beichtstühle vorgesehene Nischen und unter dem flachen Satteldach von gereihten Fensteröffnungen unterbrochen werden, wirkt die gewählte Metapher eines die Menschen aufnehmenden Schiffes keineswegs wuchtig, sondern bergend und einladend. Die gedämpfte Lichtgebung und die großzügige Anlage des Altar-

Adresse:
Katharinenstraße 20
40627 Düsseldorf
Tel. 0211-278845
www.st-katharina.de

Geschichte: 1904 Betsaal; 1909 einschiffige Notkirche; 1909 Einrichtung eines Rektorats; 1914 Erhebung zur kanonischen Pfarre; 1959 erste Planungen für einen Neubau; 1960 Auslobung eines Wettbewerbs ohne Ergebnis; 1964-66 Ausführung des Entwurfes von Heinrich Böll, Essen; Abbruch der Notkirche; 1971 Vorplatzgestaltung von Walter Nitsch, Neuss; 2006 Instandsetzung der Seitenkapelle.

Maria und der Verkündigungsengel schmücken die Front des aus der Vorgängerkirche erhaltenen Hochaltartabernakels von 1909.

Aus der Luft zeigt sich am deutlichsten der Grundriss einer Parabel.

raumes unterstreichen die Kirche als im doppelten Wortsinn offene und doch schützende Zufluchtsstätte. Sie belegt in ihrer Symbolik die immer gültige Botschaft des Alten Testamentes in der Geschichte des Noah, der mit seiner Arche als schützendem Hort vor der nahenden Sintflut den Fortbestand des Lebens auf der Erde sichert. Sie verlebendigt die Zusage Gottes an den Menschen, einen Bund mit ihm zu schließen. Deutlicher noch erschließt sich die der Architektur Bölls zugrunde liegende Idee einer mathematisch konsequenten Bauwerksgeometrie über die Außenansicht: Die Trauflinie steigt dem Verlauf der Parabel entsprechend bis zu deren Scheitel an, sodass sich First und Traufen des Daches in einem Schnittpunkt treffen und dort den darunter liegenden Chorbereich auszeichnen.

BTG

Blick in die Werktagskapelle

St. Lambertus
Kalkum

Karte Nr. 30

Adresse:
Oberdorfstraße 31
40489 Düsseldorf
Tel. 0211-401097

Geschichte: Um 890 überträgt König Arnulf seinen Hof in Kalkum *(Calecheim* oder *Calicheim)* auf das Stift Gandersheim; 11. Jh. Bau einer Saalkirche; bis zweite Hälfte 12. Jh. Anbau von Seitenschiffen und eines Westturmes; erste Hälfte 13. Jh. Verbreiterung und Höherführung des Turmes (Glockengeschoss), Einwölben des Mittelschiffes und Chorneubau; 1597 erhält das Stift Kaiserswerth offiziell das Patronatsrecht; 1762-68 Vergrößerung der Seitenschifffenster und Anbau einer barocken Vorhalle; 1892-97 grundlegende Restaurierung, Ersatz der barocken Vorhalle durch eine neuromanische und Sakristeibau; 1983-87 grundlegende Sanierung.

Seit tausend Jahren Pfarrkirche, seit tausend Jahren den Lebenden und den Toten eine Verbindung zum Himmel

Um 890 schenkte König Arnulf seinen Hof *Calicheim* dem weit entfernt im Harz gelegenen Damenstift Gandersheim. Zu jener Zeit dürfte in Kalkum bereits eine bescheidene Kirche gestanden haben. In ihr kamen die Menschen des Hofes ihrer Sonntagspflicht nach, hier wurde getauft, hier las man die Totenmessen. Wie viele Neugeborene wurden schon über den heute 800 Jahre alten Taufstein der Pfarre gehalten? Wie viele Verstorbene ließ man seit Arnulfs Zeiten hier in die Erde? Drei Stelen und eine Bronzeplatte auf dem ehemaligen Kirchhof erinnern die Lebenden daran.

Diese erste Kirche existiert nicht mehr. Im 11. Jh. ließ das Gandersheimer Stift eine neue, turmlose Saalkirche errichten. Ab etwa 1150 wurde sie drei Generationen lang Zug um Zug erweitert. So entstand der mehrschiffige, außen wie nach dem „Baukastenprinzip" gegen den Turm hin treppenförmig ansteigende und heimelige Intimität versprechende romanische Bau.

Nicht nur die Dorfgemeinde, auch die jeweilige Herrschaft des unmittelbar nebenan gelegenen Schlosses Kalkum versprach sich in und von dieser Kirche Heil. Davon zeugen Bilder- und Reliquienstiftungen sowie zwei Grabmäler, darunter das bemerkenswerte Epitaph des vierjährig verstorbenen Johann von Winkelhausen. Ganz wie ein Erwachsener kniet das Kind, anbetend, marmorn, vor dem Kreuze Christi.

Das Kinderepitaph des Johann von Winkelhausen

Schmucklose hohe Schiffwände prägen den Raum, zimelienhaft wirken die barocken Figuren und die Farbakzente von Pfeilern, Triumphbogenfeld und Fenstern.

Um das Heil des Kirchengebäudes musste man sich gelegentlich recht weltlich sorgen. Seit 1597 war das Stift St. Suitbertus in Kaiserswerth offizieller Eigentümer. Eine sicher dringliche Renovierung der schon sehr alten Kirche nahm das Stift im 18. Jh. aber erst auf Druck von Gemeinde und Landesherrn vor. Ein weiteres Mal musste die Gemeinde um ihr Gotteshaus kämpfen. Im 19. Jh. kam die Kirche unter staatliche Domäne. Eine nun den Abriss verhindernde Sanierung aus öffentlichen Mitteln konnte die Pfarre erst nach langer Auseinandersetzung mit den Behörden erreichen.

Die schmucke Kirche ist heute vom harmonischen Miteinander der jüngeren mit der älteren Ausstattung im romanischen Raum geprägt. Viele der zumeist von der Gemeinde gestifteten Heiligenfiguren stammen aus dem Spätbarock. Das gemalte Triumphkreuz und der Kreuzweg in seltener Sgrafitto-(Kratzputz-) Technik sind von 1937, ebenso die Chorfenster strengen Stils. Die starkfarbigen und im Bleirutenschwung bewegten Langhausfenster mahnen an den Tag, an dem die Toten des Kirchhofs mit den Lebenden vereint erstehn: das Jüngste Gericht. *M. E.*

Ein Künstler, verschiedene Zeiten: Ernst Otto Köpkes Lambertusfenster von 1937 im strengen, von der Beuroner Kunst beeinflussten Stil und – à la Nierentisch – die Apokalyptische Frau von 1953

Patronat und Einverleibung

Wer im Mittelalter eine Kirche baute, besaß das Patronat über diese Kirche. Er hatte das Recht, die Ortspriester einzusetzen, und die Pflicht, das Bauwerk zu erhalten. Bis zum 9. Jh. waren dies vor allem „Privatleute", Gutsherren. Im Laufe des Mittelalters gingen die Patronatsrechte mehr und mehr auf geistliche Institutionen, also die Klöster und Stifte, über. Vor allem ab dem 13. Jh. übernahmen diese im Rechtsakt der sogenannten *incorporatio* (Einverleibung) Dutzende von Kirchen samt den zugehörigen Wirtschaftshöfen und den dort lebenden Menschen. Mensch, Hof, Kirche: Alles war Besitz des Patronatsherrn. Er bestimmte auch, ob seine Kirche das Pfarrrecht besaß, also ob dort getauft und auf dem Kirchhof bestattet werden durfte. *M. E.*

Kirchenverluste in Düsseldorf

Die Aufgabe von Kirchen hat auch in Düsseldorf unterschiedlichste Hintergründe und Auswirkungen. An die barocke Kirche des – wie viele andere – in der Säkularisationszeit aufgelösten Klosters der Coelestinerinnen erinnert eine erhaltene Seitenfassade. Verluste entstanden ebenso durch die repräsentativen Neubauten des 19. Jh., wenn sie ältere Bauten ersetzten, und durch die Beseitigung dieser Bauten des 19. Jh. in der Wiederaufbauzeit nach dem Zweiten Weltkrieg.

Seit der Diskussion um St. Petrus Canisius (Franz Schneider, 1925/26) in Bilk – 1999 ersatzlos abgebrochen – zeichnete sich die aktuelle Situation ab: Schrumpfende Gemeinden, schwierige Finanzlage und Seelsorgermangel führen zu Gemeindefusionen und zur Aufgabe gerade jüngerer Kirchen. Diese gehen oft verloren, bevor sie kunstwissenschaftlich bearbeitet und gegebenenfalls für denkmalwert befunden sind. Es drängt sich die Frage auf, ob Kirchen durch Umnutzung erhalten werden können, dürfen und sollen. Dieser Gedanke wird bei Sakralbauten durchaus auf die (theologische) Probe gestellt.

Der neue Platz steigert den Wohnwert, leider ohne Erinnerung an St. Petrus Canisius.

Als erste Pfarrei ohne eigenen Seelsorger fusionierte St. Konrad (Flingern) 1999 mit der Nachbarpfarrei. Die Kirche St. Konrad (Hubert Brauns, Richard Janeschitz-Kriegl, 1969/70), ein herausfordernd karg durchgestalteter Betonkubus mit abstrakt-plastischem Außenrelief und geschickter Lichtführung im Inneren, überstand die Beurteilung als reine Immobilie nicht. Die Gemeinde erlebte nach nicht einmal 40 Jahren 2008 den Abriss ihrer Kirche, deren Qualität später vielleicht anders eingeschätzt werden wird.

Ein markantes Betonrelief prägte die imposante Großform des Äußeren von St. Konrad.

Die 2006 aufgegebene Filialkirche St. Hedwig (Heinz Thoma, Hans Geiser, 1972/73) in Eller wurde 2008 in ein Seniorenzentrum integriert. Nur die Großform des mächtigen Zeltdachs (mit leuchtender Kupferpatina) wird als städtebauliches Zeichen an die Funktion als Kirche erinnern. Der großzügige Innenraum wurde durch den Einbau einer Zwischendecke aufgegeben, unter der im Erdgeschoss ein Cafeteriabereich und Büros entstanden. Als jüngster Bau steht das Johanneshaus (Walter von Lom, 1994/95) in Hellerhof zur Diskussion, ein multifunktionales Gemeindezentrum, das vor allem durch seinen Turm als Sakralbau ausgezeichnet ist.

Das leuchtende Kupferdach von St. Hedwig wird sich in der Umgebung weiter behaupten.

Andere Kirchen wurden von verschiedenen christlichen Gemeinschaften in Nutzung genommen und können so ihrer ursprünglichen Bestimmung weiterhin dienen: Christus König in Oberkassel (Franz Schneider, 1929/30) wird durch die Apostolische Exarchie der katholischen Ukrainer des byzantinischen Ritus genutzt, St. Vinzenz in Flingern (Hermann Schagen, 1926/27) durch die Freikirche New Life Fellowship.

Martin Bredenbeck M.A., Bonn

St. Ludger
Bilk

Karte Nr. 31

Adresse:
Katholische Hochschulgemeinde
Merowingerstraße 170
40225 Düsseldorf
Tel. 0211-934920
www.sanktludger.de
www.khg-duesseldorf.de

Geschichte: 1960 Errichtung Rektorat; 1961 Beauftragung des Architekten Erwin Schiffer, Köln; 1963/64 Bau der Kirche; 20.12.1964 Weihe; 1964/65 Pfarrhaus und Pfarrheim fertiggestellt; 1974 Pfarrei; 1978-80 Sanierung, Architekt Wilhelm Dahmen; 2008 Umbau Pfarrheim und Kapelleneinbau im rückwärtigen Langhausbereich für Katholische Hochschulgemeinde, Architekten Beckmann und Wenzel, Köln.

Im hinteren Langhaus ist die neue KHG-Kapelle eingerichtet.

Die Kirche St. Ludger fällt mit ihrer plastisch gestalteten Sichtbetonfassade und dem hohen frei stehenden Turm sofort ins Auge und bildet so einen wichtigen gestalterischen Akzent am Merowingerplatz. Die mit tiefen, lamellenartigen Öffnungen gestaltete Fassade erscheint an einer Kirche zunächst ungewöhnlich. Sie ist aber – in unterschiedlicher Weise realisiert – zum Markenzeichen einiger Kirchbauten des Architekten Erwin Schiffer geworden. Dieser zitiert damit einen der weltweit bedeutendsten Architekten des 20. Jh.: Le Corbusier. Der französische Architekt entwickelte die sogenannten Brise-Soleil-Elemente in den 1930er-Jahren als Sonnenschutz für die Südfassaden seiner großen Baukörper. In den folgenden Jahrzehnten wurden sie zu einem bedeutenden Element der Architektur der Klassischen Moderne. Durch diese, von Schiffer für den Kirchenbau übernommene, sehr plastische Wandgestaltung erhält zum einen die Fassade eine expressive Wirkung und zum anderen wird der Innenraum in ein speziell gefiltertes Licht getaucht.

Die Kreuzwegdarstellungen Bert Gerresheims beziehen auch Menschen unserer Zeit ein.

In St. Ludger wird so vor allem das Seitenschiff betont, hier ist verschiedenen liturgischen Orten Raum gegeben. Die quer stehenden Pfeiler trennen nicht nur Seiten- und Hauptschiff, sondern umfangen auch kleine Räume für die Beichte und einen Andachtsort. So ist der längs gerichtete Hauptraum stärker abgeteilt und zum ruhigen, auf den Altarbereich konzentrierten Raum reduziert.

Seit 2008 ist die Katholische Hochschulgemeinde in St. Ludger zu Hause, wodurch Kirche und Pfarrheim auf Dauer erhalten werden können. Sie nutzt die eng an die Kirche angebundenen ehemaligen Pfarrbauten und hat im hinteren Bereich der Kirche eine Kapelle eingerichtet. Nach Plänen der Kölner Architekten

Beckmann und Wenzel haben die Studierenden einen Stapel aus geschichteten Holzplatten zwischen Kapelle und restlichem Kirchenraum errichtet, der in seiner durchlässigen Struktur von der Betonlamellenfassade inspiriert ist. Der Kapellenbereich wirkt durch die Holzkonstruktion warm und einladend, die aus der alten Kapelle im Carl-Sonnenschein-Haus stammenden sakralen Ausstattungsstücke von Bert Gerresheim fügen sich gut ein. Der Kreuzweg schafft eine harmonische Verbindung zwischen Kapelle und Kirchenraum, auch die Gemeinde St. Ludger nutzt die neue Kapelle gerne für ihre Werktagsgottesdienste. *M. S.*

Die ungewöhnliche Lamellenfassade setzt einen guten Akzent zum Merowingerplatz.

St. Lukas
Derendorf
Karte Nr. 32

„Ich hätte nicht gedacht, hier eine so schöne Kirche zu finden", sagte Erzbischof Josef Kardinal Höffner 1974 anlässlich eines Besuches in der Pfarrei St. Lukas. Als zukünftiger Pfarrer der neu zu errichtenden Kirche wurde 1952 der damalige Kaplan an der *Mutterkirche* Heilige Dreifaltigkeit bestimmt: Johannes von Saint-George. Er sollte die Geschicke seiner Gemeinde bis zu seinem Tod im Jahr 1991 fast 40 Jahre lang bestimmen und begleiten. Vom Wiederaufbau der Kirche Heilige Dreifaltigkeit kannte von Saint-George den Architekten Bruno Kessels und beauftragte ihn mit Entwürfen für die neue Pfarrkirche. Zwei Jahre lang fuhren Pfarrer und Architekt durch das Rheinland und besichtigten 30 Kirchenbauten, häufig wurde im provisorischen Pfarrhaus, einer Mietswohnung in der Bloemstraße 19, überlegt, geplant und gezeichnet. Der dritte Entwurf wurde schließlich umgesetzt.

Von außen ist die Kirche ein unspektakulärer Backsteinbau mit eingefügten Betonglasflächen, dessen Gliederung nicht genau auszumachen ist. Im Inneren entpuppt er sich

Aus der Vogelperspektive erschließt sich die kreuzförmige Anlage von St. Lukas.

Adresse: Hugo-Viehoff-Straße 80
40468 Düsseldorf
Tel. 0211-4370731
www.sanktlukas-kirche.de

Geschichte: 1952 Gründung Kirchbauverein; Mai 1953 Errichtung Pfarrrektorat und Umbau einer Baracke als Notkirche; 30.8.1953 Einsegnung der Notkirche und Einführung von Pfarrrektor Johannes von Saint-George; 1955 Beauftragung des Architekten Bruno Kessels, Düsseldorf; 1956 Rektoratspfarrei; 1956-58 Bau der Kirche, Architekt Bruno Kessels; 27.10.1963 Weihe; 1973 Pfarrei; 1984/85 Turmbau.

Blick auf Altar und Altarwand

als stark zentralisierender Bau auf kreuzförmigem Grundriss. Die vier Kreuzarme erweitern sich zur Mitte und umfassen den dort aufgestellten Altar. Ein Kreuzarm ist kürzer und bildet mit leicht gebogener Wandschale die Altarwand, in den anderen drei Kreuzarmen sind Gemeindebänke auf den Altar hin ausgerichtet. Vier diagonal zur Mitte geführte Betonrahmenbinder tragen die Decke, die den Raum wie ein festlicher Baldachin überspannt.

Auferstehungsfenster in Betonglastechnik von Trude Dinnendahl

Die mehr als fünf Jahre später vom Zweiten Vatikanischen Konzil betonte Communio, die gemeinschaftliche Feier der Gläubigen, hat hier einen sichtbaren, einen überzeugenden Ausdruck gefunden. Man kann sich vage vorstellen, wie in der Pfarrerswohnung um eine angemessene Raumgestalt für eine zeitgemäße Liturgie gerungen wurde.

Die künstlerisch wertvollen Betonglasfenster der Kaiserswerther Künstlerin Trude Dinnendahl dunkeln den Raum zwar stark ab, geben ihm aber ganz ungewöhnliche Akzente. In der Osternacht leuchten sie auch nach außen: Das zur stark befahrenen Kreuzung weisende Auferstehungsfenster schenkt dann den erstaunten Passanten die frohe Botschaft der Auferstehung. In der Fastenzeit wird der ebenfalls von Trude Dinnendahl geschaffene textile Altarwandbehang zum Hungertuch: Das während des Jahres auf dem großen Kreuz angebrachte apokalyptische Lamm wird in diesen Wochen durch monumentale, aus Stoff gearbeitete Leidenswerkzeuge ersetzt, die zur Meditation über das Leiden Christi anregen.

M. S.

St. Margareta
Gerresheim

Karte Nr. 33

Wo früher die Pfarrkirche neben der Stiftskirche stand, erzählt heute der Gerricusbrunnen die Ortsgeschichte.

Adresse:
Gerricusplatz 1
40625 Düsseldorf
Tel. 0211-289330
www.st-margareta.de

Geschichte: Um 870 Stiftung Kanonissenstift durch fränkischen Edelherrn Gerrich oder Gerricus; 905/06 Stift urkundlich belegt; Regenbierg, Tochter von Gerricus, erste Äbtissin bis 905; 919 Flucht von Konvent und Hippolyt-Reliquien wegen Ungarnüberfall ins Kölner Ursulakloster; 970 Weihe Vorgängerbau; wirtschaftliches Aufblühen im 11. Jh.; um 1220 Baubeginn heutige Stiftskirche unter Äbtissin Guda von Berg; 1236 Altarweihe und vermutlich Baufertigstellung; nach der Reformation allmählicher Niedergang des Klosters; seit 17. Jh. auch Stiftsdamen aus niederem Adel zugelassen; 12.9.1803 Aufhebung des Stiftes; 1810 Übereignung der Stiftskirche an Pfarrei und Übernahme des Pfarrpatroziniums St. Margareta; 1873-1913 umfangreiche Restaurierung, bis 1893 Architekt Heinrich Wiethase, anschließend Heinrich Renard; 1954-57 Neugestaltung und Wiederherstellung der spätromanischen Raumfassung, Architekt Kurt Schweflinghaus, Restaurator Josef van Heekern, Essen; 1972-85 durchgreifende Restaurierung, Bausubstanzsicherung, Außenverputz, Architekt Alo Terhoeven, Krefeld.

Das seit 1909 zu Düsseldorf gehörende Gerresheim lädt seine Besucher bis heute in eine andere Welt ein. Am Gerricusplatz südlich der farbenfrohen, bedeutenden Stiftskirche und in den umgebenden Straßen scheint die Zeit langsamer zu laufen. Die Häuser erzählen Geschichten früherer Tage, ruhige Straßen und Plätze laden zum gemütlichen Schlendern und Schauen ein.

Liest man die wechselvolle, an Überfällen und Plünderungen reiche Geschichte Gerresheims und seines im Hochmittelalter weit über die Grenzen des Rheinlandes hinaus bedeutenden Stiftes, erscheint es fast wie ein Wunder, dass an diesem Ort heute noch so viel Geschichte sichtbar ist. Der auf dem Gerricusplatz stehende Brunnen erzählt viele Episoden der Gerresheimer Geschichte in Bildern. Aber nicht nur die Plätze, besonders das Innere der Kirche lässt die vergangenen Jahrhunderte aufleuchten: Die im Äußeren relativ schlicht gestaltete Stiftskirche ist innen mit aufwendigen spätromanischen Gliederungsformen geschmückt. Über den kräftigen Pfeilern sind die hohen Wände des Mittelschiffs mit einem reichen System von Arkadenbögen und Fensterrahmungen geschmückt. Deren Rundstäbe sind mit immer neuen, aus sehr kräftigen Farben gebildeten Mustern bemalt, die jedem modernen Designkatalog Ehre machen würden. Diese Farbfassung ist Resultat einer umfangreichen Restaurierung der 1950er-Jahre, die der Kirche anhand winziger gefundener Farbpartikel eine Annäherung an die ursprüngliche Innenraumwirkung wiedergegeben hat. Diese Farbigkeit lässt die Architekturgliederung noch plastischer wirken, sie setzt so die Architektur fort und ist dadurch unabkömmlicher Bestandteil der gesamten Raumgestalt.

Rechts des Portals steht ein aus einem einzigen Trachytblock gehauener Steinsarkophag – ganz unscheinbar und doch so bedeutend. Er ist das Grab des Stifters. Der fränkische Edelherr Gerricus stiftete um 870 sein Vermögen für die Gründung eines Kanonissenstiftes, seine Tochter Regenbierg wurde die erste Äbtissin. Nach dem Stift in Kaiserswerth ist dies die zweitälteste, in Urkunden nachweisbare christliche Gründung des heutigen Düsseldorfs. Das hochadelige Kanonissenstift war im Hochmittelalter neben den Stiften Maria im Kapitol/Köln und Essen weit über die Grenzen des Rheinlands hinaus von Bedeutung.

Der Innenraum erstrahlt in reicher Spätromanik und nach Befund erneuerter Farbfassung.

Die bis heute erhaltene Kirche stammt aus den 1220er- und 1230er-Jahren, eine überlieferte Altarweihe im Jahr 1236 bezeugt vermutlich ihre Fertigstellung. Sie ist eine dreischiffige Pfeilerbasilika mit Querschiff, halbrund schließendem Chor mit Chorjoch und Kreuzrippengewölbe. Die Kirchenbesucher werden unmittelbar vor der Vierung von einer leichten Bodenunebenheit gebremst und halten inne: Paul Nagel, der in den 1990er-Jahren Altar und Ambo gestaltete, hat hier ein Bild des Brennenden Dornbusches im Boden eingelassen. Gott hat Mose aus dem Dornbusch zugerufen: „Komm nicht näher heran! Leg deine Schuhe ab; denn der Ort, wo du stehst, ist heiliger Boden." (Ex 3,5) Dieses Bild wird in der Kunst häufig auch für die unsichtbare Anwesenheit Gottes eingesetzt. Die Gemeinde lädt die Kirchenbesucher heute ein, trotzdem weiterzugehen und den Chor mit seinen Kunstwerken auf sich wirken zu lassen – aber dies soll in dem Bewusstsein geschehen, besonderen Boden zu betreten.

Unter der stark restaurierten spätromanischen Apsisausmalung steht der überlebens-

Der Gesichtsausdruck des ottonischen Kruzifixes strahlt große Ruhe aus.

Im Chor wird mit vielen bedeutenden Ausstattungsstücken das Mittelalter lebendig.

große hölzerne Kruzifixus. Hier ist kein siegreicher König dargestellt wie so oft in jener Zeit. Die Augen sind geschlossen, das Gesicht strahlt große Ruhe aus, das Leid scheint überwunden. Eine dendrochronologische Analyse des Holzes im Jahr 2007 konnte aufgrund fehlenden Splintholzes kein eindeutiges Fälldatum feststellen. Das Kreuz könnte bereits um 950 entstanden sein, eine spätere Datierung ist jedoch auch nicht auszuschließen. Zusammen mit dem Gero-Kreuz des Kölner Domes gehört es zu den wenigen erhaltenen Werken monumentaler Skulptur in vorromanischer Zeit.

Ursprünglich stand vor dem Hochaltar das Chorgestühl, dessen barocke Version heute im nördlichen Querhaus steht. Doch dort nahmen nicht die Stiftsdamen Platz, sondern die zu ihrer geistigen Versorgung zum Stift gehörenden Kanoniker. Die ausschließlich aus hohem Adel stammenden Stiftsdamen – ihre Grabplatten bezeugen die gute Herkunft mit den vielen Wappen ihrer Vorfahren – hatten hier wie auch in fast allen anderen Damenstiftskirchen ihren Chor auf einer Empore im nördlichen Querhaus. Dort ist ein hochliegender ehemaliger Durchgang in der Mauer sichtbar, durch den die Frauen direkt aus ihrem Schlafsaal im bis heute erhaltenen nördlich gelegenen romanischen Wohnbau auf die Empore gelangen konnten. Die Nutzung dieser Empore ist noch im Jahr 1702 bezeugt.

In diesem neugotischen Holzschrein ruhen die Gebeine des Stiftspatrons Hippolyt.

Hippolyt, der Patron der ehemaligen Stiftskirche

Die Säkularisation beendete 1803 die fast 1000-jährige Geschichte des Stiftes. Die Stiftskirche St. Hippolyt wurde der Pfarrei St. Margareta zugewiesen, deren baufällige und 1892 abgerissene Pfarrkirche unmittelbar südlich stand und – apropos sichtbare Geschichte – noch heute im Pflaster des Gerricusplatzes ablesbar ist. *M. S.*

St. Hippolyt

Hippolyt, römischer Märtyrer im 3. Jh., ist als Patron der Stiftskirche bereits um 905 urkundlich belegt. Seine Reliquien wurden vermutlich durch Gerricus erworben und 919 mit den Stiftsdamen nach St. Ursula geflüchtet. Erst 1953 kehrten die Reliquien nach Gerresheim zurück und sind heute im neugotischen Reliquienschrein auf dem südlichen Seitenaltar aufbewahrt. *M. S.*

Damenstifte

Im Gegensatz zu den lebenslang an ihr Kloster gebundenen Nonnen behielten Stiftsdamen ihren Besitz, hatten – zumindest in späterer Zeit – eigene Wohnräume und Bedienstete und konnten das Stift auch wieder verlassen, um beispielsweise doch zu heiraten. Damenstifte waren unterschiedlich organisiert: Von strenger religiöser Ausrichtung nach kirchlichen Regeln und Verpflichtung zum Stundengebet bis zur standesgemäßen Unterbringung unverheirateter Adelstöchter mit weltlichem Lebenswandel war alles möglich. Die Stifte boten unverheirateten Frauen in vielen Fällen einen geschützten Raum, in dem sich auch Kunst und Wissenschaft entwickeln konnten. Auch heute gibt es noch einige Damenstifte, dazu gehören insbesondere die evangelischen Stifte Norddeutschlands, aber auch das erst 1920 gestiftete Damenstift Ehreshoven bei Engelskirchen. *M. S.*

Blutskapelle

Gerricus-Pütz-Kapelle

Die Gerresheimer Kapellen

Verschiedene Kapellen erzählen weitere Geschichten aus dem Leben der Gerresheimer Gemeinde: Die **Blutskapelle** (33a) an der Heyestraße auf Höhe der Nummer 104 ersetzte im Jahr 1725 eine ältere Kapelle und diente der Verehrung der hl. Blutreliquie. Am zweiten Sonntag nach Pfingsten fand eine große Prozession statt, die zuerst die Stiftskirche und anschließend die Blutskapelle zur Station hatte. Vielleicht machte diese Prozession auch an der kleinen sagenumwobenen Brunnenkapelle des **Gerricus-Pütz** (33b) Halt. Diese kleine Kapelle am östlichen Ende der Gerricusstraße steht auf Fundamenten aus dem 15. Jh. Nach lokalen Legenden soll sich hier ein heidnischer Brunnenkult befunden haben, der durch die Taufe des späteren Stiftsgründers Gerricus zum christlichen Kultort wurde. Andere Legenden berichten von einer Wette zwischen Gerricus und dem Teufel, die Gerricus gewann ... Und schließlich ist das nördlich der Kirche im Pfarrgarten stehende **romanische Heiligenhäuschen** (33c) vom Anfang des 13. Jh. ein zufällig erhaltener Andachtsort am Wegesrand. Solche Bildstöcke waren in den vergangenen Jahrhunderten an vielen Wegekreuzungen anzutreffen, sie berichten von Prozessionen, privater Andacht und vor Gott getragene Sorgen und Freuden der Menschen. *M. S.*

St. Mariä Empfängnis (Marienkirche)

Innenstadt

Karte Nr. 34

Der Vierungsaltar zentriert den weitläufigen Kirchenraum der Marienkirche.

Die Doppelturmfassade der großen dreischiffigen Basilika im Schnittpunkt zweier Hauptverkehrsadern gehört zu den prägenden Wahrzeichen der Düsseldorfer Innenstadt. Denkmalhaft monumental erhebt sich der im Volksmund gerne als *Düsseldorfer Dom* bezeichnete Bau mit seinen auf sechseckigem Grundriss konzipierten Türmen, die am Ende des 19. Jh. mit viel plastischem Bauschmuck dem Inbegriff rheinischer Neugotik entsprachen. Ein verheerender Brand in der Pfingstnacht 1943 zerstörte das prächtige Gotteshaus bis auf die Grundmauern und machte es zur Ruine; 80 Prozent des Pfarrbezirks lagen ebenfalls in Schutt und Asche. Aus der Not der Nutzung des linken Seitenschiffes als Marienkapelle für den Pfarrgottesdienst in den ersten Nachkriegsjahren wurde später die Tugend einer Abmauerung des rechten Nebenschiffs als Beichtkapelle. Der Wiederaufbau von St. Mariä Empfängnis durch Josef Lehmbrock nahm fast 20 Jahre in Anspruch und präsentierte den Bau schließlich mit einer wesentlich moderneren und schlichteren Innenansicht. Unverputzte steinsichtige Gewölbe, weiß geschlämmte Wände und statt Maßwerk- thematische Betonglasfenster, die Günter Grote dem Kathedralcharakter der Kirche anpasste, mischen sich seitdem in gekonnter Spannung mit den typisch

Neugotisches Kruzifix vor dem Betonglasfenster von Günter Grote

Adresse:
Oststraße 42
40211 Düsseldorf
Tel. 0211-356289
www.marienkirche-duesseldorf.de

Geschichte: 1894-96 Errichtung der neuen Süd-Pempelforter Pfarrkirche als Ersatz für die Notkirche von 1891, Architekt Mainzer Dombaumeister Ludwig Becker; 1950-69 Wiederaufbau der 1943 völlig ausgebrannten Kirche unter Verzicht auf die Benutzung der Seitenschiffe, die zugemauert wurden, Architekt Josef Lehmbrock, Düsseldorf; 1978-82 Restaurierung, Öffnung der Seitenschiffe, Entfernung der von Lehmbrock angebrachten Emporen und neue Verputzung der steinsichtigen Gewölbe und Wandflächen, Architekt Wilhelm Dahmen, Düsseldorf; zeitgleich Wiederentdeckung des neugotischen Kreuzwegs, Freilegung der Mosaiken im Hochchor und Restaurierung des Herz-Jesu-Altares, der dann als Tabernakelaltar in die Achse des Hochchores gestellt wurde.

Betonglasgiebel zwischen den beiden Türmen mit Christus und Maria

gotischen Architekturelementen des Gründerbaus. Mit der Zentrierung der Gemeinde um nur einen Altar unter der Vierung bewies Lehmbrock Weitsicht, nahm er mit dieser Neuerung doch in den 1950er-Jahren die programmatische Liturgiereform des Zweiten Vatikanischen Konzils vorweg. Unbewusst und doch perspektivisch stellte er sich damit auf die Bedürfnisse einer City-Gemeinde ein, die sich nach den schweren Nachkriegsjahren in provisorischem Notgemäuer nach einer neuen Beheimatung in einem würdevoll gestalteten Sakralraum sehnte. Seine Verbindung von Historismus und zeitgenössischen Hinzufügungen zeigt sich besonders augenfällig in der neu gestalteten Westfassade. Zwischen die Türme setzte Lehmbrock in ganzer Breite einen Betonglasgiebel ein, der nach innen ein hoch gestrecktes, aus dreieckigen Glasstücken mosaikartig konstruiertes Fenster mit den Gestalten von Christus und Maria aufnimmt. Überhaupt sind es die künstlerisch ansprechenden Fenster, die im Zusammenspiel mit dem Netzwerk reich profilierter Gewölberippen und ihren teils figürlich gestalteten Schlusssteinen sowie mit den Kapitellen aus ornamentiertem Blattwerk heute zu den entscheidenden Gestaltungselementen der Marienkirche gehören. *BTG*

Die Doppelturmfassade prägt die Düsseldorfer Innenstadt.

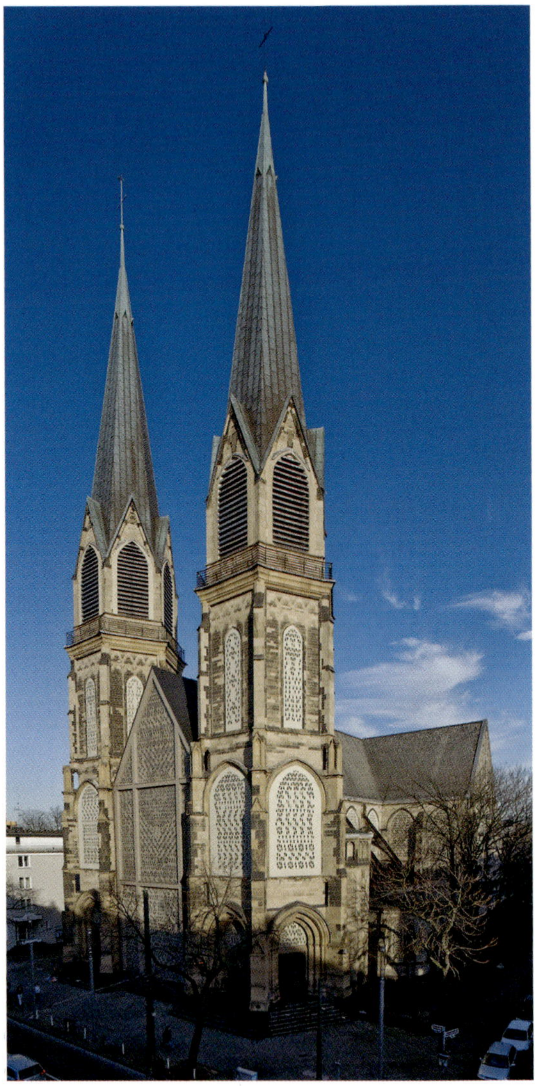

Adresse:
Immermannstraße 20
40210 Düsseldorf
Tel. 0211-906900
www.franziskaner-duesseldorf.de

Geschichte: 1651 erste Niederlassung von Franziskanern in Düsseldorf; 1853 Vorgängerbau; 1855/56 Neubau der Klosterkirche, Architekt Paschalis Gratze, Düsseldorf; 1860 Klostererweiterungen; 1944-47 Errichtung von Notkirchen; 1955/56 Neubau, Architekt Heinz Thoma, Düsseldorf.

Zu den wenigen Schmuckstücken der Klosterkirche gehört das Kreuz von Ludwig Gies.

Karte Nr. 34a

St. Antonius von Padua
Innenstadt

Als schlichte schnörkellose Saalkirche entspricht die Klosterkirche der Franziskaner nach einem Entwurf von Heinz Thoma 1955 ganz den asketischen Bauvorstellungen des Ordens. Es war der Ordensgründer Franz von Assisi, der zu Beginn des 13. Jh. seine Mitbrüder anwies, dem selbst auferlegten Armutsgelübde gemäß keine Steinhäuser zu bauen oder gar zu besitzen, sondern höchstens provisorische Hütten. Die hölzerne Decke und die zurückhaltende Gestaltung der Kirche, die heute innerhalb der City-Pastoral vorwiegend als Beichtkirche genutzt wird und in der die katholische Glaubensinformation *Fides* untergebracht ist, entsprechen auf ihre Weise diesem franziskanischen Ideal. *BTG*

St. Mariä Himmelfahrt
Unterbach

Karte Nr. 35

Das Betondach spannt sich wie ein Zelt über den Kirchenraum, dessen Mitte der Altar bildet.

In Unterbach bildet die Kirche St. Mariä Himmelfahrt den deutlichen Mittelpunkt der kleinen einheitlichen Siedlung aus verschachtelt stehenden Einfamilien- und wenigen Mehrfamilienhäusern. Im Gegensatz zu den zeitgleich entstehenden Großsiedlungen an den Rändern der großen Städte hatte der Düsseldorfer Architekt Josef Lehmbrock 1957 sein Städtebaukonzept der „Kleinen Stadt" entwickelt: eine kleine Einheit vielfältiger Wohnformen, die auch Läden, Arbeits- und Kulturstätten integriert. Die Unterbacher Siedlung realisiert aufgrund des kleinen Grundstückes dieses Konzept deutlich reduziert, dennoch war der Architekt so davon überzeugt, dass er hier – in Sichtweite zur Kirche – bis zu seinem Tod 1999 wohnte. Fußwege erschließen die Siedlung, der Kirchplatz in der Mitte ist Begegnungsort, er bietet Frei- und Spielfläche für alle Bewohner. Die betonsichtige Kirche ist integrierter Bestandteil dieses kleinen Quartiers. Dennoch setzt sie sich durch ihr Baumaterial klar von den aus Backstein errichteten Häusern ab und der frei stehende Turm signalisiert weithin sichtbar den Ort der Kirche.

Mit ihrem weit gespannten Dach symbolisiert die Kirche das *Zelt Gottes unter den Menschen* (vgl. Off. 21,3) – der im Vergleich zu den kubischen Wohnhäusern ganz andere Charakter ihrer Architektur ist deutlich spürbar. Im Inneren tragen vier schlanke Stützen die etwas gebogenen, unerwartet leicht erscheinenden Betonschalen der Decke: Das Zelt überspannt die Gemeinde. Der aus dem Raummittelpunkt nach Osten verschobene Altarbereich ist von einer gekrümmten Betonwandschale hinterfangen und durch eine Lichtkuppel bekrönt. Die Wandschale ist ein wichtiges raumplastisches Element und verortet den Altarbereich klar im Zentrum, hinter ihr liegt ein abgeschirmter Bereich für die Werktagskapelle. Der Altar ist an drei Seiten von Gemeindebänken umgeben und steht so mitten im *Volk Gottes*. So unterstützt diese Kirche, die während des Zweiten Vatikanischen Konzils gebaut wurde, auf sehr gute Weise die tätige Teilnahme der Gläubigen und die gemeinschaftliche Feier.

Die vier Raumecken sind raumhoch verglast, einzelne Fensterausschnitte sind mit Sätzen des Magnifikats versehen. Die farblosen,

Adresse:
Wittenbruchplatz 24
40627 Düsseldorf-Unterbach
Tel. 0211-201006
www.stmariaehimmelfahrt.org

Geschichte: Hofkapelle in Unterbach erste Hälfte 15. Jh.; 1805 Verkauf des Gutes und vermutlich Abriss der Kapelle; 1870 Gründung der Rektoratsgemeinde St. Mariä Himmelfahrt; 1883 Weihe der neugotischen Kirche; 1897 Erhebung zur Pfarrei; 1961 Architekturwettbewerb; 1963/64 Neubau von Kirche, Pfarrgebäuden und Siedlung nach Plänen von Architekt Josef Lehmbrock, Düsseldorf; Statik: Stefan Polónyi und Richard von Kalmar; 1975 Eingemeindung Unterbachs nach Düsseldorf; 1981/82 Sanierung und Veränderung des Daches; 18.6.1983 Kirchweihe.

Die Kirche ist der herausgehobene Mittelpunkt der kleinen Siedlung.

aus unterschiedlichem Strukturglas gefügten Fenster tauchen zusammen mit den Fenstern der Lichtkuppel den Raum in gedämpftes Licht: ein einladender, bergender Raum mitten unter den Menschen. *M. S.*

Josef Lehmbrock (1918-99)

Der Düsseldorfer Architekt ist nach dem Zweiten Weltkrieg als Autodidakt in das Arbeitsfeld der Architektur eingestiegen und verantwortete eine große Zahl bedeutender katholischer Kirchenbauten in NRW, von denen einige in Düsseldorf stehen: St. Reinold in Gerresheim 1954-57, Heilig Kreuz in Rath 1956/57 und St. Mariä Himmelfahrt in Unterbach 1963/64. *M. S.*

St. Mariä Himmelfahrt (Liebfrauen)

Karte Nr. 36

Flingern

Adresse:
Ackerstraße 209a
40235 Düsseldorf
Tel. 0211-664226
www.katholisches-flingern-duesseltal.de

Geschichte: 1885 Gründung Kirchbauverein; 1887 Bau einer Notkirche; 1890 Erhebung zum Rektorat; 1891 Erhebung zur selbstständigen Pfarre; 1890-92 Bau der Liebfrauenkirche, Architekt Caspar Clemens Pickel, Düsseldorf; 10.7.1892 Weihe; 1938-40 vereinfachende Instandsetzung des Äußeren; 1944 Zerstörung von Dächern und Gewölben; 1947-49 vereinfachender Wiederaufbau, Architekt Aloys Odenthal und Philipp Stang, beide Düsseldorf; 1960-62 neue Deckengestaltung und Altarraum, Architekt Gottfried Böhm, Köln; 1980 Vorziehen des Altares; ab 1976 neue Fenster; 1987 Ausmalung durch Gerhard Wind, Düsseldorf; 1999 Neugestaltung Altarraum, Architekt Paul Böhm und Bildhauer Matthias Heiermann, beide Köln; 2002 Errichtung der Kreienbrink-Orgel neben dem Altar; 2005 Umbau Orgelempore.

Durch den gelben Backstein ist die Liebfrauenkirche schon von außen eine augenfällige Erscheinung.

Ein Konzert der Farben und Durchblicke ist der Chorraum mit Altar, Ambo, Tabernakel, Kreuz und liturgischer Orgel.

Einst drohte der hl. Eliphius dem Kölner Bischof Anno im Traum mit Aussatz, wenn dieser nicht das Ansehen des fast vergessenen Heiligen befördere. Umsonst. Kaum jemand kennt noch den spätantiken Diakon. Als am 10.7.1892 Eliphius-Reliquien in den Altar der Liebfrauenkirche eingelassen wurden, schrieb der Düsseldorfer Generalanzeiger das Gebein dem hl. Pliphius (!) zu. Wie der Name des Heiligen, so erlebte auch die Flingerner Kirche im Laufe ihrer Geschichte eine Reihe, aber durchaus gewollter Veränderungen.

1891 wurde Mariä Himmelfahrt selbstständige Pfarrei. Der Gemeinde wurde nach Plänen des Düsseldorfer Architekten Pickel eine neugotische Kirche aus warmem gelbem Backstein erbaut, innen geschmückt mit zeittypischen Altären, Fenstern und Bildern. Vieles davon ging im Zweiten Weltkrieg verloren. Die große Christusgestalt über dem Altar oder die Muttergottes am Pfeiler links davon sind aber noch aus jener Zeit.

Die erste planvolle Änderung betraf den Namen der Kirche. Um Verwechslungen mit der nah gelegenen Pfarrei Mariä Empfängnis zu vermeiden, bürgerte sich 1916 der Zusatz „Liebfrauen“ ein. Dann kam der bauliche Wandel. Ab 1938 wurden wegen Witterungsschäden einige der ursprünglichen äußeren Ziertürmchen entfernt und nicht wieder aufgebaut – sicher wegen der gezielten Verknappung von Kirchbaumaterial in jener unseligen Zeit. Vielleicht wurde aber auch damals schon der neugotischen Bauweise à la Mittelalter keine rechte Zukunft mehr beschieden.

Nach schweren Kriegsbeschädigungen erhielt die Kirche zunächst eine provisorische flache Trümmerschutt-Betondecke und farblose Fenster. Außen wirkte sie kaum verändert. Doch innen war damit der Beginn tief greifender Neuerungen gesetzt. 1960-62 zog Gottfried Böhm im Mittelschiff die flache Stalaktitendecke ein. In den Seitenschiffen fasste er jeweils zwei Gewölbe in eines zusammen

Das alt-neue Kruzifix vor Theo Heiermanns Reliefbild mit Sündenfall, Kreuzigung und Pietà.

und brach die Sakristeiwände hinter dem Altar auf. Nun war der ehemals nach oben strebende, gotisch gewölbte Raum ins „Bodenständige“, in Tiefe und Weite, umformuliert.

Die unterschiedliche Farbigkeit der Fenster verlangte später nach einem verbindenden Anstrich des von Böhm in asketischer Grisaille (Schwarz, Weiß, Grau) gehaltenen Raumes. 1987 kleidete Kunstmaler Wind ihn in Altrosa, Safran und Weiß. Dem fügen sich das pastellfarbene Gehäuse der Kreienbrink-Orgel neben dem Altar wie auch die neuen Hauptstücke (Altar und Ambo) in Rotziegel an. Wer die vier Generationen alte Kirche betritt, ist überrascht von deren sinnensatter Metamorphose zum modernen Innenraum. *M. E.*

Neue Wertschätzung

Einzelne architekturgeschichtliche Verbindungen, die vom historisierenden Bauen des 19. Jh. bis zur Monumentalarchitektur des Nationalsozialismus reichen, brachten den Historismus nach dem Zweiten Weltkrieg zunächst völlig in Misskredit. Deshalb wurden neugotische oder neuromanische Kirchen oft nur vereinfachend wieder aufgebaut, die Altäre mit ihrem reichen Figurenwerk verschwanden. Seit einiger Zeit hat sich das geändert. Einige Gemeinden zeigen ihre lange missachteten Ausstattungsstücke wieder. So werden seit 2005 Figuren und Reliefs der neugotischen Altäre der Liebfrauenkirche auf der Orgelempore museal neu präsentiert. *M. E.*

Stalaktitendecke und der kühne Schwung der Seitenschiffgewölbe zeugen von der experimentellen Gestaltungsfreude der ersten Nachkriegsjahrzehnte.

St. Maria in den Benden

Wersten

Karte Nr. 37

Geschlossene Backsteinwände, eine halbrunde Ausbuchtung, darüber ein sehr flaches Satteldach. Der mächtige Bau hebt sich von der heterogenen Wohnbebauung deutlich ab, aber erst das hohe Kreuz auf dem Giebel und die kleine Glocke an der Außenwand weisen ihn als Kirchenbau aus. Die Architektur erregt durch ihre Schlichtheit und die klaren, großzügigen Formen die Aufmerksamkeit der Passanten.

Durch einen Vorraum mit Zugang zum Gemeindezentrum gelangt man in einen langen, hohen Raum. Hier steht im Licht einer raumhohen Glasfassade zum Innenhof ein eindrücklicher, brunnenartiger Taufort, der an diesem Ort tagtäglich auch dem Taufgedächtnis der Eintretenden dient. Der von außen nicht sichtbare Innenhof ist von Gemeindebauten und der Kirche umschlossen. Die Kirche ist in ganzer Höhe zum Hof verglast, bekommt von ihm ihr Licht. Alltag der Gemeinde und liturgische Feier sind hier mittels großer Fensterfronten eng miteinander verknüpft.

Im Kirchenraum senkt sich die Decke von der rückwärtigen, gläsernen Hoffront hinunter zur gegenüberliegenden Apsis, vor der der Altarbereich eingerichtet ist. So ist der weite und hohe Raum auf das Zentrum der Feier konzentriert: den schlichten Blockaltar auf einem einstufigen Podest, den von drei Seiten Gemeindebänke umgeben. Mehrere Jahre vor dem Zweiten Vatikanischen Konzil wurde hier ein Raum verwirklicht, der bereits auf sehr gute Weise die Gemeinde um den Altar versammelt.

Eine der Maximen des Architekten Steffann war es, einfach und ehrlich zu bauen. Deshalb bestimmen schlichte Materialien den Raum: grober Beton auf dem Boden, Backsteinwände, die Decke mit schlichter Holzverkleidung, Bänke und Orgel mit kontrastierendem Schwarz und Weiß. Über die ebenfalls aus

Im Eingangsbereich steht der brunnenartige Taufort.

Über dem Taufbrunnen schwebt die Heilig-Geist-Taube.

Adresse:
Dechenweg 40
40591 Düsseldorf
Tel. 0211-763105
www.meinegemein.de

Geschichte: Seit 1930er-Jahren Entstehung des Wohngebietes; 1956 Pläne für ein Gemeindezentrum, Architekt Emil Steffann, Bad Godesberg, Mitarbeit Nikolaus Rosiny; 1958/59 Bau; 1985 Erweiterungsbau für Pfarrsaal; 2001 Änderung des Altarpodestes, Matthias Heiermann, Köln.

Bereits vor dem Konzil ist hier die Gemeinde um den Altar versammelt.

Backsteinen gefügten Wände der wenig früher fertiggestellten Schwesterkirche St. Laurentius in München sagte Emil Steffann 1963: „Ohne Aufdringlichkeit erinnern sie [die einzelnen Steine] vielleicht diesen oder jenen aus der Gemeinde, dass ein Christ dem anderen verbunden ist und ihn mitträgt wie sich die Steine ineinanderfügen und einer den anderen trägt, denn wir zusammen sind Kirche ‚aus lebendigen Steinen errichtet, ein geistliches Haus', wie es im zweiten Abschnitt des ersten Petrusbriefes heißt."

M. S.

Hier liegen alle Gemeinderäume unter einem Dach um den Innenhof.

St. Maria Königin
Lichtenbroich

Karte Nr. 38

Der mächtige, den Altar bekrönende Turm besaß ursprünglich viel mehr Fenster.

Die Kirche St. Maria Königin ist ein kubischer Bau aus Backsteinmauern und großzügigen Glasflächen, mittig bekrönt durch einen mächtigen achtseitigen Pyramidenturm. Der Turmhelm war ursprünglich betonsichtig und an jeder Seite mit nach oben kleiner werdenden Achteckfenstern durchbrochen. Betonschäden führten 1976 zur heutigen Kupferverkleidung, die nur noch die untere Fensterreihe geöffnet lässt. Im Inneren umfangen weiß verputzte Wände und wohltuend schlicht gestaltete, nahezu farblose Glasflächen einen fast quadratischen lichten Raum. In dessen Mitte umstehen acht geknickte Betonstützen den Altarbereich und tragen den mächtigen Turmhelm, welcher den Altar überfängt und auszeichnet. Die in ihrer Form ungewöhnlichen grauen Betonstützen bilden einen deutlichen Kontrast zu den glatten, hellen Außenwänden und machen nachdenklich: Ragt dieser Baldachin aus dem Himmel herunter und betont so von oben das Altarsakrament? Oder unterstreicht er die Hinwendung der Gemeinde mit Gebet und Opfergaben zum Himmel? Seine ungewöhnliche Form lässt innehalten, zeigt unmissverständlich: Hier geschieht etwas, das über das menschliche Handeln hinausgeht, das die Feiernden mit Gott in Beziehung setzt.

Der Kölner Architekt Gottfried Böhm errichtete in den 1950er-Jahren verschiedene Kirchbauten, die durch einen oder mehrere Türme auf die darunter im Raum stehenden liturgischen Orte hinweisen, beispielsweise in Bergisch Gladbach-Schildgen/Herz Jesu oder in Grevenbroich/St. Josef, wo ebenfalls der Altar, aber auch die Taufkapelle von einem Turm überfangen sind. In St. Maria Königin wurden durch die nachträgliche Verkleidung des Turmes die meisten seiner Öffnungen geschlossen, dadurch ist der ursprüngliche intensive Lichteinfall leider nicht mehr erlebbar. Die ungewöhnliche Auszeichnung des Altarstandortes bildet jedoch nach wie vor das Herzstück des Raumes. Der seitlich des Turmbaldachins

Adresse:
Krahnenburgstraße 3
40472 Düsseldorf
Tel. 0211-4220072
www.pfarrverband-unterrath-lichtenbroich.de

Geschichte: Ursprünglich zu St. Suitbertus, Kaiserswerth, gehörend; nach der Säkularisation zu St. Maria unter dem Kreuze; 1941-45 Nutzung der Brüderkapelle der Kartause Maria Hain als Seelsorgestation St. Gertrud; 1954 Grundstückskauf; 1955 Beauftragung des Architekten Dominikus Böhm, Köln; nach dessen Tod 1955 Fortführung der Planung durch Gottfried Böhm, Köln; 1957 Grundsteinlegung; 19.4.1958 Weihe; 1958 Erhebung zur Rektoratspfarrei.

Im Inneren bildet der Turm diesen Baldachin: Verbindung von Himmel und Erde.

2009 neu errichtete Tabernakel steht auf einem Bodenmosaik, das den Brennenden Dornbusch symbolisiert (Ex 3, 1-6): Er steht für die unsichtbare Anwesenheit Gottes. Die ist nicht nur hier, sondern in der gesamten ungewöhnlichen Architektur dieser Kirche spürbar. *M. S.*

Für den Flughafenausbau verschwunden: die Kartause

Die Kartause Maria Hain

Westlich des heutigen Lichtenbroich befand sich von 1869 bis 1960 das Kartäuserkloster Maria Hain. Nach der Aufhebung sämtlicher deutscher Kartausen in der Säkularisation beschloss das Generalkapitel 1869, eine Kartause in der Nähe von Köln, der Geburtsstadt des hl. Bruno (1030-1101), des Ordensgründers der Kartäuser, zu errichten. Auf dem ehemaligen Rittergut Haus Hain wurde nach Plänen August Rincklakes und Caspar Clemens Pickels der große Klosterkomplex gebaut. In ihren knapp 100 Jahren erlebte die Kartause Maria Hain – durch die Zeitumstände bedingt – eine sehr wechselvolle Geschichte. Stadt und Flughafen bedrängten nach dem Zweiten Weltkrieg die Zurückgezogenheit des Klosterlebens immer mehr, sodass die Klostergemeinschaft 1960 das Kloster an die Stadt Düsseldorf verkauft hat und von dem Kirchenbauer Emil Steffann eine neue Kartause in Marienau im Allgäu errichten ließ. Das ehemalige Areal der Kartause diente der dringend benötigten Erweiterung des Flughafens. *M. S.*

St. Maria Rosenkranz

Wersten

Karte Nr. 39

Adresse:
Burscheider Straße 20
40591 Düsseldorf
Tel. 0211-763105

Geschichte: 1893 Einsegnung der Notkirche, eine ehemalige Kesselschmiede; 1907-10 Bau der neuromanischen Kirche, Architekt Wilhelm Sültenfuß, Düsseldorf; 23.10.1910 Weihe; 1926 Innenausmalung nach Entwürfen von Hans Kohlschein, Düsseldorf; ab 1955 Behebung der Kriegsschäden an Turm, Gewölben und Außenmauern; bis 1957 Umgestaltung des Innern unter Verzicht der Vorkriegsausmalung sowie Einrichtung des zentralisierenden, dreiseitig umstandenen Altarraumes, Architekt Hans Schwippert; 1975-77 Restaurierung, Architekt Friedrich Kohlmann, Düsseldorf; 1991 Innenrenovierung und Neuausmalung, Architekt Walter Nitsch und Hans Erwin Schwartzmanns, beide Düsseldorf.

Die Romanik der Stauferzeit ab etwa 1170/80 stand Pate für die Architektur. Doch finden sich auch frühgotische Strebebögen nach dem Vorbild Frankreichs der gleichen Zeit.

St. Maria Rosenkranz entstand Anfang des 20. Jh. Der neuromanische Bau mit glatten, zurückhaltend verzierten Wänden und hohem Turm ist auf mächtige äußere Wirkung angelegt. Diese feste Burg Gottes lud ehemals mit Bildfenstern und einer markanten spätexpressionistischen Figurenmalerei zur individuellen Betrachtung ein. Nachdem die Ausmalung in den 1950er-Jahren infolge schwerer Kriegsbeschädigung entfernt wurde, richtete Architekt Schwippert die Kirche neu ein und rückte einen runden Chorraum samt Kommunionbereich als „Kronstück der Umformung" in die Vierung. Von drei Seiten wurde die Gemeinde auf den Altar hin ausgerichtet. Zudem bekam sie, dies Volk Gottes auf dem Weg, ihr fernes Ziel vor Augen: Anton Wendlings Chorfenster zeigen das Himmlische Jerusalem. Wie Gottes Volk dort hin gelangt, ist in der Heiligen Schrift geoffenbart.

Seit 1991 wird nun Gottes Wort in der Rosenkranzkirche von einem Ambo des Eifeler Franziskanerpaters Laurentius Englisch aus verlesen. Der Ambo zeigt an der Stirnseite den Engel der Verkündigung. „Die Gemeinde hat nicht nur den Namen Mariens, sondern ist Maria“, sagt Pater Laurentius. Sie empfängt

Ambo und Rosenkranzmadonna von Franziskanerpater Laurentius Englisch

das Wort, den Logos, Christus. Maria ist aber auch die Kirche, das lebendige Zelt Gottes und erfüllte Verheißung seiner Gegenwart. So möchte der Priesterkünstler seine etwas jüngere, von einer Rosenflammengloriole umgebene Kranzmadonna am Pfeiler rechts hinter dem Engel-Ambo verstanden wissen.

In der Verbindung von Maria und der Rosenkranzgemeinde sind beide letztlich als lebendige Bausteine der Kirche gedeutet. Ganz bildhaft sind die alten Säulen der Rosenkranzkirche aus weiteren solcher Steine errichtet. Die Kapitelle zeigen die Bildnisse der Evangelisten, von Kirchenvätern und Predigern. *M. E.*

Adresse:
Siegburger Straße 165
40591 Düsseldorf
Tel. über St. Maria Rosenkranz

Geschichte: 1273 erste urkundliche Erwähnung der Scheidlingsmühle, auf deren ehemaligem Grundstück die Kirche steht; 1969-71 Bau der Schulkirche als Filialkirche von St. Maria Rosenkranz und für die Schüler der umliegenden Schulen, Architekt Hans Schwippert, Düsseldorf (mit Friedrich Kohlmann und Ernst Kayser); 8.10.1971 Weihe; 1987 Anbringen des Kreuzes aus Leichtmetall außen über Haupteingang anlässlich der Bundesgartenschau BUGA 1987.

Karte Nr. 39a

Schulkirche Franz von Sales
Wersten

Der Grundriss der Kirche Zum Heiligen Franz von Sales wurde von Architekt Hans Schwippert in den Formen eines Plattfisches

Hörsaal und Festplatz in einem – am Scheitelpunkt der Chorwand das markante Kruzifix von Luděk Tichý

gestaltet: „Der Altarraum ist der Kopf, die Eingänge sind die Flossen, und die Sakramentskapelle ist die Bartflosse." Mit drei dynamisch geführten und separat stehenden Wandschalen wollte er der Bewegung der Jugend Ausdruck geben, denn die Kirche sollte vor allem dem Schulgottesdienst dienen. Dementsprechend ist sie innen in der Form eines Hörsaales mit ansteigenden Rängen gestaltet. Dennoch sind die Aspekte von Wortgottesdienst und Eucharistie gleichermaßen im Raum vertreten. Von der weiten parabelförmig geführten Chorwand umgeben steht unten, für jeden sichtbar wie im runden Aktionsraum eines antiken Theaters, der ebenfalls kreisrunde Tischaltar. Er ist von sechs elektrischen Lichtsäulen wie mit Laternen umstellt. Seinerzeit hatten sie für Diskussion gesorgt. Doch sie machen deutlich, dass die Schulkirche vor allem Aula, nicht Auditorium, sein will: öffentlicher Saal für das Mahl des Herrn. *M. E.*

St. Maria unter dem Kreuz

Unterrath

Karte Nr. 40

Adresse:
Kürtenstraße 160
40472 Düsseldorf
Tel. 0211-4220047

Geschichte: 1224 Weihe einer *capella in Rode*; bis Mitte 17. Jh. verschiedene Erweiterungsbauten der mit dem Taufrecht versehenen und seit 1347 von Franziskaner-Tertiarinnen genutzten Kirche; 1694 Aufstellung des Gnadenbildes „Muttergottes in der Not"; 1869-73 Neubau als Pfarrkirche, Architekt August Rincklake, Düsseldorf; 14.9.1873 Weihe; 1873/74 Niederlegung der alten Rather Kirche; 1930/31 Erweiterungsbau, Architekt Paul Sültenfuß, Düsseldorf; 1971-74 Restaurierung, Architekt Heinrich Dölken, Düsseldorf.

Festlich hell erscheint der weitläufige Innenraum.

Zuerst schweift das Auge umher. Wer die Unterrather Kirche betritt, sucht einen Fixpunkt, eine Achse im Raum, die den Blick führt. Aber der gleichmäßig durchleuchtete Raum macht das nicht leicht. Die hellen, fast farblosen Fenster geben keinen Halt. Größe und Gestalt des weit um den Altar geführten voluminösen Chorbaus sind vom Hauptschiff aus nicht zu erkennen. Man muss näher kommen, auf den Altar und die dahinter aufgerichtete Kreuzigungsguppe zu. Vielleicht ist dort der Fokus, das Zentrum? Die Kirche ist der Muttergottes unter dem Kreuz geweiht. Dort sieht man sie, wie sie mit Johannes, dem Lieblinsjünger, zu Seiten des Gekreuzigten steht. Aber auch vom liturgischen Zentrum aus ist der Kirchenraum noch nicht vollständig erfasst. 1930/31 wurde die ursprüngliche Choranlage des 19. Jh. weitläufig umbaut. Altar und Kreuzigungsgruppe stehen heute frei vor jener Zone, an der die reiche, mit Pfeilerbündeln und Gewölberippen arbeitende Gestaltung des Historismus einen abrupten Wechsel mit

Würfel, Purpurmantel, Kreuz und zwei gebeugte Schatten – mehr braucht es in Leopold Peers Zehnter Kreuzwegstation nicht.

Von außen eine eher sachliche Erscheinung

Maria unter dem Kreuz – das Gnadenbild der Kirche

der reduzierten, eher sachlichen Formung der 1930er-Jahre eingeht. Altar und Kreuz wirken in dem großradialen Raum fast verloren. Und war es nicht so? „Mein Gott, warum hast Du mich verlassen?", rief Jesus vor dem Tod.

Die Ausstattung der Kirche geht gegen diese vermeinte Verlassenheit an. Umlaufend an allen Wänden hängt der gemalte große Kreuzweg von Leopold Peer. Spätestens mit Blick in den Chor ist der Besucher aufgefordert, die Stationen näher zu betrachten. Knapp und nur auf die direkt beteiligten Personen bezogen berichten sie von der Passion. Die Zurücknahme von Bewegung und Ausdruck der einzelnen Gestalten vor diffusen Hintergründen schärft die Wahrnehmung: Welchen *inneren* Anteil haben jene am Geschehen und welche Anteilnahme habe *ich*, der jetzt schaut? Vermag der Betrachter sich der letzten Frage hier noch zu entziehen, so ist das einige Schritte weiter im südlichen Chorbereich kaum mehr möglich. Dort befindet sich das Gnadenbild der Kirche. Diese Pietà, die trauernde Muttergottes unter dem Kreuz, gab der Gemeinde den Namen. Sie zeigt Maria mit gebeugtem Knie. Wie zur Ehrbezeugung eines Königs ist sie niedergesunken. Auf ihren Schenkeln liegt ihr toter Sohn. Zum Nachweis der Leblosigkeit hebt sie dessen rechten Arm. Sie blickt Jesus an, trauert. Doch Maria verschließt sich nicht in Trauer. Sie hält Jesu Leib nach vorn, sie demonstriert ihn, weist ihn uns vor. Sie fordert unsere Anteilnahme an seinem Opfer und ihrem Schmerz. Der Besucher blickt drauf. *Das* ist der Fixpunkt. *M. E.*

St. Maria vom Frieden
Gerresheim

Karte Nr. 41

Die kupferverkleidete Kirche hebt sich aus dem Gemeindekomplex heraus.

Die Gemeinde St. Maria vom Frieden musste stets um ihre Bauten kämpfen. In den 1930er-Jahren gab es kein Geld für einen Kirchenbau in dem wachsenden und weit von der Pfarrkirche St. Margareta entfernten Siedlungsgebiet. Kurz nach dem Krieg wurde mit einfachsten Mitteln eine Kirche gebaut, die 13 Jahre später bereits deutliche Baumängel aufwies, sodass ein Architektenwettbewerb für einen Neubau ausgeschrieben wurde. Die Gemeinde und der Wettbewerbsgewinner, der Architekt Nikolaus Rosiny, mussten aber noch elf Jahre warten, bis 1975 der fertige Neubau geweiht werden konnte. Aufgrund sich ändernder Pläne für die umgebende Wohnbebauung musste Rosiny seine Entwürfe dreimal verkleinern. Währenddessen brannte die alte Kirche 1971 durch Brandstiftung ab und die Pfarrei feierte die Sonntagsgottesdienste in einer zum Pfarrheim umgebauten Wehrmachtsbaracke.

Klar ausgebildete und gut gestaltete liturgische Orte bilden das Zentrum.

Man kann sich vorstellen, mit welcher Freude die Gemeinde im Jahr 1975 endlich die ersten Gottesdienste in der neuen Kirche gefeiert hat. Doch das Warten hat sich gelohnt. Entstanden ist ein einladender Komplex, der Kirche und Pfarrheim unter einem Dach verbindet. Über einem weiß verputzten Unterbau ist der mit grün patiniertem Kupfer verkleidete

Adresse:
Dreherstraße 202
40625 Düsseldorf
Tel. 0211-231693

Geschichte: 1947-50 Errichtung des Vorgängerbaus, Architekten Aloys Odenthal und Philipp Stang, beide Düsseldorf; 1.10.1950 Weihe; 1950 Rektorat St. Maria vom Frieden; 1954 selbstständige Rektoratsgemeinde; 1963 kanonische Pfarrei, Baumängel; 1964 beschränkter Architektenwettbewerb für einen Kirchenneubau unter Berücksichtigung eines von der Stadt geplanten, später jedoch nicht realisierten größeren Siedlungskomplexes; 1967 Architektenverträge mit Nikolaus Rosiny, Köln; 1971 Brand der Kirche durch Brandstiftung; 1973-75 Neubau, Architekt Nikolaus Rosiny; 8.6.1975 Weihe; 1992/93 Außen- und Innensanierung, Architekt Wilhelm Hartmann, Bedburg; 1998 Auflösung und Vereinigung der beiden Nachbargemeinden St. Konrad von Parzham und St. Maria vom Frieden zu St. Maria vom Frieden und St. Konrad; 2006 Überführung des Glockenturms von St. Konrad auf den Kirchhof von St. Maria vom Frieden; 2008 Abpfarrung von St. Konrad nach Liebfrauen/Flingern.

Die Gemeinde umschließt Altar und Ambo von drei Seiten.

Hauptraum der Kirche auch nach außen deutlich ablesbar. Der Komplex ist zur Zufahrt mit einem Kreuz gekennzeichnet und seit 2006 steht hier der Turm der abgerissenen Kirche St. Konrad, Flingern.

Der Innenraum fördert die Gemeinschaft. Die Gottesdienstteilnehmer umstehen den Altar von drei Seiten und können sich so gegenseitig wahrnehmen, hier ist jeder ein lebendiger Baustein der gemeinschaftlichen Feier am Altar. Der Raum spiegelt auch sehr deutlich das Anliegen des Architekten: klare, in ihrer Funktion und Bedeutung stimmige liturgische Orte zu bilden, die durch die ansprechende künstlerische Gestaltung Hein Gernots nochmals herausgehoben sind. Seitlich des Altares hat der Ambo einen ungewöhnlich gut akzentuierten Ort und ist so neben dem *Tisch des Mahles* klar betonter *Tisch des Wortes*. Orgel und Chor sind hier in großer Nähe zum liturgischen Geschehen auf einer Ebene mit der Gemeinde angeordnet und so auch während ihres musikalischen Dienstes wahrnehmbarer Teil der Gemeinschaft.

1986 fügte Georg Meistermann dem Raum wenige, zurückhaltende Farbakzente hinzu, deren Verspieltheit der strengen kubischen Architektur guttut. Die wenige Jahre später von Gerhard Wind gestaltete Decke nimmt die Farben Meistermanns in verstärkter Intensität wieder auf.

M. S.

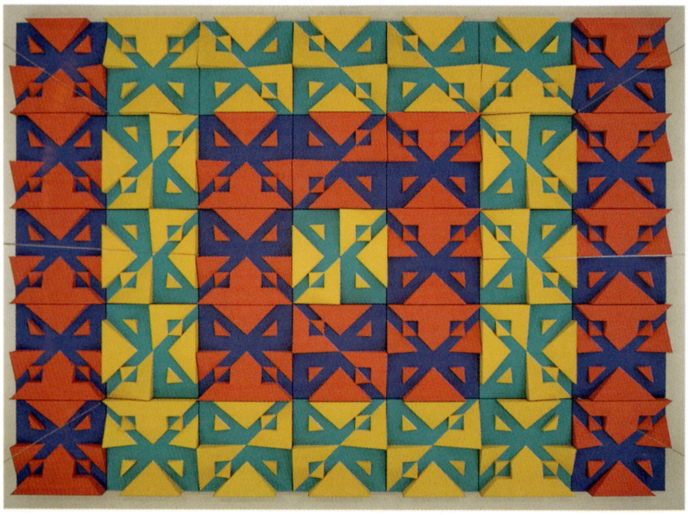

Die später eingefügte Decke Gerhard Winds bringt geometrische Farbformen in den Raum.

Alt St. Martin

Bilk

Karte Nr. 42

Turm und Langhaus sind von annähernd gleicher Größe und Proportion.

Adresse:
Martinstraße 72
40223 Düsseldorf
Tel. 0211-335795 (über St. Bonifatius)

Geschichte. Möglicherweise eine spätfränkisch/frühkarolingische Vorgängerkirche aus dem 8./9. Jh.; zwischen 11. Jh. und Mitte 12. Jh. romanischer Bau; 1173 erste urkundliche Erwähnung einer Kirche in Bilk; bis Ende 12. Jh. Bau des Turmes; um 1240 Chorquadrat mit Apsis, Sakristei und Einwölbung; 15. Jh. Gotisierung der Seitenschiffe; 17. Jh. Erneuerung der Seitenschiffe in Backstein; 1879-81 vollständige Erneuerung und Verlängerung der Seitenschiffe nach Westen sowie Einwölbung Turmhalle, Architekten August Rincklake und Caspar Clemens Pickel, beide Düsseldorf; 1935 Restaurierung und archäologische Grabungen; bis 1951 Behebung der Kriegsschäden; 1957-74 verschiedene Restaurierungsmaßnahmen; 1986-93 grundlegende Restaurierung, Bau der Orgelempore und Erneuerung des Keramikbodens, Architekten Dahmen und Partner, Düsseldorf; seit 2005 Simultannutzung durch die evangelische Lutherkirchen-Gemeinde.

Schon die Zeitgenossen rühmten und verehrten den hl. Martin von Tours. Bischof Severin in Köln wurde durch Engelsgesang vom Tod des Heiligen unterrichtet und Ambrosius von Mailand nahm während einer Messe schlafend an dessen Begräbnis teil. Seit mehr als 1.600 Jahren ist Martins Heiligkeit durch Caritas, Charisma und persönliche Askese begründet. Ab dem 6. Jh. wurden ihm Tausende von Kirchen geweiht.

Ob eine solche frühmittelalterliche, fränkische Kirchengründung auch bei Alt St. Martin in Bilk vorliegt, ist nicht sicher zu sagen. 1935 wurden zwar unter dem Chor Reste eines kleinen, brandzerstörten Saalbaus des 8. oder 9. Jh. ergraben. Man weiß aber nicht, ob dies schon eine Kirche war. Der heutige dreischiffige, ehemals flach gedeckte Bau wurde über dieser Ruine errichtet. Manches an ihm mag noch dem 11. Jh. entstammen, der überwiegende Teil dürfte aber der Mitte des 12. Jh. angehören, der schöne Chor und die Einwölbung des Langhauses über den sorgfältig gearbeiteten Dreiviertelsäulen mit Knospenkapitellen sogar erst der Zeit um 1240. Die heute auf verschiedene Orte in der Kirche verteilten Gewölbemalereien aus der Mitte des 13. Jh. werfen zudem Fragen zum Patrozinium auf. Sie zeigen nämlich nur

Hilarius von Poitiers (um 315-67), Lehrer und Täufer des hl. Martin von Tours, Portalgriff von Bert Gerresheim

Jugendlicher Martin mit Schwert und Pferd im Fenster von Hermann Gottfried

Die Chorfenster und die Bemalung der Bögen und Säulen sind in kräftigen, samtig-schönen Farben aufeinander abgestimmt.

weibliche Heilige, darunter drei Marienszenen. Wenn nicht die gesamte Kirche, so könnte doch der einstige Hochaltar auf die Gottesmutter geweiht gewesen sein. Das Martinspatrozinium ist urkundlich erst seit 1582 nachweisbar.

Wie immer – die Kirche gehört zu den altehrwürdigen Schätzen Düsseldorfs, auch wenn in der Vergangenheit manch Ungemach über sie erging. 1812 wurde sie wegen Baufälligkeit aufgegeben und an einen Textilbetrieb und als Scheune vermietet. Das Regierungspräsidium verfügte 1823 immerhin die Erhaltung des schlanken, mastartigen Turmes für Landvermessungsarbeiten. Damit aber war er, den Provinzialkonservator Paul Clemen 1894 für den „imposanteste(n Turm) des ganzen bergischen Landes" hielt, zum Ausguck eines im Industriezeitalter gestrandeten Kirchenschiffes degradiert. Ein 1858 gegründetes Bürgerkomitee rettete Alt St. Martin vor dem Abriss und seit Langem ist die Kirche nun wieder ihrem gottesdienstlichen Zwecke zugeführt. Das 1952 außen auf den Turmhahn gerichtete Fernrohr der im Krieg zerstörten Bilker Sternwarte würdigt sie gar als eine Art Himmelsmal in säkularer Welt. Vielleicht braucht es heute solch technischer Orientierungshilfen, wohingegen Severin und Ambrosius noch via Telepathie an St. Martin Anteil nahmen. *M. E.*

Martin von Tours

Die berühmte Mantelteilung fand um 334 am Tor vor der *civitas ambianensium* (Amiens) statt. Martin war damals ein ungefähr 18-jähriger Gardeoffizier. Später verließ er aus pazifistischen Gründen das römische Heer und widmete sich ganz seiner christlichen Mission. Am 8. November 397 stirbt er auf einer Seelsorgereise als Bischof von Tours. Sein Festtag ist der Tag seines Begräbnisses am 11. November. Martinsfeuer, Martinszug, Kötten (oder „Schnörzen"), Martinsgans und Weckmann (eigentlich ein Bischof mit Stab) sind fest verwurzelt im rheinischen Brauchtum. *M. E.*

St. Martin
Bilk

Karte Nr. 43

Die Kirche ist eine Insel im Straßenverkehr.

Die Kirche St. Martin ist eine Insel: Umflossen von großen Straßenzügen und Straßenbahnschienen thront sie als mächtiger, turmüberhöhter Bau mitten im Düsseldorfer Stadtteil Bilk und ist dort für alle der *Bilker Dom.* Im Jahr 2001 plante die Gemeinde eine Sanierung ihres Pfarrheimes. Angesichts schrumpfender Gemeindemitgliederzahlen, des sehr großen Kirchenraums und der in großer Nähe vorhandenen weiteren Kirchenbauten schlug Erzdiözesanbaumeister Martin Struck den Bau eines neuen Pfarrheims innerhalb der Kirche vor. Studenten der RWTH Aachen machten diese Teilumnutzung zum Semesterthema und die Gemeinde diskutierte verschiedenste Modelle. Schließlich beauftragte man das junge Architekturbüro Feck + Niepmann, Leverkusen, mit den konkreten Entwürfen. 2005 begannen die Bauarbeiten, Weihnachten 2007 konnte der verkleinerte Kirchenraum bereits wieder genutzt

Keimzelle der Kirche: das Gnadenbild „Hülf der Christen"

Adresse:
Neusser Straße 88
40219 Düsseldorf
Tel. 0211-307169
www.st-martin-bilk.de

Geschichte: Bilk 799 erstmals genannt; 1641 am Ort der heutigen Martinskirche Aufstellung des Marienbildes „Hülf der Christen"; 1686 Errichtung Loretokapelle durch Kurfürst Jan Wellem; 1730-39 Überbauung der Kapelle mit Hallenkirche im Stil der Renaissance; 1812 Übertragung des Patroziniums von Alt St. Martin auf diese jetzt größere Kirche; 1893-95 neugotischer Backsteinbau nach Plänen von Alfred Tepe, Düsseldorf; 1951/52 nach schwersten Kriegszerstörungen schlichterer Neubau auf alten Grundmauern, Architekten Adam und Walter Diekmann, Düsseldorf; 2005-09 Einbau des Pfarrheims im hinteren Langhaus, Architekturbüro Feck + Niepmann, Leverkusen.

Der 2007 neu gestaltete Altarraum ist vom thronenden Christus im Fenster der Nachkriegszeit überfangen.

werden, während in den folgenden zwei Jahren Saal und Gemeinderäume im ehemaligen hinteren Langhausbereich eingebaut wurden.

Auch im neuen Raum bildet das Nachkriegsfenster mit dem wiederkehrenden Christus den beherrschenden Fokus, gleichzeitig konzentriert der verkürzte Raum die Gemeinde stärker um den neu gestalteten Altarbereich. Die Pfarrkirche St. Martin lädt nun auch mit integriertem Saal und neuen Gruppenräumen zu den Veranstaltungen der Gemeinde ein. Herzstück bleibt jedoch der Kirchenraum als Insel des Gebetes und der Ruhe mitten im Getöse der Stadt. Der Bilker Dom bleibt das Wahrzeichen des Stadtteils. *M. S.*

Kirchenumnutzungen

Seit Jahrhunderten sind Kirchen Landmarken, sie bilden in vielen Fällen den Ortsmittelpunkt; Kirchen sind die weithin sichtbaren Zeichen von christlichem Glauben vor Ort. Kardinal Meisner bezeichnete Kirchenbauten als „Leuchttürme". Umstrukturierungen von Gemeinden zu Seelsorgebereichen, schrumpfende Gottesdienstbesucherzahlen und sinkende Kirchensteuereinnahmen führen seit Beginn des 21. Jh. verstärkt zu Überlegungen, einzelne Kirchengebäude aufzugeben. Mit jedem Kirchenbau sind über die städtebauliche und künstlerische Bedeutung hinaus unzählige persönliche und gemeinschaftliche Erlebnisse und Erfahrungen seiner Besucher verbunden. Über Umnutzung, Aufgabe oder Verkauf eines Kirchengebäudes sollte nur nach ausführlichen, mit der gesamten Gemeinde und mit Experten geführten Überlegungen entschieden werden. Manche Konsequenzen sind anfangs kaum absehbar, deshalb sind Gemeinden gut beraten, sich einige Jahre Bedenkzeit einzuräumen. Der Einbau von gemeindlichen Nutzungen in den zu großen Kirchenraum kann eine Lösung sein, den Kirchenbau als Kirche zu erhalten. *M. S.*

Pfarrer Anton Josef Binterim (1779–1855)

1779 in Düsseldorf geboren, trat Binterim 16-jährig in den Franziskanerorden ein. 1802 zum Priester geweiht, wurde er – aufgrund der Auflösung der Klöster in der Säkularisation – gegen seinen Willen Weltpriester. Von 1805 bis zu seinem Tod im Jahr 1855 war er engagierter Pfarrer an St. Martin in Bilk. Die während seiner Ordenszeit erhaltene fundierte theologische Ausbildung veranlasste ihn zur Abfassung zahlreicher Schriften über kirchenhistorische und kirchenrechtliche Themen. Dabei vertrat er stets einen strengen kirchlichen Standpunkt. Binterim erwarb große Verdienste um die Darstellung der Kölner Bistumsgeschichte und die Erforschung der niederrheinischen Geschichte. Er gehörte kurz vor seinem Tod zu den Gründungsvätern des Historischen Vereins für den Niederrhein. *M. S.*

Mater Dolorosa
Flehe

Karte Nr. 44

Das Langhaus von 1964 erinnert stark an frühchristliche und frühromanische Architektur.

Der schlichte, backsteinsichtige Bau der Fleher Kirche weckt Erinnerungen an frühchristliche Basiliken: Eine fast geschlossene Giebelfassade mit klar gliedernden Gesimsen und niedrigem Vorbau, an den Seiten kleine Rundbogenfenster. Geht man um die Kirche herum, entdeckt man jedoch auch reiche spätgotische Portalrahmungen, Maßwerkfenster und einen gotischen Chor.

Nimmt der Besucher die Einladung der schlichten, dem Ort zugewandten Portale der Giebelfassade wahr, betritt er einen dämmerigen, niedrigen Vorraum, der ganz archaisch mit einem sichtbaren hölzernen Pultdach gedeckt ist. Von hier gelangt er über mehrere Stufen nach oben in das breite dreischiffige Langhaus. Kräftige Pfeiler trennen die schmalen, nur als Gänge dienenden Seitenschiffe ab, ein offenes hölzernes Dachwerk überspannt das weite Mittelschiff. Durch die kleinen Rundbogenfenster fällt ausreichend Licht ein, eine ruhige Atmosphäre umfängt die Besucher, die sich in diesem Raum geborgen fühlen. Ein ungewöhnlich weiter, kräftig gemauerter Triumphbogen trennt das Langhaus von Querhaus und Chor und ist Rahmung für den in der Vierung aufgestellten mächtigen Zelebrationsaltar. Hinter dem Triumphbogen treten neugotische Formen in den Blick: Chor und Nebenchöre besitzen noch ihre Gewölbe, im Hauptchor strahlt der neugotische Hochaltar.

Erst der Blick in den Kirchenführer entlarvt das vermeintlich frühromanische Langhaus als Bau der 1960er-Jahre, welcher die Anfang des 19. Jh. nicht vollendete neugotische Pfarrkirche ergänzt. Solch eine Architektur ist zu die-

Adresse:
In der Hött 26
40223 Düsseldorf
Tel. 0211-153614
www.schmerzreiche-mutter-flehe.de

Geschichte: 1427 erste Erwähnung des Ortes *up de Vle*; 1889 Kirchbauverein; 9.7.1905 Grundsteinlegung für neugotische Kirche, Architekt Caspar Clemens Pickel, Düsseldorf; nur Chor und Querschiff werden errichtet und am 16.9.1906 benediziert; 1906 Gründung Pfarrrektorat; 1911 Erhebung zur selbstständigen Pfarrei; 1943 Kriegszerstörungen; 1949-51 Wiederaufbau mit flacher Holzdecke im Querhaus, Architekt Heinrich Spohr, Flehe; 1960 gewinnt Architekt Emil Steffann, Bad Godesberg (Mitarbeit Heinz Bienefeld) einen Architektenwettbewerb für die Erweiterung; 1962-64 Erweiterung mit Langhaus; 29.11.1964 Weihe.

Aus der Luft erschließen sich neugotischer Chor und der auf frühchristliche Formen zurückgreifende Erweiterungsbau.

Der qualitätvolle neugotische Hochaltar zeigt die sieben Schmerzen Mariens.

ser Zeit ungewöhnlich. Die Bauten des Architekten Emil Steffann, der in Düsseldorf noch mit St. Augustinus, St. Maria in den Benden und dem Dominikanerinnenkloster in Angermund vertreten ist, lassen sich jedoch nie in ein Schema pressen. Mit der frühromanischen Fortführung des neugotischen Baus scheint Steffann einen Archetypus getroffen zu haben, ein Urbild von Architektur, das hier trotz der stilistischen Unterschiede eine sehr gelungene, harmonische Erweiterung des älteren Torso darstellt. In der so entstandenen und durch den Triumphbogen besonders ausgezeichneten Vierung ist der Altar dreiseitig von Bänken umstanden – zur Bauzeit während des Zweiten Vatikanischen Konzils eine liturgisch fortschrittliche Lösung. Im ehemaligen Chor ist eine Kapelle für Werktagsgottesdienste und kleinere Gruppen eingerichtet.

Zur sehr umfangreichen Ausstattung gehören qualitätvolle neugotische Stücke wie der Hochaltar und verschiedene Reliefs, die Fenster repräsentieren verschiedene Phasen der modernen Glasmalerei. *M. S.*

St. Matthäus Garath

Karte Nr. 45

Adresse:
René-Schickele-Straße 6
40595 Düsseldorf
Tel. 0211-701777
www.st-matthaeus-duesseldorf.de

Geschichte: 1960er-Jahre Entstehung des neuen Stadtteils Garath auf der Grundlage der städtebaulichen Konzeption Max Guthers; 1962 erster Preis im Wettbewerb zum Bau eines Gemeindezentrums für Gottfried Böhm, Köln; Patrozinium nimmt Bezug auf eine mittelalterliche, bis ins 17. Jh. nachgewiesene Matthäuskapelle; 1968-70 Bau der Kirche; 1968 Fertigstellung des angrenzenden Caritas-Altenheims St. Hildegardis; 1970 Weihe der Kirche St. Matthäus und 1997 des Caritas-Hospizes, das in den großen Baukomplex integriert ist; 2007 wird St. Matthäus Pfarrkirche.

Verschachtelt und verwinkelt wirkt die Innenarchitektur.

Plastizität und Skulpturalität zeichnen den eigenwilligen Außenbau Gottfried Böhms aus.

Klein-Neviges, wie die Garather ihre Pfarrkirche in Anlehnung an den bedeutendsten Kirchbau von Gottfried Böhm auch gerne nennen, erhebt sich wie ein eigenwilliger Betonfelsen inmitten eines Gemeindezentrums, zu dem auch ein Altenheim mit Kapelle und ein Hospiz gehören. Wie in der Mitte eines Marktplatzes mit angrenzenden Wohnhäusern, deren Fenster auf das Herzstück dieser Anlage, die Kirche, gerichtet sind, steht der als begehbare Skulptur konzipierte Zentralbau auf einem amorph wirkenden Grundriss. In dem noch jungen Stadtteil entstand mit St. Matthäus 1968 ein höchst eigenständiger Sakralbau mit freiem Rhythmus in Grund- und Aufriss, der sich in seiner Idee mit der großen Marienwallfahrtskirche St. Maria Königin des Friedens in Neviges vergleichen lässt. Als habe sich hier eher der Bildhauer Böhm ans Werk gemacht, besticht die höchst konsequente Auflösung konventioneller Architekturgewohnheiten zugunsten einer unvergleichlichen und damit spektakulären Synthese aus Tradition und Moderne, die sich vorwiegend plastisch ausdrückt. Böhm ging 1962 als Sieger aus dem ausgelobten Wettbewerb hervor, sah in seinem Erstentwurf aber weder Fenster, und damit kaum Licht, noch Backstein vor. Der heftige Widerstand der Gemeinde, allein ein Betongebirge, ein Betonfaltwerk beträchtlichen Ausmaßes zu errichten, unverputztes Baumaterial als Ausdruck rationaler Bautechnik aufeinanderzuschichten, veranlasste ihn, das Konzept nach und nach zu verändern und eine gefälligere Konstruktion aus Sichtbeton und Ziegelmauerwerk zu schaffen, die dem gewünschten Kompromiss Rechnung trug und zur Böhm'schen Besonderheit wurde. Der monumental erscheinende Baukörper mit eigenwilliger Farbfassung – außen wie innen – kulminiert turmartig und setzt bereits von

Der Tabernakel besteht aus einfachem gemauertem Ziegelwerk.

Blick in ein im doppelten Wortsinn vielschichtiges Gewölbe

Weitem sichtbar einen optischen Akzent. Der Ziegelfußboden vor und in der Kirche assoziiert das Marktplatzprinzip, nach dem Kirche und bauliches Umfeld einen in sich geschlossenen Lebensraum bilden. Auch im Inneren ist das Betonvolumen plastisch durchgegliedert und bildet immer wieder neue Ansichten mit eingebundenen Emporen und verwinkelten Nischen. Der Kirchenraum erscheint wie die Piazza einer kleinen Stadt, deren wichtigste Punkte, die liturgischen Orte von Altar und Ambo, durch Türme markiert sind. Das raffiniert zerklüftete Zeltdach wirkt gewaltig. Mit seinen 23 Metern Höhe schafft es einen beachtlich hohen Raum, der in seiner spannungsvollen Wechselwirkung von Material, Form und Licht eine ganz eigene Ästhetik begründet. *BTG*

Gottfried Böhm

Als erster und bisher einziger Deutscher erhielt Gottfried Böhm den Pritzker-Preis, die höchste internationale Auszeichnung für Architektur. Der 1920 geborene Architekt übernahm in den 50er-Jahren das Kölner Büro seines Vaters Dominikus Böhm, der sich als Pionier des katholischen Kirchenbaus der Moderne einen Namen gemacht hatte. Die häufig in Sichtbeton, aber auch in Stahl und Glas errichteten Bauten Gottfried Böhms zeichnen sich durch ein hohes Maß an Originalität, Skulpturalität und Bildhaftigkeit aus. *BTG*

Adresse:
Josef-Kleesattel-Straße 2
40595 Düsseldorf

Auf polygonalem Grundriss entstand ein stark geometrisch geprägter Bau.

Karte Nr. 45a

St. Norbert
Garath

Für die Anfang der 60er-Jahre im Südosten von Garath entstandene Trabantenstadt baute Gerhard Nitschke 1968 mit der Filialkirche St. Norbert eine skulptural anmutende Raumkomposition mit verschieden langen, fächerartig auf die Altarinsel ausgerichteten Segmenten. Die technisch aufwendig gefaltete Dachkonstruktion, die die Kirche innen und außen besonders akzentuiert, sowie die eigenwillige und dennoch unaufdringliche Belichtungssituation, die Hermann Gottfried mit seinen Fenstern geschaffen hat, charakterisieren diesen sich nach allen Seiten hin großzügig öffnenden Gemeinderaum. *BTG*

St. Maximilian
Carlstadt
Karte Nr. 46

„Die Max" – erst Kirche des alten Franziskanerklosters, dann zweite Pfarrkirche Düsseldorfs

Wer *die Max*, wie die Kirche St. Maximilian liebevoll genannt wird, im Gewirr der Altstadtstraßen gefunden hat, steht überrascht vor ihrer harmonischen Barockfassade. Und er entdeckt über dem Portal die Plastik des hl. Antonius von Padua. St. Max hieß ursprünglich St. Antonius und war die Kirche eines Franziskanerklosters. 1805 wurde sie die zweite Düsseldorfer Pfarrkirche mit dem hl. Maximilian und dem Nährvater Jesu, dem hl. Josef, als Pfarrpatrone. Diese beiden Namen trug auch der Kurfürst, der sich an der Säkularisation der Klöster bereichert hatte: Herzog Maximilian Joseph, der spätere Maximilian I., der erste König von Bayern und Vater des schillernden Königs Ludwig I.

Die bis 1740 errichtete Maxkirche ist eine dreischiffige Backsteinhalle ohne Querhaus. Der Innenraum ist 14,60 Meter hoch, 18 Meter breit und 48,20 Meter lang. Die Außengestaltung wurde schlicht gehalten. Die Fassade ist dreigeteilt, die Seitenportale sind neubarock hinzugefügt. Auf dem Langhaus befindet sich ein Satteldach. Über dem Chor thront ein kleiner Dachreiter, über der Fassade eine sechsseitige Kuppel mit zwiebelbekrönter Laterne.

Im Kirchengebäude wurden, nachdem das Kloster an die Kirche angebaut wurde, in der rechten Langhauswand die Rundbogenfenster vermauert und mit zwei Reihen von Galerien versehen, die vom Klostergebäude aus zugänglich sind. Man konnte und kann so

Adresse:
Schulstraße 11
40213 Düsseldorf
Tel. 0211-131660
www.maxkirche.de

Geschichte: 1651 Niederlassung der Franziskaner; 1655-68 Bau einer Klosteranlage; ab 1735 Kirche und Kloster erneuert und erweitert; 1736 Rohbau der Kirche fertig; auf der Nordseite die Jahreszahl MDCCXXXVI; 5.7.1740 Kirchweihe; 1803 Säkularisation und Vertreibung der Franziskaner; 1805 Patronatswechsel und Umwandlung in die zweite Pfarrkirche Düsseldorfs; 2006 Umbau des ehemaligen Klostergebäudes zum Katholischen Stadthaus, Architekt Johannes Schilling, Köln.

Mit schlichten barocken Formen lädt der Kirchenraum zum Verweilen ein.

dem Gottesdienst beiwohnen, ohne die Kirche zu betreten. Die feinen Stuckaturen unter der Orgelbühne, am Gewölbe und den Gurtbögen wurden in den 1840er-Jahren von Italienern ausgeführt. Unter der Orgelbühne ist die Gottesmutter als Maria Immaculata dargestellt, wie sie von den Franziskanern verehrt wird. Beigesellt sind ihr die hll. Antonius von Padua und Johannes Nepomuk. Sie verweisen auf die wichtigsten Aufgaben des Ordens: Predigen und Beichte hören.

Beim Neubau der Kirche im 18. Jh. wurde das zweireihige Chorgestühl aus der alten Kirche übernommen. Der Hochalter, die Kanzel, die Kirchenbänke mit ihren barocken Wangen und die Beichtstühle kamen in der zweiten Hälfte des 18. Jh. hinzu. Zu dieser Zeit entstanden auch Orgelprospekt und -gehäuse. Die Orgel wurde von Christian Ludwig König erbaut, dem ältesten Sohn von Balthasar König, der eine Dynastie von Orgelbauern begründete, die gleichberechtigt neben Silbermann und anderen steht. Bis 1753 entstand die damals größte Orgel Düsseldorfs, die trotz mehrfacher Reparaturen bis zum heutigen Tag nichts von ihrer Faszination verloren hat, welche durch die ausgezeichnete Akustik des Kirchenraumes zum Ausdruck kommt. Als Musiker wirkten hier u. a. Felix Mendelsohn-Bartholdy (1833-42) und Robert Schumann (1850-54).

Das Altargemälde, Anbetung der Hirten, kam erst 1813 in die Kirche. Es stammt aus der nach der Säkularisation abgerissenen

Das Adlerpult von 1449 gehört zu den wertvollsten Ausstattungsstücken.

Düsseldorfer Kapuzinerkirche und wurde von dem Kapuziner Damian gemalt. Die Seitenaltäre kaufte man um 1700 in Unterfranken. Das bedeutendste Glanzstück ist das Adlerpult, ein maasländischer Gelbguss von 1449 für die Zisterzienserabtei Altenberg; verwandte Stücke finden sich im Aachener Dom und in der Pfarrkirche St. Lambertus in Erkelenz. Der Adler symbolisiert die göttliche Kraft. In seinen Klauen hält er eine Fledermaus, eine Metapher für den Teufel. Die Holzskulpturen an den Seitenwänden aus der Zeit des Kirchenneubaus im 18. Jh. stellen mehrheitlich Franziskanerheilige dar. Der ausdrucksstarke Kreuzweg ist ein Werk des sogenannten letzten Nazareners Heinrich Nüttgens, dem Vertreter einer Kunstrichtung, die nach der Säkularisation eine neue religiöse Kunst begründen wollte. In der Seitenkapelle, dem früheren Klostereingang, erinnert eine Bodenplatte an die unter dem Kreuzgang begrabenen Franziskaner.

Die Sakristei der Kirche ist in ihrer ursprünglichen barocken Ausstattung erhalten. Innerhalb des ehemaligen Klostergebäudes befindet sich der Antoniussaal, das frühere Refektorium der Franziskaner, entstanden in der Zeit nach dem Neubau im 18. Jh. Seinen Namen hat der Raum wegen der Stuckaturen, die einen Zyklus mit Szenen aus dem Leben des hl. Antonius von Padua, einem der bedeutenden Franziskanerheiligen, zeigen. An der Stirnwand befindet sich ein großes Kreuz unter einem stuckierten Baldachin, das der Rubens-Schule zugeordnet wird. Der Raum gilt als ein harmonisches Gesamtkunstwerk, das nördlich der Alpen nicht seinesgleichen hat. *MBH*

Die mit zwölf Sternen gekrönte Gottesmutter wird Gabriel de Grupello zugeschrieben.

Das frühere Refektorium der Franziskaner ist nördlich der Alpen ein Unikat.

Ein Ort der Begegnung und Diskussion, der Besinnung und der Kommunikation

Maxhaus – Zentrum der Düsseldorfer Katholiken

Profil zeigen die Düsseldorfer Katholiken durch das 2006 vom renommierten Kölner Architekten Johannes Schilling gestaltete Begegnungszentrum in den Mauern des 1651 gegründeten Franziskanerklosters. „Wir wollen als Kirche in der Stadt präsent sein“, sagt der Düsseldorfer Stadtdechant Pfarrer Rolf Steinhäuser. Das Maxhaus ist in die City-Pastoral eingebunden, bietet sich als Anlaufstelle für Menschen mit konkreten Glaubens- und Lebensfragen an, als Ort der Begegnung, des Austauschs, der Kultur und Bildung, der Ruhe und Besinnung, des Gesprächs und der Beratung. Der von einer Stahl-Glas-Konstruktion überdachte Klosterhof und die Seminarräume verbinden Alt und Neu zu einem unverkennbaren Ensemble. Die Einblicke in die Kirche machen die Einheit von Kirche und Kloster deutlich. Die Relikte des ersten, deutlich kleineren Klostergebäudes, die bei Ausschachtungsarbeiten zutage kamen, sind gesichert und in die Gebäudekonzeption einbezogen worden.

MBH

St. Michael
Lierenfeld

Karte Nr. 47

Adresse:
Posener Straße 1
40231 Düsseldorf
Tel. 0211-219867
www.st-michael-lierenfeld.de

Geschichte: 1911/12 Neubau durch P. Milles; 1956/57 Umbau und Erweiterung der neubarocken Backsteinkirche, Architekt Kurt Schweflinghaus, Ratingen; 1965 Umgestaltung des Altarraumes mit einer Ausmalung von Hermann Gottfried, Bergisch Gladbach; 2005-07 kompletter Rückbau des Erweiterungsbaus und Herrichtung des Ursprungsbaus durch Abriss des Langhauses, Architekt Wolfgang Brechbühl, Düsseldorf.

Durch- und Einblick in einen eigenwilligen Sakralraum, den die moderne Fensterfront ermöglicht.

St. Michael steht für ein gelungenes Beispiel, einen überdimensionierten nüchternen Kirchenraum der 50er-Jahre mit viel Kreativität architektonisch ansprechend so zu verkleinern, dass er der veränderten Seelsorgesituation am Ort entspricht. Denn die ehemals für fast 10.000 Pfarrangehörige erweiterte Kirche, die lange Zeit den Anforderungen eines von den Arbeitern der benachbarten Mannesmann-Werke dicht bewohnten *Lerevelds* gerecht wurde, erwies sich 50 Jahre später nur noch als ein monströser, unbelebter Sakralbau, dessen Instandhaltung im Jahr 2000 angesichts notwendiger Dach- und Heizungserneuerungen grundlegende Diskussionen über seine weitere Nutzung auslöste. Man plante sogar, die Kirche ganz abreißen zu lassen; ein für alle Beteiligten schmerzlicher Gedanke, diesen geweihten Ort kurz nach der Feier seines 90-jährigen Bestehens aufzugeben. Es ist dem Kölner Erzbistum zu verdanken, dass in Zusammenarbeit mit dem Architekten Wolfgang Brechbühl eine Lösung für diesen zu groß gewordenen Raum gefunden wurde, sodass St. Michael weder profaniert noch umgewidmet werden musste. Seit 2007 besitzt die Gemeinde stattdessen einen tageslichtdurchfluteten modernen Sakralraum mit innenarchitektonisch spannender Akzentsetzung. Diesem geglückten Ergebnis ging allerdings der Abriss von etwa Zweidritteln der Bausubstanz um genau die Fläche, die 1956/57 angebaut worden war, voraus. Dieser sogenannte Rückbau hatte neben einer vollständigen Umgestaltung des Inneren die Umorientierung des Altars nach Westen zur Folge. In der südlichen Apsis steht heute der Taufstein, der ebenso wie der von Brechbühl mit einem wei-

Abstrakt: der Erzengel Michael in Betonglas von Jochem Poensgen

Heute ist St. Michael in seinen Ausmaßen deutlich verkleinert und dem Bedarf der Gemeinde angepasst.

ßen Marmorkreuz umgestaltete Altar aus dem Bestand der profanierten Kirche St. Konrad in Flingern stammt. Im Osten wurde eine Trennwand mit neutraler Fensterfront eingezogen, die gleich zwei Aufgaben erfüllt. Zum einen gibt sie von innen einen Blick in den nun entstandenen Zugangshof frei. Dieser ist wiederum von den eigens erhaltenen Kirchenmauern schützend abgegrenzt, sodass er nun Atriumcharakter hat und für Gemeindeaktivitäten nutzbar ist. Zum anderen ermöglicht diese Fensterwand Zaungästen Einblick ins Kircheninnere und damit Teilhabe an dem sakralen Geheimnis des Raumes. Denn wer hier einen Blick riskiert, dem erschließt sich eine ganz individuelle Raumlösung, in deren Zentrum das abstrakte Betonglasfenster mit einer imaginären Darstellung des Erzengels Michael steht. Wer hier hineinschaut, ist aufgefordert, im doppelten Wortsinn Schwellenangst zu überwinden. *BTG*

St. Nikolaus Himmelgeist

Karte Nr. 48

Adresse:
Nikolausstraße 20
40589 Düsseldorf
Tel. 0211-754485
www.meinegemein.de

Geschichte: Mitte 12. Jh. Bau der querhauslosen Basilika mit Dreiapsidenschluss; um 1160 Anbau Langchor; um 1220/30 Bau des Westturmes über dem Gefüge des Mittelschiffes; um 1230/40 Einwölbung des Mittelschiffs; 1868/69 umfassende Instandsetzung und neuromanische Sakristei, Architekt August Rincklake, Düsseldorf/Braunschweig/Berlin; 1890/91 Instandsetzung des Turmes, Architekt Caspar Clemens Pickel, Düsseldorf; bis 1956 Instandsetzung nach Kriegsbeschädigung und purifizierende Innenausmalung; 1968/69 Wiederherstellung des kriegszerstörten Turmhelmes, Architekt Horst Kohl; 1972 Sakristeierweiterung, Architekt Wilhelm Dahmen, Düsseldorf; 1974 grundlegende Instandsetzung der Wände und Gewölbe, neuer Fußboden und neue Orgelempore, Putzkämpfer und Neufassung innen nach mittelalterlichem Befund; 2004 Innenrestaurierung.

„Das hölzerne Hühnerhaus im Pfarrgarten schwamm gleich der Arche Noah gen Süden zu und legte sich vornüber. Die Hühner waren ins Pfarrhaus gerettet worden, wo sie friedlich in einem Raum mit den Kaninchen und dem etwas verdutzten Haushund in Kisten und Kasten hausten. (...) Es mutete uns Pfarrhäusler ganz eigen an, als Herr Hüttenbügel seine Schwiegermutter, dann seine Kinder, wie die Kinder des Küsters und endlich seine lange Frau auf dem Rücken langsam und bedächtig durch die kniehohen Fluten auf den kleinen Hügel hinter der Kirche trug."

Mit einem lachenden und einem weinenden Auge gibt Pfarrer Wilhelm Körner Zeugnis vom Hochwasser des Jahres 1920. Jahrhundertelang gab der Rhein den Himmelgeistern nicht nur Nahrung, sondern auch Verdruss. Weihnachten 1993, 1995 und viele Male zuvor waren nicht die Gläubigen, sondern *er* Gast im Kirchenschiff. Es hat schon seinen Grund, warum Nikolaus, Beschützer der Schiffer und Fischer, der Patron der kleinen Kirche ist. Das romanische Gotteshaus mit gestuftem Langbau, Rundchor und hohem gotischem Helm auf

Gepflegte Idylle wie aus dem Musterbaukasten romanischer Dorfkirchen

Figurenkonsole unter dem südöstlichen Rippenbündel des Langhauses

dem Turm, der schöne Name *Himmelgeist* und die umgebende Auenlandschaft: Das alles taugt zum niederrheinischen Idyll. Doch um den Ort, in mächtigem, eng geschnürtem Bogen, behauptet sich der Strom.

Humilgise, humelgam, hymelgeys: Ist Himmelgeist „die Hummelwiese" oder einfach eine „flache Weide"? Man hat den Namen auch mit „Geist des Himmels" übersetzt. Den zeigt das Kirchenportal, wie er als Taube auf die Apostel und Maria niederfährt. Im Innern ist die Kirche, teils wörtlich, menschverbunden, in Steinreliefs und Bauplastik. Man muss genau hinschauen: Ist das steinerne Köpfchen am südöstlichen Turmpfeiler ein Bild der Äbtissin von Villich? Deren Kloster hatte im 12. Jh. vermutlich die Kirche bauen lassen. Und der kleine *Atlas* unter einem Rippenbündel des Gewölbes: Ist damit der mittelalterliche Baumeister gemeint oder gar noch einer aus der alten Sage, ein germanischer Träger der Himmelsschale? Zeigt der Kopf über der Nische in der Apsis tatsächlich Johannes, den Täufer, der den Menschen Christus – Lamm Gottes, das hinweg nimmt die Sünden der Welt – kündete?

Mit allen Wassern gewaschen – der helle, vom Blau der Fenster hinterfangene Innenraum mit dem Altar als Archetyp der Opfergabe

Gib uns deinen Frieden! Diese Botschaft tragen die Fenster von St. Nikolaus. Die Himmelsstadt im Chorscheitelfenster ist Bild der erlösten Welt. Die Fenster in den Seitenschiffen zeigen den Weg dorthin. Unfallsanitäter, Kriegsdienstverweigerer, Spender und Beschenkte mit Carepaketen thematisieren Not, Hilfe und Rettung all derer, denen heute manches Mal das Wasser bis zum Halse steht. *M. E.*

Rosinenbomber, Carepakete und Biafrahilfe – Franz Paulis Fenster sind oft zeitbezogen.

St. Paulus
Düsseltal

Karte Nr. 49

Adresse:
Paulusplatz 14
40237 Düsseldorf
Tel. 0211-671161
www.katholisches-flingern-duesseltal.de

Geschichte: 1896 Gründung Kirchbauverein; 1897 stattliche Notkirche (Fachwerkbau mit Turmfassade und Querhaus); 1899 Rektorat St. Paulus; 1905 selbstständige Pfarrei; 1909-13 Bau der neuromanischen Kirche mit Zweiturmfassade und Chorturm, Architekt Josef Kleesattel, Düsseldorf; 6.5.1913 Weihe; 1943 schwere Kriegszerstörungen; 1952-54 Wiederaufbau unter Einbeziehung von Türmen, Westbau und Resten von Schiff und Chor, Architekt Hans Schwippert, Düsseldorf, auf Vorschlag von Willy Weyres; 1975-80 Sanierung, Architekten Hubert Brauns und Richard Janeschitz, beide Düsseldorf; 2003 Umgestaltung des Altarraums, Architekt Gisbert Dahmen-Wassenberg, Kevelaer.

Der neue Altarraum vor der beeindruckenden Kulisse des Orgelprospektes

Ihr Außenbau wirkt monumental, die neuromanische Doppelturmfront markiert im Stadtbild einen der aufwendig historistisch gestalteten Bauten des Düsseldorfer Architekten Josef Kleesattel. Mit dem Wiederaufbau errichtete Hans Schwippert nach dem Krieg – unter Einbeziehung der erhaltenen Reste – einen sensibel an moderne Raumvorstellungen angepassten Bau, der gleichzeitig auch Erinnerung an die prächtige Kirche des Zooviertels ist.

Während das Mittelschiff vor dem Krieg mit sehr hohen Säulenarkaden weit zu den jeweils zweischiffigen Seitenschiffen geöffnet war, konzentriert sich der heutige Bau stärker auf das Mittelschiff als Hauptraum. Seine Decke aus quer liegenden Tonnenwölbungen und die zahlreichen Rundfenster lassen an Wasser und Bullaugen denken und evozieren so den Gedanken des Gemeindeschiffes. Das Mittelschiff ist in ganzer Breite und ohne Trennung auf den stark erhöhten Chor ausgerichtet; Schwippert wollte Chor und Gemeinderaum eng aneinanderbinden, den Altar aber deutlich sichtbar herausheben. Der über 14 Stufen erhöhte Altar wurde gegen Ende des 20. Jh. jedoch zunehmend als sehr distanziert zur Gemeinde empfunden. So erfuhr St. Paulus im Jahr 2003 eine Anpassung an aktuelle liturgische Bedürfnisse. Vor die mächtige Stufenanlage wurde ein vierstufiges Altarpodest gestellt, auf dem die grob gebrochenen Steinblöcke von Altar und Ambo näher an die Gemeinde herangerückt sind und eindrückliche Orte bilden. Die ungewöhnliche Lösung des den Altarbereich rahmenden, aufgefächerten Orgelprospektes blieb erhalten.

Eins von vielen bedeutenden Glasfenstern: Anton Wendlings Darstellung des hl. Thomas von Aquin

Durch Kauf und Stiftungen besitzt die Kirche zahlreiche bedeutende, zum Teil 700 Jahre alte Ausstattungsstücke, unter denen besonders die Fenster und der Taufort als Werke der frühen 1950er-Jahre hervorzuheben sind. Die Fenster bilden einen beeindruckenden Zyklus, der von bekannten Glaskünstlern der Vor- und Nachkriegszeit entworfen wurde: Heinrich Campendonk, Wilhelm Rupprecht und Anton Wendling. Der Taufort im westlichen Eingangsbereich ist liturgisch und künstlerisch qualitätvoll: Die an den Seitenwangen darge-

Der Taufort im Eingangsbereich, darüber Fenster von Heinrich Campendonk

stellte Prozession von Taufbewerbern erinnert an Vorbereitung und Beginn des Lebens als Christ. Die gangartige Vertiefung lässt auch an den Durchzug Israels durch das Rote Meer denken: Gott errettet sein Volk – bereits der Kirchenpatron Paulus sah dies als Vor-Bild für die Taufe (1 Kor 10,1). Der vom Bruder des Architekten Schwippert entworfene Taufbrunnen mit bekrönender Elfenbeintaube ist bis heute ästhetisch sehr überzeugend. *M. S.*

Karte Nr. 49a St. Vinzenz Flingern

Die Kirche St. Vinzenz wurde 1926/27 nach Plänen Hermann Schagens errichtet. Der Saalraum ist heute durch die postmoderne Holztonnendecke (Architekt Karl Josef Bollenbeck, Brühl) und die Fenster nach Entwürfen von Gerhard Wind bestimmt. Im Jahr 2000 fusionierte die Pfarrei St. Vinzenz mit St. Elisabeth zu St. Elisabeth und Vinzenz und seit 2001 wird die Kirche von der Freikirche New Life Fellowship genutzt. *M. S.*

Adresse:
Albertstraße 83
40211 Düsseldorf
www.katholisches-flingern-duesseltal.de

Außen sehr schlicht, im Innern dagegen eine ungewöhnliche postmoderne Decke und Ausmalung

St. Peter Friedrichstadt

Karte Nr. 50

Adresse:
Kirchplatz 2
40217 Düsseldorf
Tel. 0211-372120
www.sankt-peter-duesseldorf.de

Geschichte: Ab 1846 Bauerschließung der Friedrichstadt; 1889 Bau einer Notkirche, die Rektoratsgemeinde feierte ihre Gottesdienste bis dahin in der Kirche der Dominikaner (1860) oder der Genossenschaft der „Armen Dienstmägde Jesu Christi"; 1895-98 Kirchneubau, Architekt Caspar Clemens Pickel, Düsseldorf; 2.10.1898 Weihe; 1946-59 abschnittsweise vereinfachender Wiederaufbau, Architekten Aloys Odenthal und Philipp Stang, beide Düsseldorf; 1971-81 Wiederherstellung der ursprünglichen Turm- und Gewölbearchitektur, Architekt Walter Nitsch, Düsseldorf; 2007-09 Instandsetzung nach Dachbrand, Architektin Beatrix Maier-Lamers, Neuss.

Immer noch die Königin der Friedrichstadt – die Kirche St. Peter im Geviert der Straßen und Gebäudezeilen

Der 1831 vorgelegte Bebauungsplan der zu Ehren König Friedrich Wilhelm IV. von Preußen benannten Friedrichstadt sah ursprünglich gar keine Kirche vor. Erst 1889 konnte mit dem Ankauf der südlichen Parzelle eines in späteren Plänen als „Kirchplatz" bezeichneten Areals die Grundlage für ein eigenständiges Pfarrleben geschaffen werden. Zuschlag für den Bau der darauf zu errichtenden St. Peterkirche erhielt der Architekt Caspar Clemens Pickel. Sein Entwurf lag zum Ende eines etwas unglücklich verlaufenen Wettbewerbsverfahrens als einziger zum Beschlusse vor. Da die Kirche in der Friedrichstadt in den bestehenden rasterförmigen Achsenplan der Straßen eingepasst wurde, wurde sie nicht, wie es die Tradition vorschrieb, mit Chor und Altären nach Osten ausgerichtet, sondern nach Süden. Der imposante Turm – seit 1975 wieder höchster Glockenturm Düsseldorfs – ist zur Stadtseite gerichtet. Er verschafft der Kirche weiterhin städtebauliche Dominanz, inmitten der in der Moderne hoch gewachsenen und teils augenfällig wirtschaftliche Potenz verkündenden Zweckbauten um den Platz.

Ende des 19. Jh. war es selbstverständlich, dass Kirchen im historisierenden Stil gebaut wurden. Insofern hatte Caspar Clemens Pickel eine sehr homogen erscheinende Hallenkirche in spätgotischen Formen entworfen. Die Verwendung unterschiedlich farbigen Steinmaterials bekundete nach außen den Wohlstand der Gemeinde. Wer sich einen Eindruck von den Vorlieben und dem gestalterischen Reichtum historistischer Kirchen machen möchte, sollte St. Peter besuchen. Die Fenster sind zwar nicht mehr die alten und auch von der ehemaligen Ausmalung gibt es nur noch wenig. Doch der große Hochaltar mit dem prächtigen hölzernen Baldachin (Ziborium) und die Nebenaltäre, traditionell Maria und Joseph geweiht, wurden über den Krieg gerettet. Glücklicherweise hat man sie nicht, wie so oft, noch nachträglich zerstört. Auch der Kreuzweg von 1897-99 ist bewahrt. Im späten 19. Jh. hatte sich der Brauch, tunlichst *alle* Kirchen zum Zwecke der privaten Frömmigkeit mit Kreuzwegen zu versehen, überhaupt erst durchgesetzt. Die Beichtstühle, die Priestersitze oder das Chorfußbodenmosaik sind weitere Originale. Seit Wiederherstellung der Netzgewölbe ist auch der ursprüngliche Gesamteindruck des Raumes wieder vollendet. Der schreckliche Brand des Daches 2007 hatte all dies innerhalb von Stunden zu vernichten gedroht. Doch bereits im Herbst 2009 konnte St. Peter auf ein Neues seine glückliche Wiedereröffnung in altem Glanz erleben. *M. E.*

Historismus

Im 19. Jh. werden unter dem Einfluss der Vollendung des Kölner Domes (1842-80) mittelalterliche Kunst und Architektur zu ästhetischen Vorbildern. Anfänglich ist die Gotik das Leitbild, im evangelischen Kirchenbau aber auch die römisch-antike Bauweise. Gegen Ende des Jahrhunderts gibt es eine verstärkte Tendenz zur neuromanischen Bauart und anderen historisierenden Stilen (Neurenaissance, Neubarock usf.). *M. E.*

Der prachtvolle Chorraum zeugt weiterhin von Stolz und Prosperität der Gründerzeit.

St. Pius X. Lierenfeld

Karte Nr. 51

Der Turm markiert den Ort der Kirche, das Turmportal leitet in die Werktagskapelle.

Ein Teil des heutigen Stadtteils Lierenfeld hieß nach dem Krieg das *Gurkenland.* Im Gurkenland – einem Schrebergartengelände – errichteten nach dem Zweiten Weltkrieg zahlreiche Familien ihre Siedlungshäuser, später folgte die Zeilenbausiedlung entlang des Bingener Weges. Der Weg zur Kirche in Oberbilk war weit und beschwerlich. Pfarrer Theodor Viethen von St. Josef in Oberbilk sagte damals: „Wir müssen den Herrn zu den Menschen tragen, wenn sie nicht zum Herrgott kommen." Deshalb stellte man 1950 einen alten Bauwagen als Notkapelle auf, der den Menschen bis 1957 als Kirche diente und dann durch eine größere Baracke ersetzt wurde. 1959 erfolgte endlich der erste Spatenstich für den heutigen Kirchenbau. Dieser Teil der Pfarreigeschichte ist auch auf dem Bronzerelief des Düsseldorfer Künstlers Bert Gerresheim vor der Kirche ablesbar, das zum „Monument des hl. Josef" in Oberbilk gehört.

Die schlichte Architektur bildet einen angenehmen, überschaubaren Kirchenbau über achteckigem Grundriss mit seitlich angeschlossener Werktagskapelle. Seine besondere

Adresse:
Dürkheimer Weg 69
40227 Düsseldorf
Tel. 0211-786509

Geschichte: 1950 Nutzung eines Bauwagens als Kapelle; 1957 Aufstellung einer Baracke als Notkirche; 11.10.1959 Grundsteinlegung für den Kirchenbau nach Plänen von Heinz Thoma, Düsseldorf; 19.3.1961 Weihe; 1961 Erhebung zur Rektoratspfarre; 1965 Einweihung des fertiggestellten Gemeindezentrums; 1971 Umgestaltung des Altarbereichs.

Ein schlichter Raum mit klar akzentuierten liturgischen Orten

Qualität erhält dieser Raum durch die liturgische Konzeption und die eigentlich relativ schlichte, aber einheitlich von dem Künstler Willi Dirx geschaffene liturgische Ausstattung. 1971 wurde der bis dahin deutlich erhöhte Chor umgestaltet. Seitdem bildet ein nur einstufiges Podest den Altarbereich, dieses ist vom Hauptraum bis in die Seitenkapelle hinübergeführt, wo es auch Podium für den dort aufgestellten Tabernakel ist. Durch diese Stufe sind beide Bereiche verbunden und gemeinsam ausgezeichnet. Altar, Ambo und Sedilien sind um eine weitere, axial vor der Chorrückwand angeordnete Stufe herausgehoben.

Menschen, groß und klein, blicken auf Christus am Kreuz.

Im Rahmen der Umgestaltung schuf der Wuppertaler Künstler Willi Dirx zwischen 1970-78 die neue Ausstattung: Altar, Ambo, Hängekreuz, Tabernakelstele, Fuß und Rand des Taufbeckens sowie Kredenztisch, Sitze, Leuchter und Reliquiengitter. Alle Stücke bestehen aus Aluminiumguss, Ambo, Kreuz und Taufbrunnen sind figürlich gestaltet. Während am Taufbecken verschiedene Szenen des Lebens Jesu dargestellt sind, scheinen Ambo und Kreuz das Wirken Jesu mitten in die Gemeinde hineinzustellen. Das Relief des Ambos zeigt Jesus predigend inmitten einer aufmerksam zuhörenden Menschenmenge; auf dem Hängekreuz sind große und kleine Menschen erkennbar, die das Kreuz umstehen und Jesus in seiner schwersten Stunde nicht allein lassen. Die Menschen blicken auf Jesus und erwarten das Heil, das ihnen durch seinen Kreuzestod geschenkt wird. *M. S.*

St. Reinold
Gerresheim

Karte Nr. 52

Eine große Betonglas-Rose ziert nach gotischer Manier die Giebelfassade.

Der Architekt Josef Lehmbrock schreibt 1964: „Beim Kirchenbau ist wichtiger als die Erfüllung aller Funktionen die Notwendigkeit, den anderen Ort, das Haus Gottes spürbar zu machen. (...) Alle Maßnahmen müssen der Steigerung des ‚Weges zum Altar hin' dienen. Kirchenbau ist Umbauung der Gemeinde vor und um den Altar. (...) Alles muss sich zu einem großen, eindeutigen Weg aus der profanen Umwelt zum Altar hin verdichten und umgekehrt von dort aus in unseren Alltag ausstrahlen." Die von Lehmbrock errichtete Kirche St. Reinold spiegelt diese Worte wider. Der strenge Kirchenraum leitet kompromisslos auf den Altar hin. Alle Seitenwände sind in Lamellen aufgelöst, durch die indirektes Licht in den Raum fällt. So erscheint der Raum zunächst sehr dämmerig. Nimmt sich der Besucher Zeit, ist nach einer Weile die Besonderheit dieser Lichtatmosphäre zu erspüren: Das gefilterte Licht gibt dem Raum eine ganz ungewohnte Stimmung – der „andere Ort, das Haus Gottes" wird erfahrbar.

Dennoch wirkt St. Reinold mit seinen dunklen Oberflächen und dem Verzicht auf besonderen Schmuck auf den ersten Blick sehr herb, wenn nicht sogar unfreundlich. Hier mag ein Blick in die Schriften von Kirchbaumeister Rudolf Schwarz helfen, dessen 1938 niedergeschriebenes Konzept über Wegekirchen teilweise wie eine Beschreibung von St. Reinold klingt: „Wegform ist arme, entsagende Form, und ein Volk, dessen Schicksal ‚gemeinsamer Weg' ist, lebt ohne Rast und beinahe ohne Leib auf der Erde. Aber es lebt in einer großen und kühnen Weise. Es hat sein ganzes Dasein auf das Ziel hin gewagt."

Die seitlichen Lamellen, der hoch aufragende, schmale Raum und das westliche, moderne Rosenfenster lassen auch an gotische Bauten denken, auch diese wollten Räume mit heiligem Licht erfüllen. Das durch unterschiedlichste und stets ungewöhnliche Öffnungen gefilterte Licht zieht sich als wichtiges Motiv durch die Kirchbauten von Josef Lehmbrock, was beispielsweise auch in der Rather Kirche Zum Heiligen Kreuz sichtbar ist.

Adresse:
Pastor-Finke-Weg 5
40627 Düsseldorf
Tel. 0211-278131
www.streinold.de

Geschichte: Seit 1932 Errichtung der Tannenhof-Siedlung; 1945 Holzbaracke als Notkirche St. Antonius von Padua; 1950 Pfarrhaus seitlich der Notkirche, Architekt Paul Kehren, Düsseldorf; 1953 Kindergarten östlich der Notkirche; 1954-57 Neubau Kirche, beide Bauten Architekt Josef Lehmbrock, Düsseldorf; 14.7.1957 Weihe und Wechsel des Patroziniums auf Reinold, da es durch Eingemeindungen mehrere Antoniuskirchen gab; 1973 und 1980 Betonsanierungen, ursprüngliche Betonlamellen durch Alulamellen ersetzt.

Der Weg zum Altar erscheint durch indirektes, gefiltertes Licht dem Alltag enthoben.

Taufbecken und Tabernakel stehen auf scheinbar viel zu schlanken Stäben, der Kruzifixus wirkt sehr ausgezehrt. Der Architekt und spätere Bildhauer Erich Reusch hat diese Stücke auf das Wesentliche reduziert. Sein künstlerisches Schaffen gilt der Auseinandersetzung mit dem Raum – hier

Der ausgezehrte Kruzifixus von Erich Reusch ist auf das Wesentliche reduziert.

scheinen die Werke zeichenhaft zu schweben und auf ihre wesentliche Aussage zurückgeführt zu sein. Deshalb hat Christus keine Kreuzbalken, er allein ist ausreichendes Zeichen und fügt sich damit sehr subtil in die ebenfalls auf das Notwendigste reduzierte Architektur ein. *M. S.*

St. Remigius Wittlaer

Karte Nr. 53

Ausgewogene romanische Formen, eine Idylle am Rheinufer

Adresse:
Kalkstraße 45
40489 Düsseldorf
Tel. 0211-401070
www.st-remigius-duesseldorf.de

Geschichte: Ort und Kirche 1144 erstmals erwähnt, Kirchort aber vermutlich deutlich älter; 1144 gehört Ort mit Höfen und Kirche zum Kanonissenstift in Vilich/Bonn; 1290 als selbstständige Pfarrkirche erwähnt; Teile des Mittelschiffs unter Umständen bereits aus 10. Jh.; zweite Hälfte 12. Jh. Westturm; Anfang 13. Jh. Chor mit Apsis und Anfügung Seitenschiffe; 1223 Altarweihe; 1868-71 Restaurierung und Reromanisierung, Pläne Architekt Vincenz Statz, Köln; 1878 Erneuerung Westturm, Architekt Schrey; 1946-69 Wiederherstellungsarbeiten, Architekt u. a. Willy Weyres, Köln; 1969 Erneuerung der äußeren Tuffsteinhaut, Architekt Theo Scholten, Bergisch-Gladbach; 1994/95 Innenraumsanierung, Neufassung der Decke, Architekten Hubert Brauns und Richard Janeschitz-Kriegl, Düsseldorf, Farbgebung Restaurator Peter van Heekern, Essen.

Mit der Wittlaerer Remigiuskirche ist ein romanisches Kleinod erhalten. Eine typische rheinische Dorfkirche des 12./13. Jh. mit dreischiffigem basilikalem Langhaus, mit Chorjoch und halbrunder Apsis sowie einem zur Hälfte einbindenden Westturm. Das seltene fränkische Patrozinium lässt vermuten, dass ihre Wurzeln mehrere Jahrhunderte weiter zurückreichen. Neben stilreiner Romanik und idyllischer Lage hoch über dem Rhein hat St. Remigius jedoch noch deutlich mehr zu bieten. Im Inneren verbindet sich der zurückhaltend gegliederte Raum mit einer höchst qualitätvollen und in dieser Geschlossenheit sehr seltenen Ausstattung der 1920er- und 1930er-Jahre.

Der von 1924 bis zu seinem Tod 1944 in Wittlaer tätige Pfarrer Franz Vaaßen hatte es als seine Lebensaufgabe angesehen, „die Gemeinde in die Zeit hineinzustellen“. Vaaßen, der auch

Bahnbrechend modern: Thorn-Prikkers Fenster von 1925 bilden den Fokus in der romanischen Apsis.

Kunstgeschichte in Bonn studiert hatte, beauftragte verschiedene zeitgenössische Künstler der Moderne, Ausstattungsstücke für St. Remigius herzustellen. Das 1925 in der Apsis eingesetzte leuchtend blaue Kreuzfenster Johan Thorn-Prikkers zieht bis heute die Blicke der eintretenden Besucher auf sich – damals bedeutete es einen radikalen Bruch mit der bis dahin vorherrschenden historisierenden Gestaltung von Kirchenfenstern. Der von den Nationalsozialisten ab 1933 als entartet verfemte Künstler Ewald Mataré gestaltete verschiedenste Stücke für die Wittlaerer Kirche: Das bedeutendste ist die Kreuzigungsgruppe im südlichen Seitenschiff mit ungewöhnlich eindringlicher Darstellung. Pfarrer Vaaßen, der sie 1939 seiner Gemeinde schenkte, beschreibt sie in der Pfarrchronik folgendermaßen: „Christus ist dargestellt als Überwinder, als der, der sein Werk vollbracht hat, in seiner Geistigkeit. Daher das Schwebende des ganzen Körpers, der Arme, der Füße. Wohl deutet der linke Arm in seiner Auskurbelung auf das vergangene Leiden hin, aber auch dieser Arm zeigt die Überwindung. (...) Das jugendliche Antlitz ist die Verklärung. Die beiden anderen Figuren sind die Vertreter, Typen der Menschen, die im Banne Christi stehen."

Pfarrer Vaaßen widersetzte sich hier nicht nur dem Naziverbot von entarteter Kunst, sondern er handelte sich auch harsche Kritik des Generalvikariates ein, welches die Entfernung der Gruppe aus dem Kirchenraum forderte. Die beiden Assistenzfiguren wurden entfernt und erst 1958 wieder aufgestellt. Die Geschichte zeigt, dass unverzagtes Vorwärtsblicken schließlich auch Erfolg haben kann: Ein Abguss dieser Kreuzigungsgruppe hängt heute in den Vatikanischen Museen. *M. S.*

Matarés Kreuzigungsgruppe: entartet, eindrücklich, erfolgreich

Der Turm der zerstörten neuromanischen Kirche mit dem Katholikentagskreuz.

St. Rochus Pempelfort

Karte Nr. 54

Adresse:
Prinz-Georg-Straße/Bagelstraße
40479 Düsseldorf
Tel. 0211-4698910
www.st-rochus-duesseldorf.de

Geschichte: Seit 15. Jh. Rochusverehrung; 1667-70 Errichtung Barockkapelle zu Ehren des hl. Rochus anlässlich der überwundenen Pestepidemie des Jahres 1666; 1670 Abriss der Vorgängerkapelle und Wiedererrichtung in Derendorf; 1848 Erweiterung durch Querschiff; 1890 Neubau Notkirche; 1891 Erhebung zur kanonischen Pfarre; 1894-97 Bau einer neuromanischen Kirche nach dem Vorbild von St. Aposteln, Köln, Architekt Josef Kleesattel, und Abriss der alten Rochuskapelle; nach Kriegszerstörungen Anfang der 1950er-Jahre Entscheidung für völligen Neubau unter isolierter Erhaltung des Turms; 1953-55 Neubau, Architekt Paul Schneider-Esleben, Düsseldorf, Weiterentwicklung eines eiförmigen Tonmodells von Pfarrer Peter Dohr zur Parabelform; nach Zerwürfnis zwischen Architekt und Pfarrer Innenausstattung durch Ewald Mataré; 23.12.1955 Weihe; 1961-65 Abschluss der Bauarbeiten durch Mataré und Architekt Fritz Schaller, Köln; 1989-91 Sanierung und teilweise Neuausstattung, Architekt Paul Schneider-Esleben und Büro Brauns und Janeschitz-Kriegl, Düsseldorf; 1998 Turmkapellengestaltung, Architekt Paul Schneider-Esleben.

Fährt man von Süden auf die Rochuskirche zu, steht der neuromanische Turm wie ein Wellenbrecher mitten in der Straße. Das am Turm angebrachte Katholikentagskreuz, 1982 von Bert Gerresheim geschaffen, überragt und bestimmt die Kreuzung. Der in seinen oberen Geschossen sehr reich verzierte neuromanische Turm ist eine schwache Erinnerung an die prachtvolle neuromanische Kirche. Nach Kriegszerstörungen forcierte der damalige Pfarrer Peter Dohr hier einen vollkommenen Neubau in modernen Formen.

Auf Empfehlung Ewald Matarés beauftragte Pfarrer Dohr 1953 den Düsseldorfer Architekten Paul Schneider-Esleben mit der Planung der neuen Kirche. Schneider-Esleben avancierte in den 1950er-Jahren zu einem bedeutenden Protagonisten der frühen Nachkriegsmoderne. Der Pfarrer brachte mit einem Tonmodell das dreipassförmige Konzept der barocken Dreifaltigkeitskirche Kappl bei Waldsassen ein und betonte drei Symbole, die im Neubau zum Ausdruck kommen sollten: Zwölf Säulen, auf denen der Bau ruht, sind ein Bild für die Apostel als Fundament der Kirche, der Dreipass ist Verweis auf die göttliche Dreifaltigkeit und schließlich die Eiform

Der ungewöhnliche Neubau hat großen ästhetischen Reiz, die Säulen markieren die Pfeiler des Vorgängerbaus.

Ewald Mataré schuf dieses Kreuz bereits 1940.

als Zeichen für das neue Leben und die Auferstehung. Schneider-Esleben entwickelte einen sehr ambitionierten, ungewöhnlichen Bau, der in den ersten Jahren sehr umstritten war. Über einem auf dreipassförmigem Grundriss leicht auf und ab schwingenden Unterbau erheben sich drei parabelförmig gebogene, kupferverkleidete Betonschalen, die durch schmale Streifen mit eingelassenen runden Gläsern voneinander getrennt sind. Die skulpturale Anmutung dieser Architektur zieht alle Aufmerksamkeit auf sich.

Im Inneren ist der kuppelüberfangene Raum von einem flacheren Umgang umgeben, zwölf Stützen tragen die Kuppel, unter der nördlichen Kuppelschale ist der Altarbereich eingerichtet. Der Blick fällt hier als Erstes auf das Kreuz. Das helle Kreuz hatte Ewald Mataré bereits 1940 für die Krankenhauskirche in Köln-Hohenlind geschaffen, ebenso den Kreuzweg aus Hinterglasmalerei. Beides wurde dort jedoch als zu modern abgelehnt und in den 1950er-Jahren an die Pfarrei St. Rochus verkauft. Heute haben sich damit sehr bedeutende Stücke erhalten. *M. S.*

Karte Nr. 54a Kapelle im Marienhospital
Pempelfort

Das 1864 gegründete Marienhospital ist eins der großen traditionsreichen Krankenhäuser Düsseldorfs. Der 1966-70 errichtete Neubau umfasst auch eine Kapelle. Nach Plänen der Architekten Konstanty Gutschow und Jürgen Müller entstand auf rundem Grundriss eine bergende, einladende Kapelle. In den das Leiden ausdrucksstark betonenden Holzreliefs des 1990 geschaffenen Kreuzwegs (Luděk Tichý, Prag) findet sich mancher mit seinen Sorgen und Schmerzen wieder. *M. S.*

Die Krankenhauskapelle bietet einen bergenden, einladenden Raum.

Adresse:
Rochusstraße 2
40479 Düsseldorf
Tel. 0211-44000
www.marien-hospital.de

Karte Nr. 54b Herz-Jesu-Kapelle
Innenstadt

Die Kapelle des ehemaligen Klarissenklosters Herz-Jesu an der Kaiserstraße sieht seit 2004 neue Gesichter: Junge Schwestern aus der dänischen Zisterzienserinnen-Abtei Herz Mariens haben die von 1861-2000 von den Klarissen bewohnten Klostergebäude übernommen. Der 1865 nach den Plänen des Franziskanerbruders Paschalis Gratze errichtete Kapellenbau ist durch neuromanische Formen bestimmt, im Inneren setzen gestufte, parabelförmige Schildbögen besondere Akzente. *M. S.*

Im neuromanischen Klarissenkloster beten jetzt Zisterzienserinnen.

Adresse:
Zisterzienserinnen
Herz-Jesu-Kloster
Kaiserstraße 40
40479 Düsseldorf
Tel. 0211-1697162

St. Sakrament
Heerdt

Karte Nr. 55

Adresse:
Pastor-Klinkhammer-Platz 1
40549 Düsseldorf
Tel. 0211-501281
www.kirche-heerdt-loerick.de

Geschichte: Seit 1923 Überlegungen bezüglich Errichtung einer neuen Pfarrei in Heerdt; 1926 ehemalige Baracke als Notkirche; 1928 Kauf des Grundstücks, Kirchbaupläne von Clemens Holzmeister; 1929 Gründung Rektoratspfarre St. Sakrament; 1940 Beschlagnahme des Grundstücks und Errichtung eines Luftschutzbunkers (Typ LS 13); 1947 Ernennung von Carl Klinkhammer zum Pfarrer der Gemeinde St. Sakrament; 1947 Pläne von Dom- und Erzdiözesanbaumeister Willy Weyres, einem Studienfreund Klinkhammers, zum Umbau des Bunkers in eine Kirche; 30.10.1949 Benediktion der Kirche; 1995-97 Sanierung.

Trotz der großen Fensteröffnungen ist außen der Bunker immer noch deutlich erkennbar.

Ein Bunker als Kirche? Das scheint auf den ersten Blick unvereinbar. Als Dr. Carl Klinkhammer 1947 zum Pfarrer der Düsseldorfer Pfarrei St. Sakrament ernannt wurde, traf er vor Ort eine als Notkirche genutzte Holzbaracke an, die im Schatten eines riesigen Luftschutzbunkers stand. Der Bunker war 1940 unrechtmäßig durch die Nationalsozialisten auf dem Kirchengrundstück errichtet worden. Klinkhammer, ein Mann der Tat, bat seinen Studienfreund, den Dom- und Erzdiözesanbaumeister Willy Weyres, um Pläne zur Umgestaltung des Bunkers in eine Kirche und stellte bei den Düsseldorfer Behörden einen Umbauantrag.

Nach einer Kunstausstellung in der Kirche verblieben: der „Sieger"

Im Bunker wurden zwei Zwischendecken herausgebrochen und große Fensteröffnungen in die 1,20 Meter dicken Außenwände gesprengt. Insgesamt wurden ca. fünf Kilometer Bohrlöcher für die Sprengungen gebohrt! Zahlreiche Gemeindemitglieder beförderten Tausende Tonnen Schutt aus dem Gebäude. Entstanden ist ein beeindruckender weiter Raum, der im Inneren noch die mächtigen, schützenden Mauern spüren lässt, aber in keiner Weise bedrückend wirkt. Der Gemeindebereich ist durch vier hohe Fensteröffnungen von Süden belichtet, während der Altarbereich durch ein entsprechendes Fenster von Norden Licht erhält. Die Altarwand ist mit einem eindrücklichen, mächtigen Kreuz betont: Der rechte Arm Christi weist zum Himmel, der Tod ist überwunden. Diesen aus Eisen getriebenen Kruzifixus schuf Kunstschmied Johann Karst aus Eller in Erinnerung an seine drei im Krieg gefallenen Söhne und schenkte ihn Pfarrer Klinkhammer für die Bunkerkirche. Das tiefblaue Bild des südkoreanischen Künstlers Yong-Chang Chung zeigt das gleiche Thema und trägt den Titel „Sieger". Es schmückt

Der Innenraum ist sehr weit und nur die dicken Mauern lassen hier den Bunker erahnen.

die kahlen Langhauswände seit einer Ausstellung „Krieg und Frieden" im Jahr 2002, die die erste einer Reihe von Ausstellungen im *Kunstort Bunkerkirche* war. Diese finden in der Kirche, im Turm und in den verbliebenen Bunkerzellen im Kellergeschoss statt.

Ein Bunker als Kirche? Durch den optimistischen und rastlosen Einsatz Pfarrer Klinkhammers ist das unübersehbare Kriegsbauwerk zum Ort der Verkündigung christlicher Friedensbotschaft geworden. *M. S.*

Msgr. Dr. Carl Klinkhammer (1903-97)

Carl Klinkhammer war nach seinem Studium der Philosophie und Theologie Ruhrkaplan in Essen. Sein klares Auftreten gegen den Nationalsozialismus brachte ihm dreimal eine Gefängnishaft ein. Nach vier Jahren als Sanitätssoldat kam er 1947 als Pfarrer nach St. Sakrament in Düsseldorf. In den frühen Nachkriegsjahren setzte sich Klinkhammer, dessen Leben stets von kämpferischem Einsatz für den Glauben und christlich gelebter Armut gekennzeichnet war, besonders für die Kinder und Jugendlichen seiner Arbeiterpfarrei ein. Er war jedoch auch – wie schon in den 30er-Jahren – gefragter Redner und Publizist und engagierte sich seit den späten 1950er-Jahren leidenschaftlich für die Ökumene. Klinkhammer holte 1961 die *Mittwochsgespräche* von Köln nach Düsseldorf und machte sie dort zu einer überregionalen Institution von thematisch breit gefächerten Reflexionen über Gesellschaft und Religion. *M. S.*

Monsignore Carl Klinkhammer vor seiner Bunkerkirche

St. Suitbertus Kaiserswerth

Karte Nr. 56

Adresse:
Suitbertus-Stiftsplatz 3
40489 Düsseldorf
Tel. 0211-401191
www.angerland-kaiserswerth.de

Geschichte: Um 700 erhielt Suitbertus vom fränkischen Hausmeier Pippin und seiner Frau Plektrudis eine Rheininsel, *Werth*, zur Gründung eines Klosters geschenkt, vermutlich Bau einer kleinen Klosterkirche St. Petrus, archäologisch bisher nicht nachgewiesen; 713 Bestattung Suitberts in dieser Kirche; 803 Heiligsprechung Suitberts; um 900 Patroziniumswechsel zu St. Suitbert; verschiedene nachgewiesene Vorgängerbauten der heutigen Kirche nicht genau datierbar; vermutlich im 10. Jh. dreischiffiger Bau; im Verlauf des 11. Jh. Umwandlung des Klosters in ein Kanonikerstift; um 1050 Errichtung Westbau; vor 1150 Verbreiterung Langhaus und Errichtung Querhaus mit seitlichen Apsiden nach Osten; nach Belagerung von 1215 bis 1237 Erneuerung und vielleicht Einwölbung von Mittelschiff und Querhaus, Bau Westturm und spätromanische Choranlage; 1237 Weihe; ab 13. Jh. Verlandung des Rheinarms, Ende der Insellage; 1702 Belagerung Kaiserswerths und Zerstörung des Westturms; bis 1717 Wiederaufbau und barocke Innenausstattung, nach 1702 auch zahlreiche Kanonikerhäuser neu errichtet; 1803 Aufhebung des Stiftes in der Säkularisation, Übernahme der Kirche durch Pfarrgemeinde; 1870-77 Gesamtrestaurierung: Errichtung von vier neoromanischen Türmen, neoromanische Innenausstattung, Architekten August Rincklake, Caspar Clemens Pickel, Düsseldorf; 1945 starke Kriegszerstörungen insbesondere der Westfassade; Wiederaufbau, Verzicht auf Türme, stattdessen schlichter Dachreiter über der Vierung, Architekten Helmut Hentrich, Helmut Heuser, beide Düsseldorf; 1961-66 Restaurierung, Architekt Adolf Hützen, Düsseldorf; 1989-94 Grundinstandsetzung mit Rekonstruktion der spätromanischen Innenraumfarbfassung, Architekt Eberhard-Werner Richter, Düsseldorf.

Außenansicht von Nordwesten: überwiegend schlichte romanische Baugliederungen

Anscheinend war der angelsächsische Missionsbischof Suitbertus vor gut 1300 Jahren von dem kleinen Fleckchen Land am Rhein ähnlich angezogen wie heutzutage viele Hundert Ausflügler an jedem Wochenende. Während um 700 vermutlich die geschützte Lage auf einer Rheininsel und das von Pippin und Plektrudis geschenkte Land attraktiv waren, lockt Kaiserswerth heute mit einem intakten historischen Ortsbild und zahlreichen Baudenkmälern aus unterschiedlichen Zeiten.

Suitberts Klostergründung um 700 ist nach heutigem Wissensstand die älteste christliche Niederlassung auf Düsseldorfer Stadtgebiet. Ursprünglich wahrscheinlich ein Benediktinerkloster, nahm die Gemeinschaft im Verlauf des 11. Jh. die freiere Regel des Kanonikerstiftes an, in deren Rahmen die Stiftsherren eigenen Besitz und eigene Wohnungen haben durften. An die wohlhabenden Kanoniker erinnern bis heute die die Stiftskirche umstehenden Kanonikerhäuser, die hier ein äußerst selten erhaltenes Beispiel einer sogenannten Stiftsimmunität bilden, dem bis auf wenige Zugänge abgeschlossenen Stiftsbereich. Die barocken Häuser wurden überwiegend nach der großen Belagerung von 1702 errichtet, das Haus Nummer 14 ist eins der wenigen erhaltenen romanischen Wohnhäuser des Rheinlandes. Zusammen mit der am Rhein liegenden beeindruckenden Ruine der staufischen Kaiserpfalz und der nördlich anschließenden Marktsiedlung, dem Kaiserswerther Markt, bildet der Stiftskomplex bis heute ein anschauliches Bild einer mittelalterlichen Siedlung.

Suitbertusfenster von Wilhelm Geyer im Seitenschiff

Der Innenraum ist überraschend schlicht und weit.

Die 1237 geweihte Stiftskirche ist eine dreischiffige Basilika mit Querhaus und zweijochigem Chorbau mit Nebenchören. Sie erstaunt angesichts ihrer für diese Bauzeit relativ schlichten Gestalt. Langhaus und Querhaus sind außen zurückhaltend gegliedert, der Chor zeigt etwas reichere spätromanische Formen mit Fächerfenstern und eingeschossigem, lisenengegliedertem, fünfseitigem Chorhaupt. Im Inneren beeindruckt dagegen die Monumentalität des weiten, hohen Raumes, der hier noch deutlicher in ein durch schlichte Pfeilerarkaden gegliedertes Langhaus und den überwölbten, mit zahlreichen Diensten – runden Wandvorlagen – reich gestalteten Chor unterteilt ist.

Weit hinten im Chor steht der gold glänzende romanische Suitbertusschrein mit den Reliquien des Gründers, hier sind tatsächlich über 1300 Jahre Geschichte greifbar. Lange Jahrhunderte war und ist der Schrein Ziel von Wallfahrten, auch heute noch werden die Reliquien in großer Prozession durch die Stadt getragen und der Schrein in regelmäßigen Abständen geöffnet. Die Gemeinde lädt alljährlich am Sonntag nach dem 4. September zur Schreinsprozession ein. Um den romanischen Schrein zu schützen, werden dabei seit 2002 die Reliquien in einem neuen Prozessionsschrein mitgeführt.

Ein besonderes Highlight ist der romanische Suitbertusschrein.

Aufgrund der zahlreichen Zerstörungen der Stiftskirche im Lauf der Jahrhunderte ist nur wenig Ausstattung aus vergangenen Epochen erhalten. Die barocke Ausstattung des 18. Jh. wurde durch eine umfangreiche neuromanische Ausstattung des 19. Jh. *ersetzt.* Zweiter Weltkrieg und Wiederaufbau zerstörten die Neuromanik; die Sanierung der 1990er-Jahre versuchte schließlich, den spätromanischen Raumeindruck wiederherzustellen. Bedeutende Kunstwerke des 20. Jh. sind die Fensterverglasungen, die in der Nachkriegszeit von verschiedenen Glaskünstlern hergestellt wurden. Die Seitenschifffenster von Wilhelm Geyer erzählen beispielsweise in vielen kleinen Szenen das Leben des Suitbertus.

Seit 2003 zeigen die beiden Nebenchöre eine einladende moderne Gestaltung: Die nördliche Marienkapelle wurde als Werktagskapelle eingerichtet, das alte Kruzifix auf neuem goldenem Hintergrund ist zentraler Blickfang. Die südliche Kapelle ist ständige Anbetungskapelle: Im geöffneten Tabernakel steht eine äußerst schlichte Monstranz mit dem Allerheiligsten. Hier ist Christus beständig gegenwärtig und ansprechbar. *M. S.*

Fokus der Marienkapelle: altes Kreuz auf neuem Goldgrund

Es steckt voller Details und Anspielungen: das Spee-Epitaph von Bert Gerresheim.

Friedrich-Spee-Epitaph

Außen, am Chor der Stiftskirche, fällt eine große, an Figuren reiche Bronzetafel Bert Gerresheims auf. Sie erinnert an den am 25.2.1591 in Kaiserswerth geborenen bedeutenden Theologen Friedrich Spee. Dieser trat 1610 dem Jesuitenorden bei, war Lehrer, Seelsorger und Professor in verschiedensten Städten. Er verfasste viele bis heute bekannte Kirchenlieder, z. B. „Zu Bethlehem geboren", ein Andachtsbuch speziell für Frauen und den Gedichtband Trutz-Nachtigal. Spee stand als Seelsorger zahlreichen gefolterten und verurteilten Hexen bei. 1631 erschien seine anonym veröffentlichte Cautio Criminalis, eine leidenschaftlich-scharfsinnige Kritik am Unrecht der damaligen Hexenprozesse, die wesentlich zum Umdenken und zum Ende der Folter beitrug. Spee steckte sich bei der Pflege pestkranker französischer Kriegsgefangener an und starb bereits 1635 im Alter von 44 Jahren. 1980 fand man sein Grab in der Trierer Jesuitenkirche. *M. S.*

Karte Nr. 56a St. Antonius von Padua
Kaiserswerth

Kirche und Klostergeviert überliefern das einzige im Erzbistum Köln erhaltene Kapuzinerkloster. 1670-73 wurde die Kirche in der schlichten, ordenstypischen Bauweise errichtet und 1683 geweiht, 1674-79 folgt der Klosterbau nach strengen Armutsregeln. Die zur Straße gewandte backsteinsichtige Giebelfassade der Kirche ist mit einem werksteingerahmten Portal und dem Wappen des Stifters, Kurfürst Erzbischof Maximilian Heinrich von Bayern, geschmückt. Im Inneren ist der Saalraum von einer hölzernen Tonne überdeckt. Die erstaunlich reiche Barockausstattung war für die Predigtzuhörer bestimmt, die Mönche selbst saßen in einem einfach ausgestatteten Chor hinter dem Hochaltar. *M. S.*

Adresse:
Ehemaliges Kapuzinerkloster
heute Teil des Suitbertus-Gymnasiums
An St. Swidbert 35
40489 Düsseldorf
www.suitbertus.de

Die sehr schlichte Fassade verbirgt einen reich ausgestatteten Innenraum.

Caspar Ulenberg (1549-1617)

„Mein Hirt ist Gott der Herr ..." Dieses mutmachende Lied (Gotteslob Nr. 883) kennt wohl fast jeder. Weniger bekannt dürfte aber sein, dass es um 1582 vermutlich erstmalig in der Kaiserswerther Stiftskirche gesungen wurde. Der in Lippstadt geborene Caspar Ulenberg kam 1572 zur Fortsetzung seiner Studien nach Köln, wo er zum Katholizismus konvertierte. 1576 zum Priester geweiht, war er zwischen 1576 und 1583 Kanoniker und Pfarrer in Kaiserswerth, später Kanoniker, Pfarrer, Schulleiter und Universitätsrektor in Köln. Während seiner Zeit in Kaiserswerth schrieb Ulenberg zahlreiche deutschsprachige Gemeindelieder auf der Basis der Psalmen. Als „Die Psalmen Davids" fanden sie bis ins 19. Jh. hinein weite Verbreitung und auch im heutigen Gotteslob sind viele seiner Lieder vertreten. *M. S.*

Karte Nr. 56b Dominikanerinnenklosterkirche Rosenkranzkönigin
Angermund

Am nördlichen Ortsausgang von Angermund steht das Kloster St. Katharina. Das Grundstück war ein Geschenk des Grafen Spee an die in den 1950er-Jahren entstandene Ordensgemeinschaft der Dominikanerinnen. 1967-69 wurde das Kloster nach Plänen von Emil Steffann errichtet. Statt dem üblichen viereckigen Klostergrundriss ist hier ein Fünfeck errichtet, die Kapelle ist sogar unregelmäßig sechseckig mit halbrund angeordneten, sich zum Altar deutlich absenkenden Bänken. Ein großes Fenster gibt Licht von der Seite, der Raum schenkt Geborgenheit für einzelne Beter und umschließt größere Gruppen zur Gemeinschaft. Die Klosterarchitektur ist schlicht, aber sehr durchdacht. *M. S.*

Adresse:
Dominikanerinnen Unserer Dienenden Frau OP
Kloster St. Katharina von Siena
Rahmer Straße 50
40489 Düsseldorf
Tel. 0203-742766
www.dominikanerinnen-angermund.de

Hier sind Schwestern und Besucher eng um den Altar versammelt.

St. Suitbertus
Bilk

Karte Nr. 57

Adresse:
Witzelstraße 2
40225 Düsseldorf
Tel. 0211-335795
www.st-suitbertus-bilk.de

Geschichte: 1905/06 Bau der Kirche, Architekt Alfred Tepe, Utrecht, Niederlande/Düsseldorf; 1926/27 Erweiterung des Langhauses und Turm, Architekten Hans Tietmann und Karl Haake, Düsseldorf; 1.3.1927 Weihe; 1947-49 Wiederherstellung; 1966-68 Restaurierung und Wiederherstellung des Turmes mit Pyramidenhelm, Architekt Martin Nuyen, Düsseldorf; 1987-90 Renovierung sowie Erneuerung der Kirchenfenster; 2003/04 Renovierung des Turmes.

Wie ein schweres, mächtiges Schiff erscheint die Kirche zwischen den Häuserzeilen.

So unübersehbar der mehr als 80 Meter hohe Turm in Erscheinung tritt – egal von welcher Seite man auf den sternförmig angelegten Suitbertusplatz stößt –, so unübersehbar ist das monumentale Christusbild im Innern der Kirche. Inmitten der luftigen Höhen von Diensten und Gewölben des Chors erhebt sich machtvoll hinter dem Altar das Kreuz. Der im vornehmen Dreiklang Weiß (viel Weiß!), Grau und Altrosa gefasste neugotische Raum führt den Blick bereits beim Betreten darauf zu. Kein Zweifel, Pfarrer von der Steins Absicht ist erfüllt. Der Bilker Seelsorger hatte 1938 körbeweise Kruzifixe der örtlichen Krankenanstalten entgegennehmen müssen. Die braunen Machthaber wollten diese Zeichen des Glaubens nicht län-

ger in den öffentlichen Räumen dulden. Nach dem Krieg aber wollte Heinrich von der Stein das Bild des Erlösers wieder im Mittelpunkt wissen. Den sollte nun keiner mehr übersehen. Und so ließ er aus dem Turm- und Dachgebälk einer im Krieg zerstörten Erkelenzer Kirche und des Schlosses Kalkum das über drei Meter hohe Bild des Gekreuzigten herstellen.

Otto Bussmann, der ausführende Holzbildhauer, hatte schon zuvor für St. Suitbertus gearbeitet. Auch die Figur des Kirchenpatrons von 1939 in der Vorhalle stammt von ihm. Die entschlossene und standhafte Haltung des dargestellten Missionars fügt sich stilistisch in die strenge, ein Jahrzehnt ältere Bogenarchitektur der Halle. Das Trenngitter zum Langhaus benennt mit den Symbolen von Kreuz, Herz und Anker, wofür dieser Mann vor 1.300 Jahren an Ruhr und Lippe eiferte: Glaube, Liebe und Hoffnung. Wenn man zwischen dem Säulenspalier des Mittelschiffes auf das Kruzifix im Chor zugeht, so erkennt man recht bald, dass Christus wohl schon immer zu halten bereit war, was Suitbertus den Menschen versprach. Dieser Gekreuzigte besitzt eine überraschend jugendliche Gestalt. Trotz Monumentalität ist er von weicher, geradezu sanfter Körperlichkeit. Seine Hände sind nicht wie die eines Opfers am Balken vernagelt, sondern aus freien Stücken und mit weiten Armen zum Segen gebreitet. Christus sichert Frieden und Heil! Die bunt-bewegten Chorfenster dahinter stehen in bewusstem Kontrast zum kühlen und elegant dies Kreuz fokussierenden Innenraum. Sie berichten in wohltuender symbolischer Reduktion von den Heilszusagen Gottes: das die Ketten des Todes sprengende Mysterium der Auferstehung, die Flammen des pfingstlichen Geistes, der Weinstock und die Reben, die himmlische Stadt. *M. E.*

Die Gewölbe im Innern wirken wie feines Patisseriewerk.

Otto Bussmanns Christus am Kreuz ist von souveräner, unbeschwerter Erscheinung.

St. Theresia vom Kinde Jesu

Karte Nr. 58

Garath

Adresse:
Prenzlauer Straße 4
40595 Düsseldorf
Tel. 0211-705430
www.st-matthaeus-duesseldorf.de

Geschichte: 1967 Seelsorgebezirk hl. Theresia von Lisieux in Garath-Ost, Gottesdienste in einer Schul-Gymnastikhalle; 1968 Gründung Kirchbauverein und im November Errichtung der Kirchengemeinde St. Theresia vom Kinde Jesu; 1969 Bau Pfarrzentrum und Errichtung der selbstständigen Pfarrei; 1970/71 Bau der Kirche, Architekt Paul Georg Hopmann, Köln; 3.10.1971 Weihe; 1972 Fertigstellung Kindergarten und Bücherei.

Wer nach Garath-Ost kommt, muss ein bisschen nach der Kirche suchen. Sie ist östlich an das für alle Bewohner fußläufig erreichbare kleine Ladenzentrum angefügt. Der gesamte Pfarrkomplex ordnet sich der Siedlung ein, ist aber gestalterisch mit wenigen Mitteln deutlich abgesetzt und so als kirchlicher Ort betont. Seine Gebäude sind – ähnlich wie große Teile der Siedlung – aus Beton errichtet, im Gegensatz zu den mit kräftigen Kanten gestalteten Häusern sind jedoch an allen Gemeindebauten die Ecken betont gerundet. Die Kirche ragt deutlich über das Gemeindezentrum hinaus, ihr ebenfalls abgerundetes Dach scheint über einem umlaufenden Fensterband zu schweben.

Kirche und verschiedenste Gemeinderäume gruppieren sich um einen kleinen, etwas abgesenkten Innenhof, der zum Verweilen einlädt und sämtliche Räume für ein lebendiges Miteinander erschließt. In der Mitte dieses Platzes mit unterschiedlichen Ebenen steht ein gedrungener Turm, der das Hauptportal von Kirche und Pfarrzentrum markiert. Im Turmerdgeschoss ist eine kleine, ursprünglich als Sakramentskapelle geplante Andachtskapelle mit den Kreuzwegtafeln eingerichtet.

Der Tabernakel ist durch diese illusionistische Malerei gut betont.

Alles ist auf die Feier hin konzentriert, das Dach scheint darüber zu schweben.

Der eigentliche Kirchenraum ist nur durch das hoch liegende Fensterband belichtet, dadurch wirkt er fest umschlossen, als konzentrierter, ruhiger Raum. Er ist schlichte Hülle für die Liturgie der Gemeinde, nichts soll vom Zentrum der Feier, dem als Einheit gestalteten Altarbereich ablenken. Dieser ist durch das hohe Dach zusätzlich ausgezeichnet, während seitlich ein niedriger Raumbereich persönlichere Orte für Andacht und Beichte bildet.

Der Architekt Paul Georg Hopmann hat mit dem über eine Stufe erhöhten Altarpodest mit Ambo und Priesterbank ein klar gestaltetes Zentrum geschaffen, das die parallele Bedeutung von Wortgottesdienst und Eucharistiefeier gut unterstreicht. Seitlich dieses Bereiches wurde nachträglich der Tabernakel in die Wand eingelassen und mit einer Malerei von Klaus Balke betont. Balkes Darstellung lädt zum Nachdenken über die Bedeutung der Eucharistie ein. Zwei seitlich angedeutete gemalte Wände sind von Weinranken umwachsen und mit einem Ährenbündel geschmückt: Verweise auf Brot und Wein, Leib und Blut Christi. Zwischen diesen Wänden führt ein schmaler Spalt in den mit glänzendem Blattgold gefassten, scheinbar dahinter liegenden Raum, in den auch der Tabernakel integriert ist. *M. S.*

Im ruhigen Innenhof markiert der Turm das Hauptportal.

St. Ursula
Karte Nr. 59 Grafenberg

Adresse:
Margaretenstraße1
40235 Düsseldorf
Tel. 0211-664509
www.st-ursula.eu

Geschichte: 1912 neuromanische Kirche, Architekt Josef Kleesattel, Düsseldorf; 1953/54 Neubau unter Berücksichtigung des im Krieg erhalten gebliebenen Turms, Architekten Wolfram Borgard und Fritz Volmer, Köln; 1999 Renovierung mit Neugestaltung der Altarinsel.

Blick in den leicht parabelförmigen Chorraum

St. Ursula liegt inmitten eines dicht bebauten Gründerzeitquartiers und behauptet sich vor allem durch seinen hohen neuromanischen Kirchturm. Das einzige Relikt der 1912 von Josef Kleesattel errichteten Kirche, die im Krieg gänzlich zerstört wurde, markiert denn auch leuchtturmartig die heilige Stätte in einer eher unauffälligen Wohnstraße mit unmittelbar anschließenden Nachbarbauten und fehlendem Kirchvorplatz. Der charakteristisch gelb-weiße Anstrich und der der Giebelfassade des Kirchenschiffs vorangestellte Portikus, der die großzügigen Ausmaße der Innenarchitektur nur erahnen lässt, haben Signalwirkung und fügen sich – trotz ihrer unterschiedlichen Bauzeit – harmonisch ineinander. Der 1953 begonnene Neubau knüpft weitgehend an den neoromanischen Vorgängertypus an, setzt aber dennoch mit asymmetrisch angelegten Seitenbereichen, großen Wandflächen und viel buntem Glas eindeutig moderne Akzente. Das Mittelschiff und der leicht parabelförmig gebogene Chor bilden eine Achse und sind räumlich aufeinander bezogen; ein Eindruck, der sich besonders durch die unter der hölzernen Flachdecke liegenden abstrakten Obergaden-Fensterbänder verstärkt, die dem Raum eine eigene Würde und Feierlichkeit geben. Die Giebelwandverglasung an der nordöstlichen Stirnseite des Querhauses zeigt ein großes Motivfenster in den Farben Goldbraun und Grau nach Entwürfen von Hildegard Bienen und gibt dem gesamten Raum viel Licht. Es fungiert als eigentlicher Lichtspender, der diesen typischen Nachkriegsbau tageslichthell macht, einen künstlerisch eigenwilligen Akzent setzt und die einladende Atmosphäre des Raumes unterstreicht. Auf der weitflächig angelegten Altarinsel steht der bei der jüngsten Umgestaltung verkleinerte marmorne Altarblock von 1953 mit einer zu seinem schwarzen Stipes kontrastreich gold gefassten Muschel an der Stirnseite. Auch das hängende Altarkreuz mit bronzenem Korpus auf weißem Marmor von Egino Weinert wurde jüngst dem neuen

Die Kreuzwegstationen in Sgraffito-Technik von Heinrich Dieckmann

Leuchtturmcharakter hat der Glockenturm von St. Ursula.

Trend nach weniger Monumentalität und mehr Schlichtheit angepasst und in seinen Maßen dementsprechend verkürzt. Originell zeigt sich die Idee der 14 Kreuzwegstationen als Bildergeschichte auf einer Wand in Sgraffito-Technik von Heinrich Dieckmann, einem Schüler Johan Thorn-Prikkers. Nicht aufgegliedert und wie üblich in einem Rundgang zu erfassen, offenbart sich hier die Leidensgeschichte als Ganzes auf einen Blick. Es ist derselbe Künstler, der für die Motivverglasung der Taufkapelle verantwortlich zeichnet und mit den Themen Schöpfung, Sündenfall und Alter Bund im Obergaden eine Entsprechung zu den hochliegenden Fenstern des anschließenden Seitenschiffs herstellt. *BTG*

Karte Nr. 59a

Kapelle des LVR-Klinikums Düsseldorf
Grafenberg

Adresse:
Bergische Landstraße 2
40629 Düsseldorf
Tel. 0211-9222910

Die Weihe der mit klassizistischen Formen über achteckigem Grundriss errichteten Klinikkapelle 1877 bedeutete den Abschluss der Bauarbeiten der damals nach sehr modernen Gesichtspunkten errichteten Heil- und Pflegeanstalt. 2005 wurde sie von dem Kölner Architekten Alfonso Ortiz innenarchitektonisch komplett neu gestaltet und den Bedürfnissen der Seelsorge in der Psychiatrie angepasst. Die Hauptachse wurde so gedreht, dass der Altar nun geostet ist und die alte Apsis – durch eine weiße durchbrochene Wand lettnerartig vom Hauptraum abgetrennt – als ein Raum der Stille eingerichtet wurde. Die Kirche präsentiert sich heute als heller, freundlicher Versammlungsort. Das alte Deckengemälde mit dem thronenden Christus und Szenen aus dem Leben Jesu fügt sich in seiner dezenten Farbigkeit harmonisch in das neue Raumkonzept ein. *BTG*

Restauriert, neu gestaltet und dem Bedarf angepasst: das Innere der Klinikkirche

Zu den Vierzehn Nothelfern (Stoffeler Kapellchen)

Karte Nr. 60

Stoffeln

An den Wänden reihen sich die Nothelferfiguren. In der Nische des schönen Rokokoaltares befindet sich die Pietà.

Adresse:
Christophstraße 2a
40225 Düsseldorf
Tel. 0211-335795
(über St. Suitbertus, Bilk)
www.st-suitbertus-bilk.de

Geschichte: 1624 und 1654 Nachweis eines Vorgängerbaus; 1734 Neubau; 1834 umfangreiche Wiederherstellungsarbeiten; 1870/71 Sakristeianbau; 1908 Vorbau, Architekt Alfred Tepe, Utrecht, Niederlande/Düsseldorf.

Gut möglich, dass sich der liebevoll klingende Name des Stoffeler Kapellchens von der Bezeichnung *auff den Stoffeln* herleitet. Damit waren bei Rodung stehen gebliebene Baumstümpfe gemeint. Eine Bezugnahme auf den hl. Christophorus (*Stoffel*), der von den Bauern gegen Wassernot im Überschwemmungsgebiet des südlichen Rheinbogens angerufen worden sein dürfte, ist dagegen sicher. Seit wann es aber eine Kapelle in Stoffeln gab, weiß niemand genau. Die Beschwerde des Bilker Pfarrers von 1654 gegen die Witwe Helena Heisterman, die, „waß auff den Stoffelen in … (den) Armenstockh von gutthertzigen frommen Catholischen ahn gelt unnd Kerzten geopfert werde", eigenmächtig verwendet habe, belegt ein Stoffeler Heiligtum immerhin schon für die Mitte des 17. Jh. Ob dieses aber, wie zu Witwe Heistermanns Verteidigung vorgebracht wurde, von deren seligem Gatten erbaut worden war oder ob die Kapelle älteren Datums war – das konnte möglicherweise auch schon der damals als Untersuchungskommissär eingesetzte Düsseldorfer Amtmann Johann Heinrich von Winkelhausen nicht klären.

Auch die Frage nach dem ursprünglichen Patrozinium muss offen bleiben. Ehemals gehörte das Stoffeler Kapellchen zu einem heute nicht mehr rekonstruierbaren Prozessionsweg, dessen Stationen jeweils einem der vierzehn Nothelfer gewidmet waren, in diesem Falle wohl dem Christophorus. In der Beschwerde gegen Witwe Heistermann wird aber ausdrücklich erwähnt, das frühere Heiligtum sei dem Kreuze Christi geweiht. So wurde auch der heutige Bau primär als Kreuzverehrungsstätte errichtet. Stifter dürfte Kurfürst Carl Philipp gewesen sein, dessen Initialen und das Baujahr 1734 der Giebelstein an der Eingangsseite vermerkt. Eine gemeinsame Verehrung aller vierzehn Nothelfer und damit einhergehende vielfältige Bitt- und Prozessionsgänge sind erst seit 1808 dokumentiert.

Das Stoffeler Kapellchen ist ein immer noch vitaler Winkel der Volksfrömmigkeit, heute zwischen Universität und südlichen Autobahnzubringer geklemmt. 1934 kam der Brauch einer jährlichen Segnung von Fahrern und deren Autos an einem Sonntag vor den Sommerferien auf. Auch wenn es nicht mehr

Die Kapelle bietet einen unvermuteten Anblick inmitten von Wohnsiedlung und Autostraße.

ganz so viele Kfz sind: Um die 100 fahren immer noch vor. Zunehmende Verehrung genießt der in allen persönlichen oder ausweglos erscheinenden Anliegen angerufene Judas Thaddäus. Die Zahl der ihm gewidmeten Votivtafeln in der Vorhalle nimmt seit Mitte der 1990er-Jahre derart zu, dass schon an einen Erweiterungsbau gedacht wurde.

M. E.

Gelebte Frömmigkeit – die Wände bieten kaum noch Platz für neue Dankestafeln.

Zum Heiligen Kreuz

Karte Nr. 61

Rath

Eine ungewöhnliche Fassade lädt mit großem Portal zum Eintreten ein.

Adresse:
Rather Kreuzweg 43
40472 Düsseldorf
Tel. 0211-655301
www.dem-leben-dienen.de

Geschichte: 1920 Betsaal in Rath; 1940 Baracke als Notkirche und Filiale von St. Maria unter dem Kreuz in Nutzung genommen und mehrmals kriegszerstört; 1943 Rektorat; 1945 ehemalige Reichsarbeitsdienstbaracke als Notkirche; 1953 Rektoratspfarre; 1956-58 Errichtung der Kirche, Architekt Josef Lehmbrock, Düsseldorf; 1956-2007 Betreuung der Gemeinde durch Servitenpatres und -schwestern; 29.8.1958 Weihe; 1963 kanonische Pfarrei; 1964 Errichtung des freistehenden Campanile; 1964/65 Bau des Servitenklosters; 1983/84 Bau Pfarrheim.

Sie wird auch die *Flammenkirche* genannt, die Rather Kirche Zum Heiligen Kreuz. Ihre über parabelförmigem Grundriss errichteten Wände sind aus unzähligen speziell angefertigten Sichtbetonsteinen gefügt, die jeweils die Form einer Flamme haben. Der Architekt hat diese ungewöhnliche Konstruktion zusammen mit dem Düsseldorfer Kunstprofessor Günter Grote

Die Flammenformen schmücken Kirche und Vortragekreuz. Im Hintergrund die rötlichen Füße des gekreuzigten Christus.

Die Membranen von Wänden und Decke bestimmen den Innenraum.

entwickelt. Man errichtete aus den flammenförmigen Steinen zwei Mauerschalen und goss deren Zwischenraum mit Beton aus, nach genau festgelegtem Schema sind glasgefüllte Steine eingefügt. Bereits die Außenwand weckt so die Neugier der Passanten, die gemauerte Sichtbetonwand scheint bewegt und perforiert, die kleinen zungenförmigen Öffnungen erinnern an Heilig-Geist-Darstellungen.

Ein zur Straße gewandtes trichterförmiges Portal fordert zum Eintreten auf. Der Innenraum ist ganz anders als die üblichen Kirchenräume, er holt den Besucher heraus aus seinen normalen Sehgewohnheiten und Raumerfahrungen. Die Lichtstimmung ist sehr gedämpft, anfangs ist kaum etwas zu erkennen außer kleinen hellen Lichtflammen, die von oben herunterzufallen scheinen und nach unten weniger werden. So wie der eintretende Mensch zur Ruhe kommt, erschließt sich der Raum mehr und mehr: Er senkt sich zum Altar, die gebogenen Wände laufen dort schmaler zusammen und hinterfangen den Altarbereich im weiten Bogen. Der auf Stufen stehende Mahltisch bildet das Raumzentrum, hinter ihm sind die Lichtzungen farbig und ergeben ein Kreuz, die Wundmale Jesu sind rot betont.

Auch die Decke war zu ihrer Zeit ungewöhnlich: Ein geschweißtes Stabtragwerk überspannt stützenlos den weiten Raum und bildet einen filigranen oberen Raumabschluss. Dieses Dachtragwerk und die ungewöhnliche Wandkonstruktion geben dem über einem sehr klaren Grundriss gebildeten Raum plastisch durchformte Begrenzungen, die wie Membranen zwischen außen und innen wirken. Der Versammlung um den Altar ist hier eine räumlich und konstruktiv ganz neue, gestalterisch hochwertige Raumlösung gegeben. Auch andere Kirchen des Düsseldorfer Architekten Josef Lehmbrock zeichnen sich durch eine intensive Suche aus, die Räume dem Alltäglichen zu entheben. Lehmbrock experimentiert mit gefiltertem Lichteinfall, beispielsweise auch bei St. Reinold in Gerresheim. Oder er entwickelt mit bekannten Tragwerksplanern – wie hier in Rath mit dem Düsseldorfer Paul Gehlen oder für St. Maria Himmelfahrt in Unterbach mit Stefan Polónyi – ganz neue Deckenkonstruktionen für den Kirchenbau. *M. S.*

Ausstattung der Kirchen und ausgewählte Literatur

1 St. Lambertus, Altstadt

ALTAR Hochaltar (Marienaltar), Holzaufsatz 1687 nach Entwurf von M. Cagnon, hochbarock | Figuren (zwei Fackelengel, Thomas, Lambertus, Apollinaris, Pankratius) // Mondsichelmadonna | 18. Jh. | Grupello-Schule // Zelebrationsaltar von Karl Matthäus Winter, Limburg an der Lahn, 1978 | eingelassen der Reliquienschrein des Stadtpatrons Apollinaris | Augsburg, 1665 – **SAKRAMENTSHAUS** gestiftet von Herzog Wilhelm II. (1475-1511) | seines ornamentalen Schmuckes und Figurenreichtums wegen gilt es als bedeutendes spätgotische Werk am Niederrhein – **TAUFSTEIN** 15. Jh. | Bronzedeckel von Karl Matthäus Winter, Limburg an der Lahn, 1977 | Schöpfungsbericht – **CHORGESTÜHL** 15. Jh. | Aufsätze zerstört – **SEITENALTÄRE** die letzten vier Altäre der Düsseldorfer Zünfte | Altar der Schreinerzunft, 15. Jh., mit gotischem Holzschrein und Reliquien des Pankratius // Altar der Bäcker- und Brauerzunft mit der Marienfigur der „Schmerzhaften Mutter", 14. Jh. | im Altartisch ein Heiliges Grab, um 1500 // Altar der Goldschmiedezunft mit dem Gnadenbild „Maria in der Not", 1334 // Altar der Schneiderzunft – **KREUZWEG** Alabaster | nördliches Seitenschiff | Karl Matthäus Winter, Limburg an der Lahn | 1960-66 – **MARIENFIGUREN** Maria vom Siege | um 1100 | Wallfahrtsfigur aus der Kreuzherrenkirche // Vesperbild Pietà | um 1395 | auf einer Stele, 1975, Karl Matthäus Winter, Limburg an der Lahn – **HEILIGENFIGUREN** Lambertus am Choreingang | 15. Jh. // Christophorus | 16. Jh. – **GRÄBER** Wandgrab Herzog Wilhelms des Reichen (gest. 1592) | 1595-99 | Gerhard Scheben & Werkstatt | schwarzer Marmor, Alabaster | „ein qualitätvolles Beispiel für die Verarbeitung des niederländischen Manierismus" (Dehio) | unter dem Wandgrab befindet sich die Fürstengruft | zwei Priestergräber für den Bischof von Danzig, Dr. Carl Maria Splett (gest. 1964) und den langjährigen Pfarrer von Lambertus, Heinrich Schmitz (gest. 1966), beide Grabplatten von Karl Matthäus Winter, Limburg an der Lahn – **EPITAPHE** Hermann von Hochsteden | 1688 // Maria von Blanckart | 1717 – **FENSTER** Grundgedanke, vorgegeben vom damaligen Pfarrer Schmitz (1954-66): Kommen und Vollendung des Gottesreiches | Gestaltung durch Vinzenz Pieper, Berlin, und Ludwig Baur, Telgte // Schöpfungsfenster (über der Pietà) // vier alttestamentliche Fenster (Nordseite) // Rosenkranzgeheimnisse (Südseite, über dem Nordausgang) // Bäckerfenster zeigt das Wachsen des Gottesreiches, gestiftet 1961 // Schützenfenster, gestiftet 1961 // Michaelsfenster – **AUSMALUNG** im südlichen Chorumgang drei freigelegte Temperabilder | um 1450/60 | Lochner-Schule: Thronende Muttergottes mit Engeln und Stifter, Margareta und Reinhold // über dem Südportal eine Kümmernis | um 1444 | gestiftet von den Brüdern von der Horst // im Gewölbe Reste der alten Ausmalung – **STADTERHEBUNGSMONUMENT** südlich der Kirche am Ufer der Düssel | Bert Gerresheim | 1988 | Geschenk zum 700. Jahrestag der Stadterhebung vom Heimatverein Düsseldorfer Jonges e. V. an die Stadt – **ORGEL** Turmorgel | 1999 eingeweiht | 54 Register | Rieger // Chororgel | 2004 eingeweiht | 22 Register | Rieger – **GLOCKEN** Läutemotiv *Victimae paschali laudes* | Lambertus, Apollinaris, Maria, Margareta, Sebastian, Josef, Caritas | 1987 | Florence Hüesker, Petit & Gebr. Edelbrock, Gescher // zwei Sologlocken, eine davon 1462 | Art de Wilde, Venlo – **PORTAL** Westportal | Bronze | Anfang der 1960er-Jahre | Ewald Mataré, Büderich, Kunstgießerei Schmäke, Düsseldorf | Thema: „Ich bin die Tür" (Joh 10,9) – **SKULPTUREN AUSSEN** Kalvarienberg unter Baldachin | Stein | 1877 | Joseph Anton Reiß, Düsseldorf – **LITERATUR** Bayerle 1844, Clemen 1894, Karpa 1932, Lau 1940, Aders/Greb/Kisky 1956, Schweitzer 1960, Greb 1974 (1) und 1974 (2), Henrichs 1982, Nußbaum 1984, Schleidgen 1988, Schleidgen 1990, Kähmer 1996, Brzosa 2001, Richartz 2004, Dehio 2005, Cursiefen 2008

1a/b Kreuzherrenkirche/Kapelle St. Josef, Altstadt

AUSSTATTUNG Neugestaltung des Kirchenraumes 1989-93 durch Paul Nagel | Fußboden des Altarraumes und der Sakristei (Entwurf) // Sakramentshaus // Ambo // Sedilien // Fenster im Chor // Standleuchter für den Altar // Retabel mit Kreuzigungsbild // Marienbild (Entwurf) // Blätterkranz für ein Wandbild // Lüftungsgitter für die Heizungsschächte // Vordach und Windfang am Eingang der Kirche – **LITERATUR** Henrichs 1982, Kapelle St. Josef 1996, Brzosa 2001, Dehio 2005

2 St. Adolfus, Pempelfort

ALTAR, AMBO grünlicher Marmor – **TABERNAKEL** 1960 | brennender Dornbusch – **KREUZ** Egino Weinert, Köln | 1975 – **FENSTER** sämtlich Richard Seewald | Chorfenster 1956: Berufungsvision des Propheten Ezechiel, jedes der vier Wesen in Menschengestalt hat vorne ein Menschengesicht, rechts ein Löwengesicht, links ein Stiergesicht und nach hinten ein Adlergesicht // Rundfenster: Räder, deren Felgen voller Augen sind // Seitenschiffe: Schöpfungsbericht // Querschiffe: Geheime Offenbarung // Marienkapelle: 1972/73 // Taufkapelle: blutvergießendes Lamm, Phönix, Pelikan als Symbole der Wiedergeburt in der Taufe // gegenüber: Motive aus dem Alten Testament mit den Gesetzestafeln, aus dem Felsen quellendes Wasser und die eherne Schlange – **MARIENFIGUR** Madonna mit Kind – **HEILIGENFIGUREN** Josef | Frédéric Coubillier // Judas Thaddäus | Leven | 1930 – **MOSAIKE** Marienmosaik im Kreuzgang | Ehrich | 1930 // Chorwand: Richard Seewald | 1955 | Thronender Christus // Eingangsbereich: Richard Seewald | 1955 | Engel mit Marienikone, Symbole der Lauretanischen Litanei – **ORGEL** Firma Romanus Seifert, Kevelaer | 1952 | 46 Register – **GLOCKEN** Läutemotiv *Doppeltes Te Deum* | Adolfus, Georg, Josef, Maria, Helena, Elisabeth | 1913 | Karl Otto, Fa. F. Otto, Hemelingen – **LITERATUR** Seewald 1966, Henrichs 1982, Pfarrgemeinde St. Adolfus 1994

3 St. Agnes, Angermund

ALTAR, AMBO, SAKRAMENTSHAUS, KREUZ, PRIESTERBANK Sepp Hürten, Köln | 1970 | das Altarkreuz seit der Umgestaltung der 1990er-Jahre im Eingangsbereich – **TAUFSTEIN** 17. Jh. // Deckel | 20. Jh. | Himmelsstadt – **BEICHTSTUHL** wahrscheinlich Reinhart Brant | 1658 – **KREUZWEG** Heinrich Nüttgens, Angermund | 1902 | 1970 gegen den bronzenen Kreuzweg von Sepp Hürten ausgetauscht, bis 1996 wieder eingerichtet – **MARIENFIGUR** um 1650 | Stiftung eines ungenannten Gemeindemitgliedes 1970 | Maria und Jesuskind mit Früchten – **HEILIGENFIGUREN** Kirchenväter und Christus | Chor | von der ehemaligen Kanzel // Sebastian | vermutlich Mitte 17. Jh. – **GEMÄLDE** Gabriel Gobels | 1659 | Kreuzigung | vom barocken Hochaltar, aufbewahrt in der Sakristei – **FENSTER** Chor | Ernst Otto Köpke, Düsseldorf | 1950 | Fisch und Brote, Agnes, Georg // Langhaus | Ernst Otto Köpke | 1953/54 | die Festkreise des Kirchenjahres // Langhaus Obergaden | gegen 1880 | Grisailleornament – **AUSMALUNG** Triumphbogenfeld | Heinrich Nüttgens, Angermund | um 1900, im zweiten Drittel des 20. Jh. neu gefasst | Lamm Gottes und Weihrauchfass schwingende Engel (Anbetung des Lammes) – **ORGEL** Johannes Klais, Bonn | 1933, Generalreinigung und Umbau 2001 | 3 Manuale, 22 Register – **GLOCKEN** *Beuroner Geläutemotiv* | Agnes | 1882 | Rudolf Edelbrock, Fa. Petit & Gebr. Edelbrock, Gescher // Maria, Sebastian, Georg, Angelus | alle 1955 | Hans Hüesker, Fa. Petit & Gebr. Edelbrock // Engelbert, Josef | beide 1988 | Florence Hüesker, Fa. Petit & Gebr. Edelbrock – **LITERATUR** Ferber 1892, Schmitz 1979, Henrichs 1982, Reichen 1997, Festschrift St. Agnes 2003, Dehio 2005 – **ZITAT** Reichen 1997, S. 19 und 25

3a Kapelle Schloss Heltorf, Angermund

ALTAR 1854 | Lamm Gottes im Giebelfeld // Altarbild | Ernst Deger, Düsseldorf | um 1854 | Maria, Königin des Himmels – **KRUZIFIX** Mittelberg, Österreich | 1957 – **KIRCHENBÄNKE** ursprünglich – **KREUZWEG** Frédéric (Fritz) Coubillier, Longville, Frankreich/Düsseldorf | 1951/52 – **FENSTER** historisierendes Grisailleornament mit Wappen der jeweiligen Hausfrauen zu Heltorf bis 1967 – **ORGEL** Romanus Seifert & Sohn, Kevelaer | 1950 | 2 Manuale, 15 Register – **LITERATUR** Henrichs 1982, von Spee 1984, Architekturführer 2001, Dehio 2005 – **ZITAT** Reichen 1997, S. 92

4 St. Andreas, Altstadt

ALTAR Hochaltar im Louis-XVI.-Stil (vor 1773 errichtet) | im Zweiten Weltkrieg zerstört | Neugestaltung des Chors mit einem Marmoraltar und Aussetzungstabernakel, Ornamentverglasung und Tapisserie hinter dem Altar | Ewald Mataré, Büderich | 1960 | 2009 Neugestaltung mit Aufstellung der barocken Silberfiguren // ehemaliges Altarbild des Hochaltares Martyrium des hl. Andreas | Heinrich Lauenstein | 1908 | in der *Fürstenloge* links neben dem Altarraum – **KREUZ** barock | Westwand | vielleicht Gabriel de Grupello, Zuschreibung umstritten | Corpus um 1710 – **KANZEL** Johannes Wolf SJ und Johann Hoen SJ | um 1650 | sechsseitiger Kanzelkorb mit den Figuren Christus, Johannes der Täufer, Paulus und Andreas, der sechsseitige Schalldeckel mit Ornamenten und Engeln reich verziert, Bekrönung durch eine Figur des Erzengels Michael – **SEITENALTÄRE** linker Seitenaltar: Jesuitenbrüder Johannes Wolf und Johann Hoen | 1645 | Aufsatz: dornengekrönter Christus, darüber das gekrönte Wappen des Herzogs Wolfgang Wilhelm | Mittelbild: Maria als Himmelskönigin | Ernst Deger | 1832 // rechter Seitenaltar: Mittelbild Christus an der Geißelsäule | Schadow-Schüler Julius Hübner | 1836 | im Aufbau Ölbild einer Halbfigurmadonna –

RELIQUIEN Märtyrer Irentius, Cyrilla, Euphemia, Donatus, Hieronymus, verschiedene Jesuitenheilige, Kinnlade des Apostels Andreas | 1651 auf Wunsch von Anna Katharina Konstanze, einer polnischen Prinzessin und Gemahlin des Erbprinzen Philipp Wilhelm als Geschenke von Neuburg nach Düsseldorf gebracht | die Reliquie des hl. Andreas in eine Statue aus Silber eingearbeitet | Hans Jacob Baier, Augsburg | um 1620 | Mitte des 18. Jh. in eine Reliquienmonstranz eingearbeitet – **BEICHTSTUHL** zweite Hälfte 17. Jh. – **HEILIGENFIGUREN** 22 überlebensgroße Heiligen- und Apostelfiguren an den Außenwänden des Langhauses, unter den Emporen und im Chorbogen | Johannes Wolf SJ | 1650-55 | Holz, neue Fassung in Weißgold // auf Stuckkonsolen in den Seitenschiffen und am Triumphbogen: Christus und Maria, Josef, Johannes der Täufer, die zwölf Apostel und Wolfgang und Wilhelm, Namenspatrone des Herzogs // an den Mittelschiffpfeilern: Helena, Johann Nepomuk und drei Jesuiten Johannes Franziskus (Franz Regis), Ignatius und Franz Xaver | 18. Jh. // Silberfiguren auf dem Hochaltar: Mondsichelmadonna, vier Jesuitenheiligen Ignatius, Franz Xaver, Franziskus Borgia, Aloysius | 17. Jh. – **GEMÄLDE** Kreuzigung Christi | Schule Peter Paul Rubens | um 1715 | Giebelwand des westlichen Seitenschiffs über ehemaligem Nebeneingang zum Kloster – **STUCKATUREN** Patriarchen, Propheten, Evangelisten und heilige Monarchen, das Jüngste Gericht, Heilige der Kirche | Johannes Kuhn, Straßburg | ab 1632 | in der Auswahl und Anordnung der Heiligen zeigt sich der Einfluss des Herzogs, neben den rheinischen Heiligen wie Martin von Tours, Lambertus und Apollinaris verweisen Korbinian, Wolfgang, Willibald und Ulrich auf die Bayernverbundenheit des Herzogs | nach Verlängerung des Chors Ergänzung der Dreifaltigkeit und Engel im letzten Chorjoch | Antonio Rizzi | 1719, Ergänzungen der zweiten Hälfte des 18. Jh. sind die Verbindungsstücke zwischen Seitenemporen und Westempore sowie die Ornamentfüllungen in den Zwickeln über den Emporenbogen – **GRÄBER** unter dem Hauptaltar ursprünglich nur eine Gruft für die verstorbenen Jesuiten, ab 1651 zweite Gruft für die Mitglieder der herzoglichen Familie, Ende 1717 wurde das Mausoleum der Pfalz-Neuburger fertiggestellt und die acht Särge aus der Gruft dorthin übertragen | 1. Anna Katharina Konstanze (1619-51), polnische Prinzessin und erste Gemahlin von Philipp Wilhelm // 2. Pfalzgraf und Herzog Wolfgang Wilhelm (1578-1653) // 3. Maria Adelheid Anna (1656-56) // 4. Maria Sophia Elisabeth (1657-58), Tochter von Philipp Wilhelm aus zweiter Ehe // 5. Friedrich Wilhelm (1665-89), Sohn von Philipp Wilhelm aus zweiter Ehe // 6. Leopoldina Eleonore Josepha (1679-93), Tochter Philipp Wilhelms aus zweiter Ehe // 7. Johann Wilhelm (1658-1716), Kurfürst von der Pfalz, Herzog von Jülich, Kleve und Berg, gebettet in einen Prachtsarkophag aus Zinn (vermutlich aus Augsburg), die Sichtseite in Bronze | vermutlich nach einem Entwurf Gabriel de Grupellos // 8. der letzte Sarg, traditionell einer „polnischen namenlosen Prinzessin" zugeordnet, ist nach jüngsten Untersuchungen ein kurz nach der Geburt verstorbener Säugling, wahrscheinlich eines der beiden Kinder, die 1675 bzw. 1683 nach der Geburt starben – **GEMEINDEBÄNKE** zweite Hälfte 17. Jh. – **STUCKBÜSTE** des Kirchenstifters Herzog Wolfgang Wilhelm über dem Westportal | Mitte 17. Jh. | vergoldet – **ORGEL** Orgelgehäuse nach Entwurf von J. Bäumgen und J. J. Erb | 1780-82 | Orgelneubau 1971 mit historischem Prospekt, 2003 Generalüberholung | Rudolf von Beckerath | Hamburg – **GLOCKEN** Läutemotiv *Doppeltes Gloria-Motiv* | Christ-König, Ignatius, Andreas, Franz Xaverius, Joseph | alle 1954 | Petit & Gebr. Edelbrock, Gescher // Katharina | 1643 | Gebr. Hemony, Utrecht – **SKULPTUR AUSSEN** Ecke Andreas-/Hunsrückenstraße | Martinssäule | Reinhard Graner | 1965 | Bronze – **LITERATUR** Bayerle 1844, Clemen 1894, Büchner 1976, Hilgefort 1989, Wiener 1997, Schulte 1981, Henrichs 1982, Schatten 2000, Brzosa 2001, Dehio 2005, Füllenbach 2008, Kaps 2009

5 St. Antonius, Oberkassel

ALTAR, KREUZ Wilhelm Hanebal, Büderich | 1970 | Phönix aus der Asche – **AMBO** Paul Nagel, Wesseling | 2004/05 | Adler mit Schlange – **TABERNAKEL** Sepp Hürten, Köln | 1972 – **OSTERLEUCHTER** Paul Nagel | 2005-07 – **SEDILIEN** Wilhelm Hanebal | 1963 – **SEITENALTÄRE** Entw. Franz Schneider, Düsseldorf | Ausf. Albert Pehle, Düsseldorf | 1919 | Antonius von Padua und kniefallendes Elternpaar (Antoniusaltar) // der Marienaltar mit Madonna der Immerwährenden Hilfe – **BEICHTSTÜHLE** Wilhelm Hanebal | 1957 – **MARIENFIGUR** A. Lechne, Garmisch | Stiftung 1985, nach historischem Vorbild // Pietà | Albert Pehle | 1930 – **FENSTER** Ernst Jansen-Winkeln, Mönchengladbach | 1964-68 | Christus, das Leben der Welt (Chor), Jesus als Lehrer (Querhaus), Vater unser (Seitenschiffe) – **AUSMALUNG, FUSSBODEN** Gerhard Wind, Düsseldorf | 1983-85 – **GEMEINDEBÄNKE** ursprünglich | im Krieg zerstörte Wangen nachgeschnitzt – **ORGEL** Romanus Seifert, Kevelaer | 1955 | 1985/86 von Fa. Willi Peter, Köln-Mülheim überholt | 3 Manuale, 51 Register – **GLOCKEN** Läutemotiv *Te Deum laudamus* | Salvator, Christus

König, Franz-Xaver, Karl-Borromäus, Maria, Michael, Antonius, Petrus-Canisius | 1959 | Wolfgang Hausen-Mabilon, Fa. Mabilon & Co., Saarburg – **KRYPTA** Architekt Gottfried Böhm, Köln | 1963 // Altar, Hängekreuz, Sedilien | Hein Gernot, Köln | 1966/67 // Fenster | Ernst Jansen-Winkeln | 1964-68 // Ambo | Hein Gernot | 1997 // Altarteppich | Karin Schaffmeister, Bad Münstereifel | 1997 // Altartriptychon | Egbert Verbeek, Bonn | 1994 | Symbole zu Joh. 14,6 „Ich bin der Weg, die Wahrheit und das Leben" – **LITERATUR** Henrichs 1982, Festschrift St. Antonius 1986, Weidenhaupt 1991, Hofmann 1997, Architekturführer 2001, Hofmann 2004, Weidenhaupt 2004, Stiel 2005 – **ZITATE** Festschrift St. Antonius 1986, S. 49f.

5a St. Anna, Niederkassel

ALTAR, AMBO Rudolf Peer, Köln | 1968 – **KREUZ** Vortragekreuz | Egino Weinert, Köln // Kruzifix | Franz Xaver Lindl, Düsseldorf | 1930er | vom ersten, künstlerisch progressiv orientierten Pfarrer Gerhard Zentis erworben | Architekt Franz Schneider (Christus König, Albertus Magnus) beschwerte sich beim Generalvikar 1938 über diese „entartete Kunst" – **SEITENALTAR** flämisch, Mitte 18. Jh. | ehemals Hochaltar in der Notkirche St. Antonius, spätere St. Annakirche, heute in leicht purifizierter Form als Sakramentsaltar genutzt – **KREUZWEG** Egino Weinert – **GEMÄLDE** „Ecce Homo" und „Kreuzabnahme" | Umkreis Barthel Bruyn d. Ä., Köln | Mitte 16. Jh. – **FENSTER** Siegrid Kopfermann, Düsseldorf | 1978 und 1982 – **ORGEL** Fa. Stahlhut, Aachen | Anfang 20. Jh., wohl aus der alten Kirche, neu eingerichtet für Neu St. Anna von Orgelbau Willi Peter, Köln um 1968 | 2 Manuale, 25 Register – **GLOCKEN** Läutemotiv *Salve regina* | Heiligen-Glocke | 15. Jh. | aus Altmünsterberg, St. Barbara, Ostpreußen | unbekannter Gießer // Anna, Gerhardus | 1953 | Hans Hüesker, Fa. Petit & Gebr. Edelbrock, Gescher // Salvator | 1972 | Hans Hüesker, Fa. Petit & Gebr. Edelbrock, Gescher – **SKULPTUREN AUSSEN** Anna Selbdritt | Portalsturz | Rudolf Peer, Köln | 1972 // Gefallenenehrenmal | Leonore Gerber-Sporleder, Düsseldorf | um 1930 | Bronzeabguss des ursprünglich steinernen Reliefs – **LITERATUR** Henrichs 1982, Erzbistum Köln 1995, Weidenhaupt 2004, www.st-antonius-oberkassel.de/StAnna/kirchedesmonats.html

5b Christus König, Oberkassel

ALTAR, AMBO, SAKRAMENTSHAUS Sepp Hürten | 1968 | werden von der ukrainisch griechisch-katholischen Gemeinde weiter genutzt – **KREUZ** Egino Weinert | 1968 | Crux Gemmata – **TAUFE** vermutlich ursprünglich, nicht mehr genutzt – **KREUZWEG** Hubert Dürnholz, Düsseldorf | 1941, erworben 1980 | Malerei auf Leinwand – **MARIENFIGUR** Otto Bussmann, Düsseldorf | 1932 | Madonna auf der Mondsichel | ursprünglich farbig, vermutlich bei Neugestaltung des Chores Ende der 1960er-Jahre geweißt – **GEMÄLDE** Ikonostase | Bruder Christophorus, Köln | 1960er-Jahre, neu errichtet 2003 | ursprünglich für die Essener ukrainisch griechisch-katholische Gemeinde // Ikone *Trichyrosa* (Madonna mit den drei Händen) | Orel, Russland – **FENSTER** Albert Diemke, Düsseldorf | 1958 | die göttlichen Gestalten und die Evangelistensymbole (Chor), der lehrende und heilende Jesus und dessen Nachfolge in den Heiligen (Langhaus) – **ORGEL** Orgelbau Feith, Höxter | 1960 für St. Johann Baptist, Wuppertal | 2000 neu errichtet von Orgelbau Siegfried Sauer, vormals Feith, Höxter-Ottbergen | 2 Manuale, 24 Register – **GLOCKEN** Läutemotiv *Te Deum* | unbenannte Glocke, Maximilian Kolbe, Marien | alle 1979 | Hans Gerd Rincker, Sinn im Dillkreis – **LITERATUR** Henrichs 1982, Architekturführer 2001, Giesen 2001, Weidenhaupt 2004

6 St. Antonius, Friedrichstadt

ALTAR Karl Franke, Meerbusch | weißer Marmor | 1969 – **CHOR- UND SEITENALTÄRE** Karl Franke | 1977 // Marienaltar: Josef Linden, Düsseldorf | Jugendstil // Josefsaltar: Frédéric Coubillier, Düsseldorf | 1929 – **AMBO** Karl Franke | 1969 | weißer Marmor – **TABERNAKEL** Karl Franke | Aluminiumguss | 1975 – **HÄNGEKREUZ** Georg Gehring, Adenau | 1984 | Elektrolytkupfer mit Vergoldung und Patinierung | Christus als Sieger mit Königskrone – **TAUFSTEIN** 1937 | Muschelkalk | 1983 Restaurierung Karl Franke – **KREUZWEG** Josef Wahl, Düsseldorf | neugotisch – **MARIENFIGUR** Pietà | Josef Brüx, Kleve – **HEILIGENFIGUREN** Maria: Georg Gehring | 1981 | Lindenholz | Neuanfertigung nach neugotischem Vorbild // Antonius | 1982 – **FENSTER** Chor: Wilhelm Buschulte | 1968/69 | geometrisch, farblos – **BRONZEPLASTIKEN** Fischfang, Emmausjünger, ungläubiger Thomas, Judas-Kuss – **WERKTAGSKAPELLE** Altar, Ambo, Tabernakel und Antonius-Figur von Karl Franke // Vortragekreuz: Ebenholz mit Silberblech beschlagen – **BAUPLASTIK** qualitätvolle neuromanische Kapitelle | vier Temperamente, vier Lebensalter, vier Evangelisten, vier Kontinente, vier Jahreszeiten, Tageszeiten, Tugenden – **ORGEL** Gebr. Krell, Duderstadt | 1957 | 2002 Umbau Gebr. Stockmann, Werl | 52 Register – **GLOCKEN** Läutemotiv *Te Deum laudamus* | Antonius, Maria, Josef, Petrus, Apollinaris | 1912 | Karl Otto, Fa. Otto, Hemelingen – **SKULPTUR AUSSEN** hl. Antonius | Sandstein – **LITERATUR** Henrichs 1982, Festschrift St. Antonius 1984

7 St. Antonius, Hassels

ALTAR Otto Bongartz, Köln | 1965 – **AMBO, TABERNAKEL, TABERNAKELSTELE, EWIG-LICHT-LEUCHTE** Gerhard Wind, Düsseldorf | 1988-92 – **KREUZ** Hans Rheindorf, Köln | 1967 – **TAUFSTEIN** 1927 | gestiftet von der Hebamme Gertrud Rottmann, Düsseldorf-Hassels – **KREUZWEG** Rainer Maria Bongartz, Issum | 1952/62 | ursprünglich an der südlichen Außenwand | 1993 durch Hein Derix im Zuge der Verlegung in den Innenraum auf der zeichnerischen Grundlage der Originale neu gefertigt und gerahmt – **MARIENFIGUR** Otto Bussmann, Düsseldorf | 1940 | vom ehemaligen Seitenaltar St. Josef – **HEILIGENFIGUR** Josef | Otto Bussmann, Düsseldorf | 1940 | vom ehemaligen Seitenaltar St. Maria – **RELIEF** Antonius predigt den Fischen | Franz Kött, Schwerfen bei Zülpich | 1972 – **FENSTER** Langhaus | Wilhelm Schmitz-Steinkrüger, Köln | projektiert 1939, Ausführung 1944, Auslieferung 1945, Montage nach Zwischenlagerung in der Krypta 1949 | Symbolfenster mit den Anrufungen der sieben O-Antiphone des Advent sowie der Antiphon zum Fest der Unbefleckten Empfängnis Mariens // Chor | Wilhelm Schmitz-Steinkrüger, Köln | 1963 | Manna in der Wüste // Tauffenster | Paul Weigmann, Opladen | 1965 | Fisch // Westrose und seitliche Emporenfenster | Gerhard Wind | 1988 – **AUSMALUNG** Gerhard Wind, Düsseldorf | 1988-92 – **CHORDECKE** Karl Josef Bollenbeck, Köln | 1992, Ausf. Walter Wiemeler, Senden – **MOSAIKE DER APOSTELLEUCHTER** Wilhelm Schmitz-Steinkrüger | 1942 – **KRYPTA** Altar | um 1990 | Mosaikbild des hl. Martin von Porres // Fenster | um 1990 | Alpha, Omega, Fisch und Christusmonogramm // Flügeltriptychon im Stil des späten 15. Jh. | Werner Helle | 1987 | unvollendet | Geburt Jesu, Kreuzigung, Verklärung – **ORGEL** Fa. Weimbs, Hellenthal | 1990, 2007 generalüberholt und Dispositionserweiterung | 3 Manuale, 27 Register – **GLOCKEN** Duett-Motiv | Pius X. | 1955 | Bochumer Verein für Gussstahlfabrikation // unbekannter Patron | 1928 | Gebr. Ulrich, Apolda – **LITERATUR** Pfarrarchiv St. Antonius, Henrichs 1982, Architekturführer 2001, Brzosa 2001, Giesen 2001 – **ZITAT** Pfarrarchiv St. Antonius, Brief Wilhelm Derix, Kevelaer, vom 12.5.1944

7a St. Elisabeth, Reisholz

ALTAR ursprünglich | gusseiserner Baldachin „Zelt Gottes unter den Menschen“ – **AMBO, SEDILIEN, KREUZWEG, EWIG-LICHT-LEUCHTER, KREDENZ** Willi Dirx, Wuppertal | 1976 | Aluminiumguss – **TABERNAKEL** ursprünglich | verschiedene Christus- und Sakramentssymbole sowie Heilig-Geist-Taube // Stele: Willi Dirx, | 1976 – **KREUZ** Künstler nicht bekannt – **TAUFSTEIN** neugotisch | Deckel | vermutlich um 1955 | Schöpfung und Name JAHWE (hebr.) – **OSTERLEUCHTER** Egino Weinert, Köln | christologische Szenen – **MARIENFIGUR** Herbert Belau, Düsseldorf | 1958 – **HEILIGENFIGUR** Elisabeth | Willi Dirx | 1991 | zweifigurige Bronzegruppe – **FENSTER** Turmhallen | monogrammiert GS | Elisabeth, Schutzengel // Sakristei | monogrammiert GS | Notkirche St. Elisabeth von 1907 – **IKONE** Eleousa | Mosaik – **WANDBEHANG CHOR** von französischen Ordensschwestern | 1973, 2005 von Johanna Maday, Düsseldorf, durch farbige Stickerei aufgefrischt | Batik | „Die Eucharistie als Mitte der Schöpfung“ – **ORGEL** Fa. Späth, Ennetach | 1960 | 2 Manuale, 20 Register – **GLOCKEN** *Präfationsgeläutemotiv* | Antonius, Joseph, Elisabeth, Maria | 1955 | Hans Hüesker, Fa. Petit & Gebr. Edelbrock, Gescher – **PORTALGRIFFE** vermutlich Georg Schöler, Velbert | 1955 – **SKULPTUR AUSSEN** Heilig-Geist-Taube über dem Baptisterium | Zoltan Székessy, Budapest, Ungarn/Düsseldorf | 1955 | Kupferblech – **LITERATUR** Ausstellungskatalog Neue Kirche 1956, Weyres 1957, Henrichs 1982, Erzbistum Köln 1995

8 St. Apollinaris, Oberbilk

ALTAR Aachener Blaustein | 1961 // ehemaliger Hochaltar: neugotischer Flügelaltar mit Schnitzwerk | 1907 – **TABERNAKEL** Dawo | 1969 | flaches vierseitiges Prisma, umkleidet mit einem Edelstahlmantel auf einer schlanken Steinsäule – **KREUZ** Gretel Gemmert, Düsseldorf | Bronze | 1960er-Jahre – **KANZEL** 1953 – **SEITENALTÄRE** Herz-

Jesu-Altar: P. Keller OP | 1910 // Marienaltar // Maria-Hilf-Altar // Judas-Thaddäus-Altar – **RELIQUIE** Apollinaris | 14. Jh. | aus dem Apollinarisschrein von St. Lambertus – **KREUZWEG** Josef Wahl, Düsseldorf | 1926 – **MARIENFIGUREN** Madonna mit Kind // Pietà: Jean Pefer, Ratingen | 1950 – **FENSTER** 1964 – **ORGEL** Fa. Romanus Seifert, Kevelaer | 1951-62 | 37 Register – **GLOCKEN** Läutemotiv *Te Deum* und *Gloria* | 1957 | Paulus, Apollinaris, Maria, Josef, Elisabeth, Agnes | Paulusglocke von 1959, alle anderen 1957 | Hans Hüesker, Fa. Petit und Gebr. Edelbrock, Gescher – **SKULPTUR AUSSEN** Apollinaris – **LITERATUR** Schmitges 1971, Greb 1977, Henrichs 1982, Becker-Huberti 2003

9 St. Augustinus, Eller

ALTAR Rudolf Peer, Köln | 1996 | Sandstein | Blockaltar mit einer sich nach oben erweiternden Mensa – **AMBO** Rudolf Peer | 1996 | Sandstein – **TABERNAKEL** bauzeitlich | grauer Naturstein | Bronzegitter von Rudolf Peer 1996 mit brennendem Dornbusch – **KREUZ** Wilhelm Heising, Münster | Bronze | fünf flache Pyramiden mit ungeschliffenen Bergkristallen – **TAUFSTEIN** bauchiges Becken über vier Säulen mit Blattmotiven und Schlange | Bronzehaube mit Johannes dem Täufer mit Kreuzstab – **SEDILIEN** Rudolf Peer | 1996 | Bronzewangen mit Sitzfläche aus Holz – **KREUZWEG** Jochem Pechau | seit 1999 aufgestellt – **ORGEL** Fa. Johannus/Niederlande – **GLOCKEN** zwei Glocken ohne Patrozinium, nach Hoffs 2008 in einem Keller stehend // eine Glocke 1899 | Bochumer Verein für Gussstahlfabrikation – **AUSSENKREUZ** Johann Karst, Düsseldorf-Eller | seit 2007 aufgestellt – **LITERATUR** Henrichs 1982 | Erzbistum Köln 1995 | Lienhardt 1999 | Architekturführer 2001

10 St. Benediktus, Heerdt

ALTAR Hein Gernot, Köln | 1982 // Sakramentsaltar | Teile des 1936 abgebrochenen Hochaltares mit der 1873 gemalten Kreuzigung von Heinrich Lauenstein, Düsseldorf | bis 1982 neu errichtet von Kunstschreiner Peter Wirtz, Bedburg – **KREUZ** Corpus eines Kruzifixes | datiert 1748 | nach Vorbild des Kruzifixes in der ehemaligen Abteikirche in Brauweiler von Gabriel de Grupello – **KANZEL** Korb um 1600 | 1887 um Deckel und Fuß ergänzt von Heinrich Bong, Köln | Quirinus, Christus, Evangelisten und vier Apostel – **TAUFSTEIN** erste Hälfte 13. Jh., Unterbau 1887 von Heinrich und Johann Bong, Köln | Lamm Gottes, Fabelwesen und die Köpfe wohl in apotropäischer (das Übel abweisender) Funktion, die dreifach gedrehte Schnur als Sinnbild der Verbundenheit mit Christus durch die Taufe und durchaus nach Koh 4,12 für gelebte Solidarität in Lebensgemeinschaften | der Taufstein wurde in unbekannter Zeit unter dem Chor der alten Kirche vergraben, seit 1887 wiederverwendet, die Kanten der Figuren in unbekannter Zeit abgearbeitet // Deckel | 1976 | Heilig-Geist-Taube, Christuszyklus – **HEILIGENFIGUREN** Benedikt | Grupello-Umkreis | erste Hälfte 18. Jh. // Grablegung | um 1500 – **FENSTER** Chor | vermutlich um 1950 // Langhaus | Helmut Degenhard, Bonn | 1970 – **AUSMALUNG** Gangolf Minn, Brühl | nach 1970 – **ORGEL** Freiburger Orgelbau Hartwig Späth, Hugstetten | 1983 | 2 Manuale, 31 Register – **GLOCKEN** Läutemotiv *Gloria* | Benedikt | 1950 // Maria, Joseph | 1956 // Elisabeth, Anton | 1973 | alle Hans Hüesker, Fa. Petit & Gebr. Edelbrock, Gescher – **LITERATUR** Achter 1982, Henrichs 1982, Architekturführer 2001, Brzosa 2001, Dehio 2005 – **ZITAT** Henrichs 1982, S. 186

10a St. Maria Hilfe der Christen, Oberlörick

ALTAR, AMBO, OSTERLEUCHTER Egino Weinert, Köln | erste Hälfte 1990er-Jahre // Hochaltar | ursprünglich | ehedem vor der Chorwand mit über seitliche Stufen zu erreichendem hohem Expositionsaltar ergänzt – **TABERNAKEL** Hans Mennekes, Weeze | vermutlich um 1970 – **TAUFE** um 1955 – **RELIQUIEN** Pius X. | Piusfigur von Bildhauer Heimzeller, Oberammergau | 1984 – **KREUZWEG** Hans Scherl, Wittlich | 1980 | Kopien der Originale der Kapelle am Totenmaar bei Daun/Eifel – **MARIENFIGUREN** Ikone „Maria, Hilfe der Christen" // Mondsichelmadonna | Frauen Becher und Aswerus, Düsseldorf | Duplikat 1979 | Textil – **HEILIGENFIGUR** Judas Thaddäus | Hans Wehrenberg, Münster | 1960 – **FENSTER** Dieter Hartmann, Köln // Marienkapelle | Sr. Hildegard Birks, Hiddesen | Lamm Gottes und Heilig-Geist-Taube – **ORGEL** Kreienbrink, Georgsmarienhütte | 1959, generalüberholt 1989 | 3 Manuale, 30 Register – **GLOCKE** Gießer und Patron nicht ermittelt | vermutlich 1881 – **LITERATUR** Weyres 1957, Henrichs 1982, Kirchenführer St. Maria Hilfe der Christen 1997, www.kirche-heerdt-loerick.de

11 St. Blasius, Hamm

HOCHALTAR 1911 | Marmor | Lamm Gottes – **ZELEBRATIONSALTAR** Olaf Höhnen, Frechen | 1981 | aus Marmorteilen der alten Kommunionbänke – **AMBO** Kunstschmiede Fritz Kronenberg, Himmelgeist | 2000 | Schmiedeeisen – **TABERNAKEL** Motive: Lamm, Tauben, Pelikan, Fisch – **KREUZ** (Seitenaltar) aus dem Hubertusstift, Unterbilk | 1811 | Holz – **TAUFSTEIN** vermutlich 1911 | Sandstein – **OSTERLEUCHTER** dem mit Ranken- und Spiralwerk gearbeiteten Standleuchter in St. Suitbertus, Kaiserswerth, nachempfunden – **JOSEFSALTAR** vermutlich 1825 (Vorgängerbau) | Holz – **MARIENALTAR** vermutlich 1825 (Vorgängerbau) | Holz – **KREUZWEG** Oberammergau | 1958 | Lindenholz – **MARIENFIGUR** Pietà | Josef Schneider, Grafenberg | 1919 | Holz – **HEILIGENFIGUREN** Suitbertus | vermutlich 1825 (Vorgängerbau) // Blasius | Fa. Bauer, Kevelaer | 1988 | Holz – **FENSTER** sämtlich von Ernst Jansen-Winkeln, Mönchengladbach | 1967 | Ergänzung Chorfenster Mitte 1978 | Thronender Christus // Seitenschiffe: zwölf Apostel, vier Propheten (David, Daniel, Jesaja, Ezechiel) // Mittelschiff: abstrakte Darstellungen – **ORGEL** Fa. Romanus Seifert, Kevelaer | 1955 | 34 Register – **GLOCKEN** *Präfationsgeläutemotiv* | Christ-König, Maria, Blasius, Joseph | 1971 | Bronze | Hans Hüesker, Fa. Petit & Gebr. Edelbrock, Gescher – **LITERATUR** Festschrift St. Blasius 1911, Henrichs 1982, Schütte 1983, Festschrift St. Blasius 1986, Brzosa 2001, zu Kapellen auch: Dehio 2005

12 St. Bonifatius, Bilk

HOCHALTAR vermutlich Paul Schneider-Esleben | 1956 | Schluppacher Marmor – **ZELEBRATIONSALTAR** ehemaliger Seitenaltar, 1966 in Raumachse gerückt | Stipes aus gestocktem Basalt, Mensa gestockter Tuff – **AMBO** 2001 | Bronze – **TABERNAKEL** Friedrich Becker | 1957 | stehendes Lamm mit 250 Bergkristallen – **KREUZ** älterer Korpus seit 1956 auf neuem Kreuz – **TAUFSTEIN** Kölner Werkschulen | 1962 | weißer Marmor | zylindrische Form, am Beckenrand vier Kreuze – **OSTERLEUCHTER** Bronze – **RELIQUIEN** Bonifatius | kreuzförmiges Reliquiar | um 1931 – **KREUZWEG** Bronze – **MARIENFIGUR** Madonna mit Kind: Maria im Sturm | Kopie nach Grupello – **HEILIGENFIGUREN** Bonifatius // Joseph Südseite // Joseph Nordseite | 18./19. Jh. // Nikolaus // Bischof mit Schwert – **FENSTER** alle Georg Meistermann, Köln | Chorfenster | 1956, 1979 erneuert // Giebelfassadenfenster | 1956 | geometrische Variationen der Grundfarben // Langhausfenster | 1978 | sechs Hauptfeste des Kirchenjahres: Weihnachten (Stern, Rose), Ostern (grünes Kreuz, Dornenkrone, Würfel), Pfingsten (Zungenstrom von oben, Bonifatius, Ähre, Weintrauben), Fronleichnam (Vorhänge verdecken himmlische und irdische Welt, dazwischen Kelch und Hostie), Dreifaltigkeit (Auge, Kreuz, Taube, unten Kelch, Anker, Kreuz als Tugendsymbole), Allerheiligen/Allerseelen (Kreuze, Tränen, Sichel) – **GEMEINDEBÄNKE** 1971 – **ORGEL** Romanus Seifert & Sohn, Kevelaer | 1957 | 34 Register, 3 Manuale, aufgeteilt auf zwei seitlich und ein an die Emporenbrüstung gerückte Bauteile mit offenem Prospekt, so bleiben die Fenster der Giebelfassade frei – **GLOCKEN** Läutemotiv *Pater noster* | Roberto, Bonifatius, Theresia | 1954 | Hans Hüesker, Fa. Petit & Gebr. Edelbrock, Gescher – **LITERATUR** Weyres 1932, Weyres 1957, Festschrift Bonifatius 1978, Henrichs 1982, Beckers 1995, Architekturführer 2001, Festschrift Bonifatius 2003

13 St. Bruno, Unterrath

ALTAR, AMBO Richard Janeschitz-Kriegl und Wolfgang Brechbühl, Düsseldorf | 2000 | Altar: dunkel- und hellgrauer Marmor | an Außenkanten gerundete, überstehende Eckpfosten // Ambo: graue, prismatische Marmorblöcke, hölzerner Pultaufsatz mit Buchablage zur Gemeinde, Standort mit goldenem Bodenmosaik betont – **TABERNAKEL** Albert Sous, Aachen | 1975 | vergoldetes Bronzerelief mit kreuzförmiger Struktur und 12 roten Emailplättchen | Bronzestele umfasst den Tabernakel mit großer Rahmung, 2000 zusätzliche hellgraue Marmorrahmung – **KREUZ** Korpus | 1928 | Holz | 2000 neue y-förmige Kreuzbalken – **TAUFBECKEN** 2000 | heller Marmor und Mosaikfliesen, Holzabdeckung auch als Standplatz für Sarg bei Exequien | kreuzförmiges, tiefes Becken für Immersions-Taufe, fließendes Wasser aus höher liegendem Becken | auf Anordnung des Erzbischofs seit 2009 nicht genutzt, traditionelles Taufbecken im Eingangsbereich in Planung – **OSTERLEUCHTER** Bronze, Bergkristall – **SEDILIEN** Steinbänke als steinerne Wangen zum erhöhten Taufchor – **BEICHTRAUM** Büro Janeschitz-Kriegl | 2000 | einladender, in ehemaliger Taufkapelle betont platzierter Ort – **KREUZWEG** Cynthia Tokaya, Düsseldorf | 2005/06 | großformatige Leinwandgemälde als Wandfries – **MARIENFIGUREN** versilberte Himmelskönigin mit Kind | Geschenk der Mutterkirche St. Maria unter dem Kreuz zur Kirchweihe 1928 // Pietà in Marienkapelle | Wilhelm Hanebal | 1951 |

Naturstein – **HEILIGENFIGUREN** hl. Mönch (Nähe Vorhalle) | vermutlich 1930er-Jahre | Holz, ungefasst // Bruno (seitlich Altarbereich) | vermutlich von Mönch des Kartäuserklosters Maria Hain, Düsseldorf // Judas Thaddäus | Holz, silber-goldene Fassung // Bruno (Krypta) – **FENSTER** Kirchenschiff und Chor: Anton Wendling, Aachen | späte 1950er-Jahre | quadratische Ornamentik // Krypta: Jochem Poensgen, Düsseldorf | 1966 // Beichtkapelle (ehemalige Taufkapelle): Heinrich Dieckmann, Trier | 1957/58 | Taufe Jesu // Marienkapelle: Marienleben – **DECKENGLIEDERUNG UND AUSMALUNG** Büro Janeschitz-Kriegl | 2000 – **APSISINSTALLATION** mit schwebenden Segeln | Büro Janeschitz-Kriegl | 2000 – **ORGEL** Romanus Seifert & Sohn, Kevelaer | 1954, 2008 Restaurierung Fa. Peter, Köln | 29 Register – **GLOCKEN** Sakristeiglocke aus ehemaliger Kartause | 1935 // Turmglocken: Läutemotiv *Präfationsgeläutemotiv* | Bruno, Maria, Antonius, Josef | 1948 | Bochumer Verein für Gussstahlfabrikation – **LITERATUR** Weyres 1932, Henrichs 1982, Architekturführer 2001, Giesen 2001

14 St. Cäcilia, Hubbelrath

HOCHALTAR aus Kreuzherrenkloster, Düsseldorf | seit 1820 in Hubbelrath (vermutlich durch Vermittlung Friedrich Wilhelms IV.) | klassizistisch um 1770, im 19. Jh. verändert, Rückbau 1961 | Holz, marmoriert – **ALTAR, AMBO** Entwurf Karl Josef Bollenbeck, Brühl | 1988 | Holz, marmoriert – **VORTRAGEKREUZ** Fa. W. Polders, Kevelaer | 1962 – **TAUFSTEIN** 1780 | Fuß Sandstein, Becken schwarzer Marmor, Messinghaube – **BEICHTSTUHL** niederrheinisch | frühes 19. Jh. – **KREUZWEG** um 1890 | Kupferdruck – **KRUZIFIXUS** Turmkapelle | 16. Jh. | Eichenholz | mit strahlenförmiger Dornenkrone – **MARIENFIGUR** Hubbelrather Silbermadonna im Hochaltar | zweite Hälfte 14. Jh. | Holz, silberbeschlagen – **HEILIGENFIGUREN** Reliefs Petrus und Paulus, ursprünglich am Außenbau, heute die Uhrennische flankierend | barock // Joseph | 18. Jh. // Cäcilia | 1989 // Rahmen für beide | Karl Josef Bollenbeck | 1988 – **GEMÄLDE** Krönung Mariens (Turmkapelle) | 17. Jh. | Öl auf Leinwand // Grablegung Christi | Ludwig Keller | Ende 19. Jh. | Öl auf Leinwand | Kopie nach Tizians Grablegung im Louvre – **FENSTER** Dieter Hartmann, Köln | 1983-85 | Leben und Wirken Jesu – **AUSMALUNG** Triumphbogen | Stevens, Kaiserswerth | um 1860 | eucharistische Symbole – **STANDUHR** J. W. Grasshoff, Mettmann | 1752 – **SAKRISTEITÜR** Türblatt mit Fächermotiv | 1752 | Eiche, steinerner Rahmen | datiert 1693 – **KRONLEUCHTER** 1987 | Goldmessing – **ORGEL** Fa. H. Wilbrand, Übach-Palenberg | 1971 | 17 Register // Orgelempore um 1840 mit gusseisernen Maßwerkfeldern – **GLOCKEN** Läutemotiv *Salve Regina* | Cäcilia | 1440 | Heinrich Brodermann, Köln // Maria | 1511 | Jan van Nuys, Aachen // Bernhard, Hippolyt | 1962 | Hans Hüesker, Fa. Petit & Gebr. Edelbrock, Gescher – **TURMPORTAL** schlichte Basaltlaibung | 1988 – **SKULPTUREN AUSSEN** Holzkreuz // Gedenkstein Johannes und Bernhard Petri – **LITERATUR** Clemen 1894, Henrichs 1982, Reinle 1988, Saeger 1999, Festschrift Hubbelrath 2000, Brzosa 2001, Dehio 2005

14a St. Victor, Knittkuhl

ALTAR, AMBO, TABERNAKEL Karl Matthäus Winter, Limburg | Basalt, Travertin – **KREUZ** Bronzekorpus auf kreuzförmigen Mauerschichten der Ziegelwand – **FENSTER** Dieter Hartmann, Köln | 1983 | Cäcilia, Victor – **ORGEL** Fa. Gebr. Stockmann, Werl | 1997 | 18 Register, an die Architektur angepasster moderner Prospekt – **LITERATUR** Henrichs 1982, Saeger 1999, Festschrift Hubbelrath 2000

15 St. Cäcilia, Benrath

ALTAR Rudolf Peer, Köln | 1967 | Stein und Marmor mit vier Bronzereliefs: „Deinen Tod o Herr verkünden wir …" – **AMBO** Rudolf Peer | Bronze | Adlerpult – **TABERNAKEL** Karl Burgeff, Köln | vergoldetes Metall | die sieben geistigen und leiblichen Werke der Barmherzigkeit – **KREUZE** Kreuzigungsgruppe im Chor mit Pelikan | Kruzifix und Pelikan 14./15. Jh. | Holz | neue Aufstellung durch Rudolf Peer 1997 mit Baldachin auf Steinsäulen // Kreuz in Mandorla am Hauptportal | Karl Burgeff | 1966 | Bronze mit Halbedelsteinen, weiße Onyxe // Kruzifixus | um 1700 | Elfenbein | Parallelen zu Grupello-Kruzifix in Neuss-Norf – **TAUFSTEIN** Rudolf Peer | 1963 | Stein mit Abdeckung aus Kupfer | Jonageschichte // historischer Taufstein als Weihwasserbecken am Hauptportal | vermutlich 1480 | Trachyt – **OSTERLEUCHTER** Rudolf Peer | 1965 | Messingguss | Szenen der Heilsgeschichte – **KREUZWEG** Ursula Luczak-Keusen, Düsseldorf | 1953 | Betonguss – **MARIENFIGUREN** Gnadenbild Schwarze Muttergottes | 1677 | Holz | Glasgehäuse Klaus Balke, Köln | Kronen und Zepter | Conrad Hadernach, Düsseldorf | 1705 // Immaculata | Ende 17. Jh. | Italien (wahrscheinlich aus dem Umkreis Berninis oder Borrominis) | Marmor – **HEILIGENFIGUR** Cäcilia | vermutlich Süddeutschland | 17. Jh. | Holz farbig gefasst – **HEILIGENBILD** Antonius | Öl auf Leinwand – **RELIEF** neugotisch | Stein | Christus mit einem Heiligen – **FENSTER** zwei Apsisfenster im Ostchor: neugotisch | vier Szenen aus dem Leben der hl. Cäcilie // vier Apsisfenster: Johannes Schüchter, Köln | 1952 | Symbole der sieben Sakramente // Taufkapelle: Rudolf Peer | Geist Gottes schwebt über den Wassern, Weinstock, Fisch (Ichthys), Hirsch an der Quelle // südliches und nördliches Querhaus: Manfred Ott, Köln | 1965 | Martyria: Leib Christi auf ein grünes Tuch gebettet, umgeben von einer Engelschar mit Instrumenten, im Couronnement: Jesus am Kreuz // Diakonia: Jesus wäscht Petrus die Füße, Mann und Frau sind im Ehesakrament miteinander verbunden, im Couronnement: hl. Geist als Taube // Marienkapelle: Peter Hecker | 1941 | sieben kleine Fenster mit Darstellungen aus der Lauretanischen Litanei, sieben Engelsgestalten mit Emblem in den Händen, mit dem Maria bezeichnet wird | eins der Fenster von Wilhelm Schiffer ergänzt | 1993 | Pforte des Himmels // Langhaus: Wilhelm Schiffer | 1993 – **ORGEL** Fa. Fabritius | 1908 | Erweiterung 1976 Fa. Romanus Seifert, Kevelaer | 32 Register | Erweiterung 2007 | Fa. Schumacher/Belgien | 33 Register | Romantische Orgel – **GLOCKEN** Läutemotiv *Te Deum laudamus* | Christus, Maria, Josef, Cäcilia, Jesuskind | 1949 Karl Otto, Fa. Otto, Hemelingen – **HAUPTPORTAL** Helmut Moos, Bensberg | 1963 | Bronze | Pilgerzug der Menschen vom Sündenfall bis zum himmlischen Jerusalem – **TÜRGRIFFE** Seiteneingänge: Rudolf Peer | 1963 | Bronze | Engel, fünf kluge Jungfrauen, Schlange, Taube, Lamm – **LITERATUR** Festschrift St. Cäcilia Benrath 1977, Henrichs 1982, Brzosa 2001, Festschrift St. Cäcilia Benrath 2002, Dehio 2005

16 St. Dionysius, Volmerswerth

ALTAR neugotisch | 1894 als Herz-Jesu-Altar mit Figuren Jesu und Mariens erweitert | bis 1950 Abbau der Altarrückwand und für die Messfeier mit Blick zum Volk (*versus populum*) vorgerückt – **TABERNAKEL** Ludwig Freudenhammer, Kevelaer | 1939 in Auftrag gegeben, 1950 vor der Chorwand in einen neugotischen Retabelbaldachin eingelassen | Evangelistensymbole – **KREUZ** Sr. Lioba Munz OSB, Fulda | 1952 – **TAUFSTEIN** 1934 // Deckel | Joseph Gotzes, Krefeld | 1985 – **SEITENALTÄRE** Ferdinand Hachenberg, Köln | 1898 | Marienaltar, reduzierte Aufstellung mit Muttergottes sowie Rückwandreliefs mit Geburt Jesu und Josefwerkstatt // Dionysius- und Vierzehn-Nothelfer-Altar, im Zuge des Neubaus der Taufkapelle 1955/56 abgebaut, hl. Dionysius vor den Durchgang zur Taufkapelle, die Holzreliefs mit Mission und Martyrium des Heiligen an die Chorwand versetzt – **BEICHTSTUHL** Ferdinand Hachenberg | 1899 | in den 1950er-Jahren aus Fragmenten wieder zusammengesetzt – **KREUZWEG** Joseph Krautwald, Rheine | 1982 – **MARIENFIGUR** Madonna | Orgelempore | 18. Jh. – **HEILIGENFIGUREN** Anna Selbdritt | gotisch // Dionysius | gotisch // Antonius und Maria Magdalena (Büste) | Ergänzung der Ausstattung von 1993 – **FENSTER** Chor | Johannes Richstätter, Wewelsburg | 1950 | Georg, Auferstandener, Michael // Südquerhaus | Johannes Richstätter | 1952 | Marienlob // Langchor, Nordquerhaus, Taufkapelle, Beichtstuhlnische | Robert Rexhausen, Köln | 1981-84 // Langhaus | Fabian Schmid-Heinisch, Düsseldorf | 1986 // Turmhalle | Fabian Schmid-Heinisch | 1998 // Turmfront | Entwurf Robert Rexhausen, überarbeitet von Ursula Lünenborg | 1986 – **KRONLEUCHTER** flämisch | 1959 angeschafft zum Ersatz für den 1926 von Pfarrer Pieck angeschafften elektrischen Leuchter – **ORGEL** Romanus Seifert, Kevelaer | Prospekt Franz Peters | 2003 | 2 Manuale, 25 Register – **GLOCKEN** Läutemotiv *Salve regina* | Dionys, Sebastian, Maria, Schutzengel | 1966 | Johannes Mark, Eifeler Glockengießerei, Brockscheid über Daun // Michael | 1981 | Florence Hüesker, Fa. Petit & Edelbrock, Gescher – **SKULPTUREN AUSSEN** Sebastian | Peter Müller, Düsseldorf | 1984 | Ehrenmal der Schützenbruderschaft, allen Kriegsopfern gewidmet // Gedenkkreuz für Pfarrer Johann Heinrich Lensch, gest. 1839 (Kreuz nicht mehr original) – **LITERATUR** Vogt 1960, Henrichs 1982, Brzosa 2001, Spohr 2003

17 Heilige Dreifaltigkeit, Derendorf

ALTÄRE Zelebrationsaltar | 1952 // Antependium | Dreifaltigkeit mit Schöpferhand, Lamm Gottes und Taube // Altar Werktagskapelle | Chor | Rudolf Peer, Köln | 1975-77 – **TABERNAKEL, LEUCHTER** Rudolf Peer | 1975-77 – **EPITAPH** Heinrich Arnold und Peter Sommers | gest. 1726 bzw. 1752, das Epitaph von 1981 gibt fälschlich 1720 als Todesjahr H. A. Sommers' an // Prälat Hubert Thienel | 1987 – **FENSTER** Franz Pauli, Köln | 1966-69 | Chor:

Thron des Höchsten // Marienkapelle: Marienleben // Taufkapelle: Leben Jesu // Querhaus: Barbara, Sebastian – **AUSMALUNG** Decke | Robert Rexhausen | 1975 – **DREIFALTIGKEITSGITTER** Ludwig Gies, Köln | 1952 | bis 1973 Trenngitter der ehemaligen Sakramentskapelle im Chor – **ORGEL** Romanus Seifert & Sohn, Kevelaer | 1959 | 3 Manuale, 40 Register – **GLOCKEN** Läutemotiv *Veni, Creator Spiritus* | Dreifaltigkeit, Maria, Joseph, Petrus, Barbara, Angelus | 1960 | Hans Hüesker, Fa. Petit & Gebr. Edelbrock, Gescher – **LITERATUR** Clemen 1894, Weyres 1957, Henrichs 1982, Festschrift Heilige Dreifaltigkeit 1992, Kähmer 1999, Brzosa 2001 – **ZITAT** Brzosa 2001, S. 167

18 St. Elisabeth und Vinzenz, Flingern

ALTAR, TABERNAKEL Hubert Brauns und Richard Janeschitz-Kriegl, beide Düsseldorf | 1994 – **AMBO** 1984 | Evangelistensymbole – **KREUZ** Corpus | vermutlich Carl Burger, Aachen | um 1912 | der Corpus ist das einzige erhaltene Stück des ursprünglichen Hochaltares von St. Elisabeth – **TAUFSTEIN** um 1912 | Schöpfungsgeschichte – **RELIQUIEN** Elisabeth | Reliquie und Reliquiar stammen von den Wiener Elisabethinen | das Stahltor von Gisbert Michael Dahmen-Wassenberg | 1999 – **MARIENFIGUR** 20. Jh. – **HEILIGENFIGUR** Elisabeth | bayerische Holzschnitzarbeit | Mitte 20. Jh. – **RELIEF** Petrus und Paulus | Belgien | Mitte 20. Jh. | die Platten an den Triumphbogenpfeilern deuten die Apostelfürsten traditionell als Stützen der Kirche Christi – **FENSTER** Ernst Jansen-Winkeln, Mönchengladbach | um 1950 – **KASSETTENDECKE** Hubert Brauns | 1958 | Lärche – **AUSSTATTUNG AUS ST. VINZENZ** Figur des hl. Vinzenz | Vinzenz von Paul ist ein Hauptpatron der tätigen Nächstenliebe, er passt gut zum caritativen Engagement der Kirchengemeinde und der hl. Elisabeth // Pietà, Ambo im Windfang und Beichtstuhl – **KRYPTA** Architekten Hubert Brauns und Richard Janeschitz-Kriegl | 2000 // Vinzenzreliquie, Vortragekreuz, Marienikone, Tabernakel und Taufbecken aus St. Vinzenz – **ORGEL** Johannes Klais, Bonn | 1960 | 3 Manuale, 32 Register – **GLOCKEN** Läutemotiv *Te Deum laudamus* | Elisabeth, Maria, Ludwig, Albertus Magnus, Heilig Geist | alle 1964 | Hans Hüesker, Fa. Petit & Gebr. Edelbrock, Gescher – **LITERATUR** Weyres 1957, Henrichs 1982, www.katholisches-flingern-duesseltal.de

19 Heilige Familie, Stockum

ALTAR vermutlich Hans Schwippert, Düsseldorf | 1962 | Anröchter Dolomit – **AMBO** Gisbert Dahmen-Wassenberg, Kevelaer | 2003 | Anröchter Dolomit | Keil, vom Himmel in die Erde geschlagen – **TABERNAKEL** Gisbert Dahmen-Wassenberg | würfelfömige Verkleidung aus Onyxmarmor, eingespannt zwischen Himmel und Erde – **KREUZ** Kurt Schwippert, Kelberg | ca. 1962 für diese Kirche, wegen fehlender Geldmittel von St. Paulus, Düsseldorf erworben, seit 1979 als Dauerleihgabe | Bronze – **TAUFSTEIN** Paul Grimm, Fussingen, Meisterschüler Ewald Matarés | ca. 1962 | kelchförmiger Naturstein | runder Kupferdeckel mit Arche Noah – **VORTRAGEKREUZ** am Taufort Gisbert Dahmen-Wassenberg | 2003 | Bronze | Modell aus Treibholzstücken und Wachs geformt – **TABERNAKEL FÜR HEILIGE ÖLE** Karl Schrage, Wuppertal | 1962 | ehemaliger Tabernakel – **GLASPLATTE** mit Autographen verschiedener Heiliger | Theresia Schüllner, Düsseldorf-Stockum – **SEDILIENBANK** Gisbert Dahmen-Wassenberg | 2003 | Anröchter Dolomit | endet als Kredenz und Buchablage – **KREUZWEG** Fritz Peretti, Düsseldorf-Golzheim | 1962 | Bronze – **FENSTER** rückwärtige Rundung: Hubert Spierling, Krefeld | 1985 | abstrakte Farben und Bleirutenlinien // seitlich des Altarbereiches: vermutlich 1962 | verglaste Betonrastersteine // Marienkapelle: Dieter Hartmann | 1984 | Lauretanische Litanei – **ORGEL** Fa. Franz Breil, Dorsten | 1981 | Renovierung und Erweiterung Fa. Fleiter, Münster | 1997 | 36 Register | Prospekt Architekten Rolf Bähr & Karl Heinz Gansfort – **MARIENKAPELLE** Mittelstück des Altares der Vorgängerkirche mit älterer Pelikandarstellung | 1990 aufgestellt // Chororgel Franz Breil | 1993 – **GLOCKEN** Läutemotiv *Te Deum* | „Kartäuser" | 1917 | Bochumer Verein für Gussstahlfabrikation (Stahl) // Pius XII./Evangelium, Johannes XXIII./Pax, Paul VI./Einheit | 1966 | Wolfgang Hausen-Mabilon, Fa. Mabilon & Co., Saarburg – **SKULPTUREN AUSSEN** acht Seligpreisungsstelen | Matthias Heiermann, Köln, und Johannes Hillebrand, Bonn | 1994 | Seligpreisungen (Mt 5,3-10) – **LITERATUR** Henrichs 1982, Schwippert 1984, Erzbistum Köln 1995, Festschrift Hl. Familie 1999, KdM 12-2000, Architekturführer 2001, Faltblatt zu Seligpreisungs-Stelen o. J., Faltblatt Heilige Familie o. J. – **ZITAT** Festschrift Hl. Familie 1999, S. 16

19a St. Albertus Magnus, Golzheim

ALTAR vermutlich Brauns & Janeschitz | 1976 | Granit – **TABERNAKEL** Kurt Zimmermann, Köln | Verkündigung – **KREUZ** Cäcilia Scheffer, Golzheim | 1981 | Holz, Bronze | Christus König – **RELIQUIEN** Albertus Magnus | in Kapsel im Altar – **MARIENFIGUR** Madonna mit Kind | vermutlich 18. Jh. – **HEILIGENFIGUREN** Joseph mit Kind | vermutlich 18. Jh. // Albertus Magnus | Wolfram Plotzke | 1942 – **FENSTER** Seitenschiffe: Walter Benner, Aachen | Betondickglas // Portalseite: Anton Wendling, Aachen | Symbolornamentik: Fische und Brote – **ORGEL** Romanus Seifert & Sohn, Kevelaer | 1954, 1984 Renovierung | 19 Register – **GLOCKEN** *Präfationsgeläutemotiv* | Maria Hilf | aus Fürstenau/Niederschlesien | 1484 // Albertus, Joseph, Schutzengel | 1956 | Hans Hüesker, Fa. Petit & Gebr. Edelbrock, Gescher – **LITERATUR** Henrichs 1982, Erzbistum Köln 1995, Festschrift Hl. Familie 1999, Architekturführer 2001, Faltblatt St. Albertus Magnus o. J.

19b St. Mariä Himmelfahrt, Lohausen

ALTAR, AMBO, CHORBANK Matthias Heiermann, Köln, und Johannes Hillebrand, Bonn | 1997 | Marmor – **TABERNAKEL** Kurt Schwippert | 1935/36 | Bronzereliefs vergoldet, Email | Verkündigung, Hochzeit zu Kanaa, Brotvermehrung, blaues Emailkreuz – **VORTRAGEKREUZ** 1924 – **TAUFSTEIN** neuromanisch | Anfang 20. Jh. – **OSTERLEUCHTER** ca. 1997 | Holz – **BEICHTSTUHL** neuromanisch | 1929 – **KREUZWEG** Terrakotta – **MARIENFIGUREN** Madonna mit Kind im Hauptschiff | Nürnberg | Mitte 15. Jh. | als Träger ein Hirschgeweih mit Drachenkopf // Madonna am Eingang | Peter Stammen, Lohausen | 1948 | Holz, ungefasst – **HEILIGENFIGUR** Herz-Jesu-Figur | Ferdinand Heseding, Lohausen | 1946 – **GEMÄLDE** Himmelfahrt Mariens – **FENSTER** Chor: Hans Mennekes, Weeze | nach 1945 | Himmelfahrt Mariens, Ludwig, Rochus // Orgelempore: Ludwig Baur, Telgte | Maria und Kind – **DECKENBEMALUNG** Gerhard Wind, Düsseldorf | um 1995 | geometrische Muster – **GEMEINDEBÄNKE** nach Bänken der Aachener Redemptoristenkirche – **KRONLEUCHTER** im Chor: Gisbert Dahmen-Wassenberg | 1997 | für Kerzen und elektrisches Licht – **ORGEL** Fleiter, Münster | 1997 | 20 Register – **GLOCKEN** Läutemotiv *Christ ist erstanden* | Christus, Maria, Joseph, Rochus | 1963 | Hans Hüesker, Fa. Petit & Gebr. Edelbrock, Gescher – **PORTALTYMPANON** Sandsteinrelief | Madonna mit Kind und anbetende Engel – **SKULPTUREN AUSSEN** Missionskreuz | Oberammergau | 1900 // Kriegerdenkmal mit Adler | Josef Pallenberg | 1924 – **LITERATUR** Kugelmeier 1953, Henrichs 1982, Festschrift Hl. Familie 1999, Faltblatt St. Mariä Himmelfahrt o. J.

20 St. Franziskus Xaverius, Mörsenbroich

ALTAR Kurt Zimmermann, Köln | 1961 | Anröchter Dolomit – **AMBO** Hildegard Bienen, Marienthal | 1984 | Bronze | Pfingstereignis und hl. Franziskus Xaverius – **TABERNAKEL** Hildegard Bienen | 1984 | Bronzereliefs | Elija unter Ginsterstrauch, Emmausjünger, Mose schlägt Wasser aus dem Felsen und Mannawunder, Fußwaschung – **KREUZIGUNGSGRUPPE** Werkstatt Alois Lang, Oberammergau | 1954 | Holz | Konsolen nach Entwurf Karl Josef Bollenbeck – **ALTARLEUCHTER** Kurt Zimmermann | 1961 | Bronze, 1,75 m hoch | Fischmotive – **TAUFSTEIN** Hildegard Bienen | 1982 | Marmorbecken | Deckel bzw. abdeckendes Relief wellenförmig, vier Szenen: Baum der Erkenntnis, Geburt Jesu, Kreuzigung, Auferstehung – **OSTERLEUCHTER** vermutlich Hildegard Bienen | 1982 – **KREUZWEG** und Tafel Himmlisches Jerusalem: Hildegard Bienen | 1981 | Bronze – **MARIENFIGUR** Immaculata | Werkstatt Alois Lang (D. Neu) | 1952 – **HEILIGENFIGUR** Franziskus Xaverius | Österreich | 18. Jh. – **FENSTER** Langhaus und Werktagskirche: Egbert Lammers, Werl | 1965-70 // Obergaden: apostolisches Glaubensbekenntnis // Seitenschiffe: abstrakte Darstellungen in Fortsetzung des Obergadens // Werktagskirche: Lebensstationen Franziskus Xaverius // Marienkapelle: Gerhard Wind, Düsseldorf | 1985 | Lebensbaum – **KREUZKAPELLE** Kruzifixus | Johann Franz Schwanthaler, Ried/Innkreis | zweites Viertel 18. Jh. | Holz, gefasst // Tabernakel | Kurt Zimmermann | ca. 1961 | Bronzerelief mit Lamm und Wasserströmen // hl. Johannes Ev. | Österreich | Mitte 18. Jh. | Holz, gefasst // Judas Thaddäus | Karl Buchwieser, Grainau | 1963 | Holz, ungefasst // Pietà | Werkstatt Alois Lang | 1952 | Holz, ungefasst | ursprünglich für Kriegergedächtnisstätte geschaffen – **ORGEL** Johannes Klais | 1970, 2000 Reinigung, Erweiterung | 60 Register // fahrbares Orgelpositiv in Werktagskapelle: Fa. Weimbs, Hellenthal | 1993 | 6 Register – **GLOCKEN** Läutemotiv *Te Deum* | Franziskus, Maria, Joseph | 1949 | Bochumer Verein für Gussstahlfabrikation – **MOSAIK AUSSEN** Mosaik in vermauertem Rundfenster: Gerhard Wind | 1982 – **LITERATUR** Weyres 1932, Henrichs 1982, Jansen-Winkeln 1998, Meiering 1998, Giesen 2001, Architekturführer 2001

21 St. Gertrud, Eller

HOCHALTAR neugotisches Schnitzwerk – **ALTAR** Olaf Höhnen, Köln | 1976 | brasilianischer weißer Marmor | massiver Block mit goldfarbenen geometrischen Reliefs – **AMBO** Olaf Höhnen | 1980 | Bronze – **TAUFSTEIN** Deckel Olaf Höhnen | 1989 – **KANZEL** neugotisch | Holz, ungefasst – **CHORGESTÜHL** neugotisch – **BEICHTSTUHL** neugotisch – **KREUZWEGRELIEF** München | um 1900 – **HEILIGENFIGUR** Gertrud | E. Hövel | 1939 | Holz – **GEMÄLDE** Querhaus | spätbarock – **FENSTER** Dieter Hartmann, Köln – **BODEN** Fliesen nach historischem Vorbild | Dieter Hartmann – **ORGEL** Fa. Johannes Klais, Bonn | 1935 | Erweiterung Fa. Weimbs | 1999 | 22 Register – **GLOCKEN** Läutemotiv *Regina coeli* | Joseph, Maria, Petrus, Gertrudis | 1911 bzw. 1953 | Karl Otto, Fa. Otto, Hemelingen – **LITERATUR** Festschrift St. Gertrud 1950, Henrichs 1982, Brzosa 2001

22 Heilig Geist, Pempelfort

ALTAR Olaf Höhnen, Frechen | 1981 // Hochaltar | um 1955 – **AMBO** Willi Dirx, Wuppertal | 1986 | Aussendung des Geistes, Petrus – **KREUZ** Willi Dirx | 1988 – **TAUFSTEIN** ursprünglich // Deckel | Paul Grimm, Fussingen | um 1956 | Arche Noah – **MARIENFIGUREN** Joseph Konrad, Reichholzried (Allgäu) | 1939 // Beweinung Christi (Pietà) | Jakobus Linden, Bonn | 1921 – **HEILIGENFIGUR** Josef als Vater | Herbert Belau, Düsseldorf | 1957 – **GEMÄLDE** Aufnahme Mariens in den Himmel | 19. Jh. – **RELIEFS** Achilleus, Nereus, Petrus, Suitbertus, Domitilla, Albertus Magnus | Albert Pehle, Düsseldorf | 1933 | alle vom ehemaligen Hochaltar | Eisenguss, bronziert – **FENSTER** Chor | Anton Wendling, Aachen | um 1955 | 1980 restauriert // Marienkapelle | Peter Stehle, Wiedenbrück | 1971 | Leidenswerkzeuge Christi // Schifffenster | Karl Martin Hartmann, Wiesbaden | 1998 – **TABERNAKELFLÜGEL** Albert Pehle | 1933 | Verkündigung, vom ehemaligen Hochaltar | Bronze, getrieben – **ORGEL** Johannes Klais, Bonn | 1967 | 3 Manuale, 34 Register – **GLOCKE** Barbara | 1925 | Ernst Karl (Karl II) Otto, Fa. F. Otto, Hemelingen – **LITERATUR** Weyres 1957, Henrichs 1982, Festschrift Heilig Geist 1988

23 Herz Jesu, Derendorf

ALTAR, AMBO, SEDILIEN Egino Weinert, Köln | 1978 – **TABERNAKEL** um 1920 – **TAUFSTEIN** ursprünglich // Deckel | um 1920 | Hirsch an der Quelle, Arche Noah, Fisch (ICHTHYS), Schifflein Petri – **OSTERLEUCHTER** Konzept Walter Schulten, Köln – **BEICHTSTÜHLE** um 1910 – **KREUZWEG** Johannes Grüger | Hinterglas – **MARIENFIGUREN** Muttergottes | S. Baumgartner // Thronende Muttergottes | Kurt Zimmermann, Köln | Gussmodell der 1961 für das Kölner Priesterseminar geschaffenen Bronze – **FIGUREN** Totenengel | Kurt Zimmermann | 1950er-Jahre | unterhalb der Engelfigur eine bronzene Bodenplatte mit Bitte „sanct michael geleite euch in das heilige licht“ // Salvator | Otto Bussmann, Düsseldorf | um 1950 – **RELIEF** Josef mit Kind | Fritz Peretti, Düsseldorf | 1959/60 – **FENSTER** Chor | Jochem Poensgen, Düsseldorf | restauriert 1984 | Symbole von Schöpfung, Sühne, Erlösung und der Sakramente // Totenkapelle | Jochem Poensgen | 1958 // Taufkapelle | Toni Tünnerhoff, Düsseldorf | 1982 | geknotete Vorhänge – **ORGELN** Hauptorgel | Klaus Becker, Kupfermühle | 1986 | 3 Manuale, 47 Register // Chororgel | Klaus Becker | 1982 | 2 Manuale, 21 Register // Prospekt der Chororgel | Fa. Marcussen, Åbenrå, Dänemark | um 1850 | übernommen von der Hamburger Zionskirche // Orgelempore | ursprünglich | König David mit Harfe – **GLOCKEN** *Beuroner Geläutemotiv* | Maria, Joseph, Johannes, Elisabeth, Pius X., Michael, Sakrament | alle 1957 | Hans Hüesker, Fa. Petit & Gebr. Edelbrock, Gescher – **PORTALGRIFFE** Kurt Zimmermann | 1950er-Jahre – **SKULPTUR AUSSEN** Christus über Hauptportalbogen | ursprünglich – **LITERATUR** Henrichs 1982, Architekturführer 2001, www.herzjesu-kirche-duesseldorf.de

24 Herz Jesu, Urdenbach

ALTAR Fa. A. Wessel, Düsseldorf | 1966 | Stipes und Platte aus jugoslawischem Naturstein – **AMBO, TABERNAKEL** Albert Sous, Würselen | 1966 – **VORTRAGEKREUZ** Elfenbeinkorpus auf Bergkristallplatte – **EMPORENKREUZ** Giovanni Comploj, San Cristina, Grödnertal | 1977 | Kastanienholz | Kreuzbalken aus dem Originaldachstuhl eines Urdenbacher Hauses von 1301 – **TAUFBRUNNENANLAGE** Bert Gerresheim, Düsseldorf | 1987 | Bronze | „Junger“ Christus ohne Kreuzesbalken in der Phase zwischen Leben und Tod | am Boden: Steine, Nägel und Dornenkrone als Spiegelbild in Form eines silbernen Lorbeerkranzes | Beckenwandung mit vier Ereignisbildern in Hochreliefs:

Petrus, Predigt der Taufe, Taufe des Hauptmanns Kornelius durch Petrus, Bekehrung des Saulus, Taufe des Saulus durch Ananias | weitere Gestalten der älteren und jüngeren Kirchengeschichte – **KREUZWEG** P. Laurentius Englisch OFM, Vossenack | 1984 | Ton – **OSTERLEUCHTER** Egino Weinert, Köln | 1979 | Wurzel Jesse, Mariä Verkündigung, Geburt Jesu, Abendmahl, Kreuzigung Jesu, Auferweckung, Erscheinung, Pfingsten – **KERZENLEUCHTER** Julius Wimmer, Düsseldorf | 1975 – **STANDLEUCHTER** Wilhelm Hable, Overath | 1978 – **MARIENFIGUREN** Madonna mit Kind | Werner Franzen, Köln | 1969 | auf Rückwand Szenen des Marienlebens // Pietà: einem Vorbild des bayrischen Rokoko-Bildhauers Ignaz Günther aus der Zeit um 1764 nachempfunden | Schenkung von 1982 | Holz – **HEILIGENFIGUR** Florian | Nachbildung der Brunnenfigur in der Schlossparksiedlung | Votivgabe der Siedlergemeinschaft – **FENSTER** sämtlich von Dieter Hartmann, Köln | 1980/81 | Seitenschiff und Turmkapelle: abstrakt mit Andeutungen von Baumstämmen, Baumschnitten, Blüten und Ähren // Chorraumfenster: Barmherziger Samariter, Begegnung mit Thomas (Herz-Jesu-Fenster), Barmherziger Vater // Rosettenfenster: Ernst Otto Köpke, Düsseldorf | 1949 | hl. Cäcilie umgeben von musizierenden Engeln – **TOTENBUCHABLAGE** Julius Wimmer | 1987 | Bronze | Entfaltung eines Blütenkelchs mit dem Auferstandenen – **ORGEL** Fa. E. Hammer, Hemmingen-Arnum | 24 Register | 1986 | Prospektplanung Wilhelm Dahmen – **GLOCKEN** Läutemotiv *Veni Creator Spiritus* | Heinrich, Elisabeth | 1912 | Karl Otto, Fa. Otto, Hemelingen // Pius X., Petrus, Johannes, Maria | 1960 | Hans Hüesker, Fa. Petit & Gebr. Edelbrock, Gescher – **WANDLUNGSGLOCKE** ursprünglich Angelusglocke | Fa. Otto, Hemelingen | 1912 – **AUSSENKREUZ** in irischem Stil | vermutlich 1889 | Herkunft unbekannt – **KREUZIGUNGSGRUPPE AUSSEN** P. Laurentius Englisch OFM | 1987 | Terrakotta | Christus, Lebensbaum, Menschenpaar – **LITERATUR** Henrichs 1982, Oehm 1999, Kath. Pfarramt Herz Jesu, o. J.

25 St. Hubertus, Itter

ALTAR Sepp Hürten | 1957 – **AMBO** Egino Weinert | Köln | 1957 | Bronze | Adler – **TABERNAKEL** Sepp Hürten | 1957 | Bronze auf Bleikristallfüßen mit farbigen Email- und Steinaufsätzen | Engelsgestalten – **KREUZ** Wilhelm Polders, Kevelaer – **TAUFSTEIN** Martin Haas | 2003 | Olivien Diabas | Deckplatte auf drei Stelen mit Inschriften – **ST.-HUBERTUS-RELIQUIAR IM ALTAR** F. Brencher und H. Kruthoff | Vorderseite: Emailplatten mit dem Motiv des Hubertushirsches, umgeben von Trauringen, Ölgefäß und Kelch, Embleme mit Lebensbäumen, Rückseite: Konturen der Itterer Kirche, Bischofsstab und Mitra des hl. Hubertus – **KREUZWEG** 19. Jh. – **MARIENDARSTELLUNGEN** Pietà | 19. Jh. | Holz, farbig gefasst // Marienikone: Immerwährende Hilfe | vermutlich aus Kreta nach der Vorlage eines Bildes in St. Alfonso, Rom | vermutlich 14./15. Jh. – **HEILIGENFIGUR** Hubertus | 1649 | 1983 Restaurierung | Holz – **FENSTER** alle Hermann Gottfried, Düren | 1957 | Chorfenster: Fischfang, Abendmahl, Hochzeit zu Kana // rechtes Seitenschiff: Pfarrpatron Hubertus mit Kreuz und Hirsch, Joseph mit Säge // linkes Seitenschiff: Anna und Maria, Petrus mit Schlüssel, Nikolaus mit Bischofsstab und Schiff // Taufkapelle: Hahn als Symbol der Umkehr – **ORGEL** Fa. Weimbs, Hellenthal | 2000 | 15 Register – **GLOCKEN** *Präfationsgeläutemotiv* | Joseph, Hubertus, Maria, Christophorus | 1964 | Wolfgang Hausen-Mabilon, Fa. Mabilon & Co., Saarburg – **MISSIONSKREUZ AUSSEN** 1869 – **LITERATUR** Henrichs 1982, Festschrift St. Hubertus 2000, Architekturführer 2001, Brzosa 2001, St. Hubertus 2007

26 St. Josef, Oberbilk

ALTAR Hans Hansen, Köln | 1976 | Mosaik mit apokalyptischem Lamm | aus dem Altar von 1943 entnommen und der verkürzten Fläche auf drei Seiten angepasst – **AMBO** Klaus Balke, Köln | 1981 | Bronze | apokalyptische Wesen um den Thron Gottes – **TABERNAKEL** Klaus Balke | 1981 | Marmor | vierkantiger Turm mit schwarz-weißer Intarsienarbeit – **KREUZ** Bert Gerresheim, Düsseldorf | 1992 | Bronze | Lebensbaum mit Weinlaubranken und Corpus in T-Form – **TAUFSTEIN** neugotisch | Stein | Kelchform mit umlaufender Maßwerkverzierung – **BEICHTSTÜHLE** mit Inschrifttafel | 1873 – **KREUZWEG** Josef Wahl | neugotisch – **MADONNA** neugotisch | Terrakotta – **HEILIGENFIGUREN** neugotisch | Tod des hl. Josef mit Maria und Jesus – **FENSTER** sämtlich Hans Lünenborg, Köln | 1976-83 | Chorfenster: Gelb- und Blautöne mit abstrakter Ornamentik, im unteren Teil: Verkündigung und Geburt, Kreuzestod und Auferstehung, Pfingsten und Marienkrönung // Obergaden: wechselnde Motive von Dornenkrone und Blüten in einem oberen Rundmedaillon // Seitenschiffe: Szenen aus dem Leben des hl. Josef // Rundfenster über den Seiteneingängen: Szenen aus dem Leben des alttestamentarischen Josef – **EWIGES LICHT** Silber | 1896 – **FRESKO** Sakramentskapelle Wilhelm Reetz, Düsseldorf | 1931 | auferstandener Christus, flankiert von zwei Engeln, die eine

Dornen- und eine Siegerkrone halten – **ORGEL** Fa. Verschueren, Heythuysen/Niederlande | 1975 | Erweiterung 1952 | 24 Register – **GLOCKEN** Läutemotiv *Lauda Sion Salvatorem* | Josef, Maria Elisabeth, Agnes, Aloisius | 1901 | Karl Otto, Fa. Otto, Hemelingen – **SKULPTUREN AUSSEN** über dem Haupteingang: hl. Josef // Josefmonument | Bert Gerresheim | 1990 – **LITERATUR** Henrichs 1982, Weidenhaupt 1990, Roemer 1993, Architekturführer 2001

27 St. Joseph, Rath

ALTAR, AMBO Olaf Höhnen, Frechen | 1980/82 – **TABERNAKEL** 1909 // Sakramentshaus | Olaf Höhnen | 1980 – **KREUZIGUNGSGRUPPE** ca. 1880 – **TAUFE** Peter Stammen und Georg Hoffmann, Düsseldorf | 1947 – **SEITENALTAR** Sakramentsaltar (Werktagskapelle im Chor) | Olaf Höhnen | 1980 – **KREUZWEG** Louis Feldmann, Düsseldorf | 1922-25 | Öl auf Leinwand – **MARIENFIGUR** Jupp Rübsam, Hinsbeck-Lobberich | 1930er-Jahre – **HEILIGENFIGUREN** Pietà | Alexander Iven | 1920er-Jahre // Joseph | Peppi Rifesser, St. Ulrich/Ortisei (Italien) | 1997 | Joseph ist mit Winkelmaß und dem Kirchenmodell als Patron der Zimmerleute und des „Rather Domes" dargestellt – **GEMÄLDE** Aufrichtung der Ehernen Schlange | Wilhelm Hauschild, München | 1857 // Maria mit Kind | vermutlich erste Hälfte 19. Jh. | nach einer Kopie J. Choli Capellas des Originals von Bartholomé Esteban – **FENSTER** Dieter Hartmann, Köln | 1979-83 | im Querhaus Evangelisten, im Langhaus umfassender Josephzyklus // theologisches Konzept stammt vom ehemaligen Direktor des Kölner Diözesanmuseums Walter Schulten – **AUSMALUNG** Chorwand | Dieter Hartmann, Ausführung Peter van Heekern, Essen | 1984 // Trompen der Vierungskuppel | Heinrich Nüttgens, Angermund | 1920er-Jahre | Erzengel – **CHORGITTER** Hein Wimmer, Köln | 1982 | Apostel – **ORGEL** Johannes Klais, Bonn | 1906 | 1935-42 und 1955 mehrfach erweitert, 1974 generalüberholt und neuer Prospekt | 4 Manuale, 63 Register – **GLOCKEN** Läutemotiv *Lauda Sion Salvatorem* | Joseph, Maria, Katharina, Matthias, Theodor | alle 1909 | Karl (I) Otto, Fa. F. Otto, Hemelingen | komplett vor den Zwangseinschmelzungen im Ersten und Zweiten Weltkrieg gerettet – **LITERATUR** Henrichs 1982, Festschrift St. Joseph 2009 – **ZITAT** Henrichs 1982, S. 147

27a Kapelle des Caritasheimes der Armen-Brüder des hl. Franziskus, Rath

ALTAR Olaf Höhnen, Frechen | 1969 | Trachyt – **TABERNAKEL** Frau Gerdur, Holland | 1969 // Stele | Olaf Höhnen, Frechen | 1969 – **KREUZ** Frau Gerdur | 1969 – **KREUZWEG** Hermann Gottfried, Bensberg | 1969/70 – **FENSTER** Maria Katzgrau, Aachen | 1969 – **TURMHAHN UND ZEHN TÜRGRIFFE** Olaf Höhnen, Frechen | 1969 – **ORGEL** Umbau Fa. Stahlhut, Aachen – **GLOCKEN** zweistimmiges Geläut // Herkunft und Nominalwerte nicht bekannt – **LITERATUR** Henrichs 1982, Erzbistum Köln 1995, Festschrift St. Joseph 2009

28 St. Joseph, Holthausen

ALTAR Zelebrationsaltar: Bert Gerresheim | 1980 | Bronze auf grauem Granitblock | Vorderseite: Kreuzigung, St. Josephskirche, Fabrikschlote der Fa. Henkel, Emmausjünger | Seiten: Isaakopfer, Brotgabe an Elias // Hochaltar: mit integriertem Tabernakel | Fa. Tellmann und Lammen, Erkelenz | 1914 | Eichenholz | Vorderseite: das letzte Abendmahl, Emmausjünger, Hochzeit zu Kana, wunderbare Brotvermehrung | Rückseite: Moses in der Wüste, das Opfer des Isaaks // Josefsaltar: Fa. Tellmann und Lammen | 1906 | Eichenholz, marmorverkleidet | Szenen aus dem Leben des hl. Josef // Marienaltar: Fa. Tellmann und Lammen | 1912 | Eichenholz | neu gefasst | Szenen aus dem Marienleben – **AMBO** Bert Gerresheim | 1980 | Bronze | Evangelistensymbole – **KANZEL** vermutlich Fa. Tellmann und Lammen | Evangelisten verkünden Christus | Schalldeckel: Erzengel Michael – **HEILIGENFIGUREN** Sebastianus, Aloisius, Elisabeth, Theresia | 1929 – **FENSTER** Hubert Spierling, Krefeld | 1953 – **MOSAIK** Heinrich Dieckmann, Trier | 1941 | Motive aus dem Alten Testament – **ORGEL** Fa. Romanus Seifert, Kevelaer | 1964 | 34 Register – **GLOCKEN** Glocken-Duett | Mater Dolorosa | 1978 | Hans Hüesker, Fa Petit & Gebr. Edelbrock, Gescher – **LITERATUR** Henrichs 1982

28a St. Laurentius, Holthausen

ALTAR Toni Zenz, Köln | 1980er-Jahre | Anröchter Dolomit | Relieffries mit symbolischen Ranken, darin Szenen mit Bezug zur Eucharistie eingewoben, z. B. Ecclesia, die das Blut der Seitenwunde auffängt – **AMBO** Toni Zenz | 1980er-Jahre | Anröchter Dolomit | Blattwerkornamente – **TABERNAKEL** Toni Zenz | 1980er-Jahre | Bronzezylinder auf Steinstele | Ähren und Dornenranken, Emmausjünger – **LEBENSBAUM** Toni Zenz | 1980er-Jahre | Chorwand: bronzener Christus-Korpus in Orantenhaltung auf steinernem knospenden Lebensbaum, in den Ästen Medaillons der Seligpreisungen – **SEITENALTAR** Toni Zenz, Köln | 1980er-Jahre | Anröchter Dolomit | wellenförmige Linien – **FENSTER** Kirchenschiff und Tabernakelkapelle: Hubert Spierling, Krefeld | 1979 | Werktagskapelle: Hans Lünenborg, Köln | 1985 – **GLOCKEN** Läutemotiv *Gloria* | Laurentius, Maria, Hubertus | 1977 | Hans Hüesker, Fa. Petit & Gebr. Edelbrock, Gescher – **LITERATUR** Henrichs 1982, Erzbistum Köln 1995

29 St. Katharina, Gerresheim

ALTAR Grauer Selterser Trachyt | Heinrich Böll | 1966 – **AMBO** Matthias Heiermann, Köln | 2008 | Säule mit Silberplatte – **TABERNAKEL** in Außenwand eingelassen | Front des alten Hochaltartabernakels von 1909 | Türen aus Silbertreibarbeit, emaillierte und mit Bergkristallen besetzte Fassung | Maria und der Verkündigungsengel – **KREUZ** Holz | aus der Vorgängerkirche | auferstandener Christus | an den Kreuzenden Wein, Brot, Heilig-Geist-Taube und die vier Evangelistensymbole – **VORTRAGEKREUZ** Maria Laach – **SEDILIEN** Matthias Heiermann | 2008 | Eiche – **ALTAR SEITENKAPELLE** ehemals Mittelteil des alten Hochaltares | 1909 | Mosaikkreuz | Verkleinerung 1967 – **KREUZWEG** vermutlich Willi Dirx, Wuppertal | Aluminiumguss – **MARIENFIGUR** Schutzmantelmadonna | Ernst Lepper | 1952 | Holz, farbig gefasst – **HEILIGENFIGUREN** Joseph | Kunstwerkstätten Maria Laach | 1957 | hält schützend die Hand über den Christusknaben // Katharina | Ernst Lepper, Essen-Stoppenberg | 1952 | Holz – **RELIEFTAFELN** in der Seitenkapelle | Willi Veith, Lindau | 1980 | Bronze | Heilsgeschichte und thronender Christus in der Mitte, Maria, Michael, sechs Bilder aus dem Alten Testament: Erschaffung der Welt, Erschaffung des Menschen, Sündenfall, Vertreibung aus dem Paradies, Sintflut, Turmbau zu Babel // sechs Bilder aus dem Neuen Testament: Verkündigung, Geburt Jesu, Abendmahl, Kreuzestod, Auferstehung, Sendung des Heiligen Geistes – **FENSTER** Oberlichtband im Kirchenschiff: Spiritanerbruder Chrysostomos Stopp, Knechtsteden | 1965/66 // Seitenkapelle: vermutlich Gerhard Wind, Düsseldorf – **MOSAIKE** Christus, Elisabeth, Antonius, Judas Thaddäus, Christophorus | Will Hall | 1935/38 – **ORGEL** Fa. Romanus Seifert, Kevelaer | 1970 | 21 Register – **GLOCKEN** Läutemotiv *Veni, Creator Spiritus* | Christus, Maria, Andreas, Eucharistie, Frieden | 1966 | Hans Hüesker, Fa. Petit & Gebr. Edelbrock, Gescher – **EINGANGSPORTAL** Wilhelm Polders, Kevelaer | 1966 | Bronze mit Email | Darstellungen mit dem Gleichnis vom Sämann und der Heiligen Eucharistie – **LITERATUR** Weyres 1957, Henrichs 1982, Festschrift St. Katharina 1984, Erzbistum Köln 1995

30 St. Lambertus, Kalkum

ALTAR, AMBO, LEUCHTER, EWIG-LICHT-LEUCHTE Olaf Höhnen, Frechen | 1983 | die Säulen und das Lamm-Gottes-Medaillon des Altares stammen vom neuromanischen Hochaltar – **SAKRAMENTSHAUS** spätgotisch | Gitter von Olaf Höhnen | 1983 – **ALTARKREUZ** Goldschmiede Curvers, Kevelaer | 2006 – **TAUFSTEIN** um 1200 | seit Ende des 19. Jh. im Pfarrgarten, auch als Viehtrog zweckentfremdet, anlässlich der Restaurierung bis 1987 nach romanischem Vorbild mit Fußsäulchen ergänzt und wieder in der Kirche aufgestellt – **RELIQUIEN** Reliquiar „Zelt Gottes unter den Menschen“ | Franz-Joseph Bette, Hanau | 1983 | birgt Reliquien aus den aufgelassenen historischen Altären // Kreuzreliquiar | Carl Kesseler, Köln | 1951 | das Reliquiar wurde vom Haus Hatzfeld, die Kreuzreliquie von Aachener Franziskanerinnen als Ersatz für eine 1818 von den Witwen Hatzfeld zu Kalkum gestiftete und 1948 entwendete Kreuzreliquie finanziert – **BEICHTSTÜHLE** um 1800 – **KREUZWEG** Felix Lüttgen, Köln | 1937 – **MARIENFIGUR** Anfang 16. Jh. – **HEILIGENFIGUREN** Joseph, Lambertus, Heilige Familie, Johannes Nepomuk, Sebastian | alle Ignatius Osterspey, Düsseldorf | um 1800 // Elfenbeinkorpus des Kreuzes auf dem südlichen Seitenaltar | südniederländisch | Anfang 18. Jh. – **GEMÄLDE** Muttergottes von Kevelaer | 1647, 1947 restauriert // Lambertus | Erwin Hentrich, Düsseldorf | 23.9.1945 geweiht // Kreuzabnahme | 17. Jh. | mit Stifterbildnis derer von Winkelhausen – **EPITAPHE** Johann von Winkelhausen, Kalkum | gest. 1609 // Johann von und zu Ossenbroich, Haus Hain | gest. 1615 – **FENSTER** Chorhaupt | Ernst Otto Köpke, Düsseldorf | 1937 | Anbetung der Könige und Lambertus // Langchor und Langhaus | Ernst Otto Köpke, Düsseldorf | 1953 | Geheime Offenbarung // Langchor Nord | unbekannter Glasmaler | 1894 | Bruno der Kartäuser | gestiftet vom 1868 gegründeten Kartäuserkonvent in Hain, die Kartause musste dem Düsseldorfer Flughafenbau weichen – **AUSMALUNG** Kruzifix auf dem Triumphbogenfeld |

Felix Lüttgen | 1937 – **ORGEL** Walcker & Cie, Murrhardt | 1970, 1994 erweitert von Willi Peter – **GLOCKEN** Läutemotiv *Resurrexi* | Johannes | 1653 | Peter Hemony, Zutphen, Niederlande // Maria, Lambertus | 1956 // Edith Stein und Maximilian Kolbe, Klepp-Glocke | 1988 // Trinitatis | 1993 | außer Johannes alle Glocken: Wolfgang Hausen-Mabilon, Fa. Mabilon & Co., Saarburg – **LITERATUR** Clemen 1894, Henrichs 1982, Pfeffer 1995, Architekturführer 2001, Dehio 2005, Kirchenführer St. Lambertus o. J.

31 St. Ludger, Bilk

HAUPTRAUM: ALTAR, AMBO, TAUFSTEIN vermutlich Erwin Schiffer, Köln | 1964 | Altarmensa aus poliertem Granit auf Basaltkuben // Ambo: Basaltblock // Taufe: zylindrisches Becken, der Deckel von Kreuz bekrönt, das aus Nagelgeflecht gebildet zu sein scheint – **TABERNAKEL** silberbeschlagener Kubus mit roten Emailfüllungen – **KREUZ** nach 1964 | Metall und rote Glasstücke | vergoldeter Korpus auf griechischem Kreuz – **LESEPULT** Egino Weinert, Köln – **RELIQUIEN** St. Ludger auf Seitenaltar – **MARIENFIGUR** Himmelskönigin mit Kind | Schweiz | um 1700 – **HEILIGENFIGUR** Ludger – **ORGEL** Gebr. Oberlinger, Windesheim | 1971 | Erneuerung Johannes Klais, Bonn | 2003 | 35 Register – **HOCHSCHULKAPELLE: ALTAR, TABERNAKEL, OSTERLEUCHTER, LEUCHTER, WEIHWASSERSCHALE** aus ehemaliger KHG-Kapelle im Carl-Sonnenschein-Haus | Bert Gerresheim, Düsseldorf | 1984 | Bronze | Altar: Wortverkündigung, Tatverkündigung, Tod und Auferstehung Jesu // Tabernakel: Emmausjünger, Sol und Luna, Pilgerzeichen // Weihwasserbecken: Muschelschale mit Pilgerzeichen – **KREUZWEG** Bert Gerresheim | ca. 1987 | Zeichnungen | Kreuzweggeschehen mit Personen der jüngeren Geschichte, Skizzen zum Kreuzweg für St. Antonius in Kevelaer – **GEMÄLDE** Michael Irmer, Düsseldorf | 1982 | Vertreibung aus dem Paradies – **IKONE** Rumänien | 18. Jh. | Hodegetria – **GLOCKEN** Läutemotiv *Veni Creator Spiritus* | Maria, Josef, Suitbertus, Ludgerus, Franziskus | 1964 | Hans Hüesker, Fa. Petit & Gebr. Edelbrock, Gescher – **PORTALSTURZ** Erwin Schiffer | 1964 | Beton – **LITERATUR** Chronik St. Ludger 1971, Henrichs 1982, Roemer 1989, Erzbistum Köln 1995, Struck 2009

32 St. Lukas, Derendorf

ALTAR Bruno Kessels, Düsseldorf | 1962 | Anröchter Dolomit – **AMBO** Egino Weinert, Köln | 1985 | Bronze, Email | Taufe Jesu und andere NT-Szenen – **TABERNAKEL** Ludwig Dinnendahl | 1960 | Bronzereliefs | Evangelistensymbole – **VORTRAGEKREUZ** Egino Weinert | 1985 | Email – **TAUFORT** Kupferkessel auf Steinstele – **OSTERLEUCHTER** Karl Franke, Büderich – **SAKRAMENTSALTAR** Bruno Kessels | 1962 | beiger Marmor – **KREUZWEG** Meta Driever, Bad Godesberg | 1976 in der Kirche eingeweiht | verschiedenformatige Zeichnungen in Rot, Blau, Grau – **WANDBEHANG** Trude Dinnendahl, Düsseldorf | um 1960 | griechisches Kreuz mit auswechselbarer Großapplikation: Leidenswerkzeuge als Hungertuch und Lamm mit Buch – **FENSTER** Trude Dinnendahl, Düsseldorf | 1959/60 | Auferstehung, Apokalyptische Frau, Lukas, Engelornament – **ORGEL** Fa. Späth, Mengen | 1972 | 1997 Reparatur und Reinigung | 20 Register – **GLOCKEN** Läutemotiv *Maria breit den Mantel aus* | Maria, Joseph, Albert, Agnes | 1985/86 | Hans August Mark, Eifeler Glockengießerei, Brockscheid – **LITERATUR** Festschrift St. Lukas 1978, Henrichs 1982, Erzbistum Köln 1995, Festschrift St. Lukas 2003 – **ZITAT** Festschrift St. Lukas 1978, S. 35

33 St. Margareta, Gerresheim

HOCHALTAR vor 1236 | Trachyt, Blaustein, Schiefersäulchen | dreischichtige Gliederung mit reichen spätromanischen Kleeblattbogenblenden und schlanken Schiefersäulchen – **ZELEBRATIONSALTAR** Paul Nagel | 1992 | persischer Travertin, verbleites Messing | Tod und Auferstehung: Dornenkrone, Leidenswerkzeuge, Schmetterling – **AMBO** Paul Nagel | 1998 | Travertin, Metall | vier Säulen symbolisieren Evangelisten, Fruchtbündel als Verweis auf fruchtbares Wirken der Menschen – **SAKRAMENTSHAUS** um 1500 | Sandstein | reiche spätgotische Architekturformen, weibliche Heiligenfiguren später erneuert – **KREUZ** nach Dendrodatierung 2007 Entstehungszeit um 950 möglich, vermutlich jedoch nach 970 | Holz | leeres Reliquiendepositum im Hinterkopf – **TAUFSTEIN** spätbarock | Blaustein // Deckel | Kupfer getrieben mit Bergkristall und Email | Karl Schrage, Wuppertal – **OSTERLEUCHTER** Spiritanerpater Schulte, Knechtsteden | um 1955 | Bronze | Szenen der Heilsgeschichte – **KANZEL** Niederrhein | um 1730/40 | Evangelisten – **BAROCKES CHORGESTÜHL** vermutlich Niclaes Alberts, Kalkar | 1707 | 1896 vom Chor ins nördliche Querhaus versetzt – **SEITENALTAR** zwei romanische Blockaltäre seitlich des Chores – **RELIQUIEN**

Gebeine Hippolyt seit 2006 mit Gebeinen verschiedener anderer Heiliger im Hippolytusschrein (auf südlichem Seitenaltar) | Heinrich und Johann Bong, Köln | neugotisch, 1871 | Holz, teilweise vergoldet | Apostel, Maria, Hippolyt // jüngerer Hippolytusschrein (heute in der Schatzkammer) | Hein Wimmer, Köln | 1954 nach Rückkehr der Reliquien nach Gerresheim | Silber, Amethyste, Email | Emailszenen: Translation der Reliquien, Hippolytus, Guter Hirte // Reliquiennische links des Sakramentshauses | um 1500 | reich emporstrebende Architekturformen – **BEICHTSTÜHLE** neuromanisch, um 1900 – **KREUZWEG** Theo Heiermann | 1950er-Jahre | Blei – **KREUZE** Vortragekreuz | niederrheinisch, vermutlich Peter van den Banden | um 1715-20 | Holz // Kruzifixus (heute nördliches Querhaus) | 18. Jh. – **MARIENFIGUREN** Muttergottes an nordwestlichem Vierungspfeiler | spätgotisch, um 1480 | Eichenholz, Fassung verloren // Muttergottes im Strahlenkranz auf schmiedeeisernem Leuchter | zugeschrieben Kersten Woyers, Venlo | Ende 15. Jh. | Eichenholz // Pietà im nördlichen Querschiff | Fritz Peretti, Düsseldorf | um 1943 – **HEILIGENFIGUREN** Hippolyt und Katharina | frühes 18. Jh. // Hippolyt und Sebastian | 18. Jh. | Holz, farbig gefasst // Petrus | 19. Jh. – **GRÄBER/EPITAPHE** Gerricussarkophag | Tumba des Stifters Gerricus, gest. Ende 9. Jh. | vermutlich Kölner Werkstatt | um 1280 | Trachyt | Spitzbogenblenden mit Kreuzblumen // verschiedene barocke Grabplatten von Äbtissinnen und Kanonikern | 17./18. Jh. – **FENSTER** Chor, Querhaus, Seitenschiffe, Westfassade: Hermann Gottfried, Bensberg | 1959-64 | Kanon der hl. Messe, Heilige mit Bezug zur Stiftskirche, Erzengel (thematische Konzeption: Theodor Schnitzler, Köln) // Obergaden: Ludwig Gies | 1959 // Taufkapelle: Jochem Poensgen | Leben spendendes Wasser – **AUSMALUNG** Apsisausmalung: um 1250 | 1896 entdeckt, 1940 erneut freigelegt und weitgehend frei ergänzt | Gnadenstuhl und Evangelisten // Farbfassung Architektur: Restaurator Josef van Heekern, Essen | 1955-57 | nach Befunden vor Ort – **FUSSBODEN** Medaillon vor Vierungsstufen | Paul Nagel | 1992 | Travertin | Brennender Dornbusch – **ROMANISCHE HOLZTÜR** im Chor | um 1236 | Eichenholz | rosettenförmige Kerbschnitte und Andreaskreuzformen – **ORGEL** Fa. Rieger, Schwarzach, Österreich | 1982 | 40 Register – **GLOCKEN** Läutemotiv *Veni, Creator Spiritus* | Maria | 1717 | Gottfried Dinckelmayer, Köln // Angelus, Christus | 1828 | Peter Boitel, Luxemburg und Roermond // Auferstehung, Versöhnung, Joseph-Elisabeth-Wilhelm | 1977 | Wolfgang Hausen-Mabilon, Fa. Mabilon & Co., Saarburg – **SKULPTUREN AUSSEN** Brunnenschale im ehemaligen Kreuzgang | Bernd Bodechtel | 1985 // Gerricusbrunnen auf Gerricusplatz südlich der Kirche | 1970 | Karl Heinz Klein, Düsseldorf | Geschichte Gerresheims – **FARBFASSUNG AUSSEN** mittelalterliche Putz- und Farbreste nachgewiesen, spätestens im 19. Jh. abgeschlagen, im Rahmen der Sanierung 1974-85 neue Putz- und Farbfassung nach Vorbild anderer rheinischer Bauten – **LITERATUR** Clemen 1894, Achter 1970 (1), Achter 1970 (2), Weidenhaupt 1970, Henrichs 1982, Festschrift Gerresheim 1986, Heppe 1990, Brzosa 2001, KdM 7-2001, Saeger 2001, Klosterführer Rheinland 2003, Jerzyk 2004, Dehio 2005, Ambach 2007/2008, Pittermann o. J., weitere Literatur unter www.lvr.de/kultur/regionalgeschichte/klosterbuch

34 St. Mariä Empfängnis (Marienkirche), Innenstadt

ALTAR Zelebrationsaltar | 1950er-Jahre // Herz-Jesu-Altar im Hochchor | Friedrich Mengelberg, Köln | neugotisch – **AMBO** Egino Weinert, Köln | Bronze – **TABERNAKEL** im Herz-Jesu-Altar | neugotisch | apokalyptisches Lamm Gottes mit Kelch und Buch mit sieben Siegeln – **KREUZ** vermutlich Joseph Anton Reiß | neugotisch | Holz – **TAUFSTEIN** neugotisch Marmor mit Messinghaube – **KIRCHENBÄNKE** im Hochchor | Eiche | 1896 – **BEICHTSTÜHLE** neugotisch | 1897 – **KREUZWEG** Joseph Anton Reiß und Alexander Iven, Köln | neugotisch | Stein – **HEILIGENFIGUREN** teilweise vermutlich von Alexander Iven | im Querschiff: Immaculata | 1897 | 1980 wieder in Farbe gefasst // linkes Seitenschiff: Elisabeth | neugotisch | Sandstein // linke Vierungssäule: Vinzenz von Paul | Stein // rechte Vierungssäule: Gruppe Anna und Maria – **FENSTER** sämtlich Günter Grote | 1962/63 | Betonglas ornamental und figürlich // Querschiff Südwand: Schöpfung, Verkündigung // gegenüber: Sündenfall, Erlösung // Westwand: Himmelfahrt Christi, darunter Maria als Sinnbild der Kirche – **MOSAIKE** im Chor | norditalienisch | um 1900 | Motive: vier Evangelisten, Themen zur Eucharistie – **MARIENKAPELLE** Marienbild über Altar als Immerwährende Hilfe | Rom | um 1900 // Tabernakel: Wilhelm Polders, Kevelaer | 1985 | Goldtreibarbeit | Hochzeit zu Kana – **TOTENGEDÄCHTNISKAPELLE** Marmortafel für die Gefallenen des Ersten und Zweiten Weltkrieges // Pietà: nach österreichischem Vorbild angefertigt | Holz – **GLOCKEN** Läutemotiv *Österliches Halleluja* | Christus, Maria, Apollinaris, Antonius, Elisabeth | 1896 | Fa. Bour und Guenser, Metz – **ORGEL** Fa. Johannes Klais, Bonn | 1956 | 44 Register – **LITERATUR** Kaulmann 1981, Henrichs 1982

34a St. Antonius von Padua (Klosterkirche Franziskaner), Innenstadt

ALTAR, AMBO polierter grauer Marmor mit weißer Äderung – **TABERNAKEL** polierter grauer Marmor | Sockel, Gehäuse vergoldet, mit Emailapplikationen und Bergkristallen – **KREUZ** Ludwig Gies, Köln | vermutlich 1950er-Jahre | Holz | Kreuzesbaum mit vergoldeten Wundmalen Christi – **KREUZWEG** Ottmar Hollmann | 1956/57 | Bronze – **MARIENFIGUR** Br. Hugo Linderath OFM | 1897 | Stein | gekrönte Muttergottes mit Jesuskind – **BRONZERELIEFS** Laurentius Englisch OFM | 1982 | Elisabeth, Johannes Duns Scotus, Klara, Franziskus, Bonaventura | anlässlich des Katholikentages gefertigt – **KRYPTA** Grab des 1939 gest. Franziskanerbruders Firminus Wickenhäuser OFM, der seit 1908 als Maler und Bildhauer in Düsseldorf tätig war // Kreuz: Josef Hoh, München | 1963 | Bronze // Fenster: Ludwig Gies: Paradiesengel und Kronen – **FENSTER** Ludwig Gies | 1950er-Jahre – **MARIENKAPELLE** Marientriptychon: Paraskewe von Bereskine, Russland | 1956 // Verkündigungstafel: Öl auf Leinwand | 1956 // Standkreuz auf Sockel: Bert Gerresheim, Düsseldorf | 2004 | Bronze | mit franziskanischem Wappen – **GLOCKEN** Glockenduett | 1956 | Hans Hüesker, Fa. Petit & Gebr. Edelbrock, Gescher – **SKULPTUR AUSSEN** Ottmar Hollmann | 1957 | Franziskus – **LITERATUR** Henrichs 1982, Brzosa 2001, Franziskaner in Düsseldorf 2003

35 St. Mariä Himmelfahrt, Unterbach

ALTAR Karl Heinz Klein, Düsseldorf | 1964 | Kattenfels-Marmor | Dornenranken und Trauben – **AMBO** einfaches Bronzepult – **TABERNAKEL** Karl Heinz Klein | steinerne Stele, vergoldete Tür mit Sonnenrelief und Kreis aus zehn Bergkristallen – **KREUZ** Bronze | dünne, rebenartig verbundene Stege bilden das Kreuz, schlanker Bronzekorpus – **TAUFSTEIN** Karl Heinz Klein | steinernes Becken mit Bronzedeckel | Arche, Jona, Taufe, Kreuzigung – **OSTERLEUCHTER** Bronze – **KREUZWEG** Johannes Hillebrand, Köln | 2001 | auf Betonwände der Kirche gemalt – **MARIENFIGUREN** betende, gekrönte Maria | 16. Jh. | Holz, farbig gefasst // betende Maria | zweite Hälfte 19. Jh. | ursprünglich in Turmnische – **FENSTER** Günter Grote, Düsseldorf | 1964 | Metallrahmen bilden ein unregelmäßiges, aus Dreiecken bestehendes Netzmuster, einzelne Felder zeigen Sätze des Magnifikats – **ORGEL** Romanus Seifert & Sohn, Kevelaer | 1970 | 21 Register, 2 Manuale – **GLOCKEN** Läutemotiv *Te Deum* | Maria, Paulus, Johannes | 1966 | Hans Hüesker, Fa. Petit & Gebr. Edelbrock, Gescher – **TURMHAHN** Kupfer – **LITERATUR** Henrichs 1982, Erzbistum Köln 1995, Wittmann-Englert 2006

36 St. Mariä Himmelfahrt (Liebfrauen), Flingern

ALTAR, AMBO Matthias Heiermann, Köln | 1998/99 – **SAKRAMENTSHAUS** Matthias Heiermann mit Jeannett de Payrebrune, Köln | 1998/99 – **KREUZ** Corpus | Ferdinand Langenberg, Goch | 1896 | vom ehemaligen Hochaltar // Kreuz | Hein Gernot | 1992 – **TAUFE** Stein | Gottfried Böhm, Köln | 1964 // Deckel | Theo Heiermann, Köln | 1967 | Arche Noah auf dem Berg Ararat – **BEICHTSTÜHLE** Gottfried Böhm | 1969 – **KREUZWEG** Josef Hennefeld, Essen | 1935 | 2008 restauriert – **MARIENFIGUR** Ferdinand Langenberg | 1896 | vom ehemaligen Marienaltar – **HEILIGENFIGUREN** Joseph | Ferdinand Langenberg | 1899 | vom ehemaligen Josephaltar // Sebastian | vermutlich Emil Jungbluth | 1932 // stehende Pietà | nach 1950 | 2007 übernommen von St. Elisabeth, Flingern – **GEMÄLDE** Ikone „Immerwährende Hilfe" | um 1900 // Grablegung | Heinrich Nüttgens, Angermund | 1896 | ehemals Flügelbild des Hochaltares // Patrone der Jugend | August Ternes, Düsseldorf | 1913 // Antoniusaltar | August Ternes | 1901 | 1983 restauriert | Triptychon vom ehemaligen Antoniusalter – **RELIEFS** Theo Heiermann, Köln | 1962 | Szenen aus dem Marienleben – **FENSTER** Chor | Helmut Kaldenhoff, Wesel | 1976 | blaue Rosen als marianische Symbole // Querhaus | Hans Lünenborg, Köln | 1976 „Erschaffung der Welt" und 1980 „Vollendung der Welt" // Langhaus | Robert Rexhausen, Köln | 1976 | Pilgerzeichen // Emporen | Hans Lünenborg | 1976 | 1986 ausgeführt | Marienkrönung // Chorumgang | Wilhelm Teuwen, Köln | 1968 | Taube mit Olivenzweig – **AUSMALUNG** Gerhard Wind, Düsseldorf | 1987 – **ORGEL** Empore | Ernst Seifert, Bergisch Gladbach | 1956 | nicht mehr spielbar // Liturgische Orgel | Fa. Kreienbrink, Georgsmarienhütte | 1967 für St. Vinzenz, Düsseldorf-Flingern, 2002 Umbau und Neuerrichtung für Liebfrauen | Farbfassung Gisbert Dahmen-Wassenberg, Düsseldorf | 2 Manuale, 33 Register – **GLOCKEN** Läutemotiv *Doppeltes Te Deum* | Maria, Pius X., Bonifatius | alle 1954 | Hans Hüesker, Fa. Petit & Gebr. Edelbrock, Gescher // Christus König, Maria Goretti | beide 1958 | Hans Hüesker, Fa. Petit & Gebr. Edelbrock, Gescher – **LITERATUR** Ausstellungskatalog Ars Sacra 1964, Henrichs 1982, Festschrift St. Mariä Himmelfahrt 1991, Kähmer 1999, Architekturführer 2001, www.katholisches-flingern-duesseltal.de

37 St. Maria in den Benden, Wersten

ALTAR vermutlich Emil Steffann, Bonn | 1959 | aus Natursteinblöcken gemauert – **AMBO** Matthias Heiermann, Köln | 2006 | Sandsteinblock mit Bronzepult – **TABERNAKEL** Matthias Heiermann | 2004 | zylindrische Sandsteinstele mit grau eloxiertem Tabernakelzylinder, Inneres mit Blattgold und Rot – **TAUFSTEIN** vermutlich Emil Steffann | 1959 | gemauerter Backsteinbrunnen mit Kupferdeckel, Gegengewicht des Deckels in Form einer Taube – **KREUZWEG** schlichte Holzkreuze – **MARIENFIGUREN** Leonie Alt, Solingen | 1960er-Jahre | Ton // Pietà: Leonie Alt | 1960er-Jahre | Ton – **ORGEL** Johannes Klais | 1961 | 14 Register – **GLOCKEN** eine Glocke an Giebelwand | ca. 1959 | Josef Feldmann und Georg Marschel, Fa. Feldmann & Marschel, Münster – **LITERATUR** Weyres 1957, Steffann 1981, Henrichs 1982, Langel 1993, Lienhardt 1999, Architekturführer 2001 – **ZITAT** Lienhardt 1999, S. 56

38 St. Maria Königin, Lichtenbroich

ALTAR vermutlich Gottfried Böhm, Köln | 1958 | Rotsandstein | Durchdringung von Quadrat und Kreis – **AMBO** Matthias Heiermann, Köln | 1999 | Scherenfaltpult mit Lederbespannung – **TABERNAKEL** Matthias Heiermann | 2008 | Betonwandschale und Metallzylinder | Fußbodenmosaik Brennender Dornbusch – **KREUZ** Willi Dirx, Wuppertal | 1978 | Bronze // Kruzifixus mit Maria und Johannes auf Kreuzbalken, Rückseite: Abendmahl – **TAUFSTEIN** vermutlich Gottfried Böhm | Rotsandstein, Kegelhelm aus Kupferblech – **OSTERLEUCHTER** Matthias Heiermann | gebürsteter Stahl – **SEDILIEN** Matthias Heiermann | 1999 | Scherenfaltstühle mit Lederbespannung | gebürsteter Stahl – **KREUZWEG** niederländischer Künstler | 1966 | Glasemailmosaik – **MARIENFIGUREN** Windfang: Willi Dirx | 1982 | Bronze // Unterrather Maria | 1959 gestiftet von Mutterpfarre St. Maria unter dem Kreuze // Schutzmantelmadonna Krypta | Walter Busse, Rath | 1960er-Jahre | Holz | Kirchenmodell unter dem Mantel Mariens – **HEILIGENFIGUR** Josef | Holz – **FENSTER** Matthias Heiermann | 2006 | Rosenkranzgeheimnisse – **KRYPTA** Altar, Ambo, Sedilien: eventuell Willi Dirx | Bronze | Ambo: Geburt, Taufe, Kreuzigung, Taube – **ORGEL** Kries, Molsheim | 1978 | Neuerrichtung Willi Peter, Köln | 1998 | 18 Register – **GLOCKEN** Läutemotiv *Te Deum* | Maria Königin, Bruno, Josef | 1958 | Hans Hüesker, Fa. Petit & Gebr. Edelbrock, Gescher | gestiftet von Kartause Hain – **LITERATUR** Weyres 1957, Belt 1962, Henrichs 1982, Raev 1982, Kahle 1985, Kahle 1990, Architekturführer 2001, Voigt 2006, Festschrift St. Maria Königin 2008 // Zur Kartause: Zadnikar 1983, Festschrift St. Maria Königin 2008

39 St. Maria Rosenkranz, Wersten

ALTAR Hans Schwippert, Düsseldorf | 1957 – **AMBO** Laurentius Englisch OFM, Vossenack | 1991 | Pater Laurentius war Meisterschüler von Joseph Beuys an der Düsseldorfer Kunstakademie – **TABERNAKEL** Karl Schrage, Wuppertal | 1957 – **KREUZ** Hildegard Bienen, Hamminkeln-Marienthal | 1971 – **TAUFE** Kurt Schwippert, Kelberg/Eifel | 1959 | die aufsteigenden und die hinabstürzenden Kräfte – **OSTERLEUCHTER** Helmut Moos, Bergisch Gladbach-Bensberg | 1965 – **RELIQUIEN** Theresia von Lisieux (Theresia vom Kinde Jesu) | 1957 aus Rom erhalten // Reliquiar | Joana Feiten, Trier | 1957 – **KREUZWEG** Heinrich Gerhard Bücker, Vellern | 1961 – **MARIENFIGUREN** Rosenkranzmadonna | Laurentius Englisch OFM | 1993 // Pietà | 15. Jh. – **FENSTER** Anton Wendling, Aachen | 1959 | Himmlisches Jerusalem, die Fenster sind Wendlings letztes Werk – **WANDBEHÄNGE** Trude Dinnendahl-Benning, Düsseldorf-Kaiserswerth | 1969 – **WANDMOSAIK** Hildegard Bienen | 1970 | Theresia von Lisieux – **ORGEL** Johannes Klais, Bonn | 1951/52 | 1995 überarbeitet | 3 Manuale, 38 Register | 1951 Weihe des Teilwerkes durch Theodor Schnitzler, der bedeutende Liturgiewissenschaftler war Primiziant von St. Maria Rosenkranz – **GLOCKEN** *Präfationsgeläutemotiv* | Maria, Joseph, Wilhelmus, Gregorius | alle 1924 | Bochumer Verein für Gussstahlfabrikation – **LITERATUR** Ausstellungskatalog Ars Sacra 1964, Schnell 1973, Henrichs 1982, Englisch 1991, Englisch 1993, Festschrift St. Maria Rosenkranz 2001, www.meinegemein.de – **ZITATE** Festschrift St. Maria Rosenkranz 2001, S. 128, Englisch 1993

39a Franz von Sales (Schulkirche), Wersten

ALTAR, TABERNAKEL Kurt Schwippert, Kelberg/Eifel | 1971 | Tabernakel und Tabernakelstele stehen auf einem in den Boden eingelassenen Getreidemühlstein, der bei den Ausschachtungsarbeiten für die Kirche gefunden wurde – **KREUZ** Luděk Tichý, Prag | fertiggestellt anlässlich der Bundesgartenschau BUGA 1987, die eindringlich rohe Gestalt des Corpus wird durch jeweils nur vier Finger und Zehen an den großen Gliedmaßen verstärkt – **MARIENFIGUR** Kurt

Schwippert | 1958 | ehemals als doppelseitige Madonna im Strahlenkranz für die Mutterkirche St. Maria Rosenkranz geschaffen, 1972 im Zuge der Neugestaltung des Chores geteilt und der Strahlenkranz entfernt, die Vorderseite des Monumentalbildes verblieb damals in der Taufkapelle von St. Maria Rosenkranz, die Rückseite kam in die neu errichtete Schulkirche – **ELEKTRISCHE LICHTBÄUME** Hans Schwippert, Düsseldorf | 1971 – **KRYPTA** Altar | Luděk Tichý | 1986 – **ORGEL** Paul Ott, Göttingen | 1958 | 1999 überholt von Willi Peter, Köln | 2 Manuale, 11 Register – **GLOCKEN** Läutemotiv *Te Deum* | Jesus Christus, Maria Rosenkranz, Franz von Sales | alle 1971 | Hans Hüesker, Fa. Petit & Gebr. Edelbrock, Gescher – **LITERATUR** Schnell 1973, Henrichs 1982, Erzbistum Köln 1995, Festschrift St. Maria Rosenkranz 2001, Architekturführer 2001 – **ZITAT** Festschrift St. Maria Rosenkranz 2001, S. 189

40 St. Maria unter dem Kreuz, Unterrath

ALTAR um 1873 // Antependium | Aloys Klingen, Düsseldorf | 1974 | befindet sich, um die neuromanischen Elemente des Altares hervorzuheben, auf der Rückseite – **AMBO, TABERNAKEL, OSTERLEUCHTER, EWIG-LICHT-LEUCHTE** Aloys Klingen | 1974 | Osterleuchter mit den Evangelisten als Standfüße – **KREUZIGUNGSGRUPPE** vermutlich um 1873 // Corpus eines Kruzifixes | Herkunft unbekannt – **TAUFSTEIN** um 1870 | Deckel um 1930 – **CHORGESTÜHL** 1620 | aus der Klosterkapelle der Franziskaner-Tertiarinnen – **BEICHTSTUHL** um 1870 – **KREUZWEG** Leopold Peer, Bedburg | 1996/97 – **MARIENFIGUR** Pietà | Anfang 16. Jh. | das 1694 in der barocken Klosterkapelle aufgestellte Gnadenbild der *Muttergottes in der Not* // Stele | Aloys Klingen | 1974 – **HEILIGENFIGUREN** Bruno der Kartäuser | Matthias Heiermann, Köln | 1998/99 // Josef mit Kind | 20. Jh. – **FENSTER** Wilhelm Teuwen, Köln, und Schüler | farbige Blätter auf Grisaille-Opakglas // Taufkapelle | Künstler nicht bekannt | Fischzug // Emporenfenster | Robert Rexhausen, Köln | Grisaille und Rose – **ORGEL** Willi Peter, Köln | 1974 | 2 Manuale, 24 Register – **GLOCKEN** *Präfationsgeläutemotiv* | Maria, Herz Jesu, Katharina, Petrus | alle 1914 | Werner Hüesker, Fa. Petit & Gebr. Edelbrock, Gescher // einzelne Glocke im Kirchraum | aus der Klosterkapelle der Franziskaner-Tertiarinnen – **LITERATUR** Clemen 1894, Henrichs 1982, Brzosa 1999, Brzosa 2001

41 St. Maria vom Frieden, Gerresheim

ALTAR Hein Gernot, Köln | 1976 | Basalt | Traubenfries – **AMBO** Hein Gernot | 1975 | Basalt – **TABERNAKEL** Hein Gernot | 1976 | Basalt, versilberter Aluminiumguss | vom Architekt in Seitenkapelle geplant, auf Forderung des erzbischöflichen Bauamtes tauschte er den Aufstellungsort mit dem Taufbecken – **KREUZ** Ikone | niederländischer Kunsthandel – **TAUFSTEIN** Hein Gernot | 1982 | Basalt | mit fließendem Wasser, vom Architekt eigentlich am Platz des Tabernakels geplant – **KREUZWEG** Kinder der Gemeinde, Meistermann bestand darauf, dass dieser Kreuzweg bleibt | farbige Kreidezeichnungen – **MARIENFIGUREN** nachgeschnitzte Füssener Madonna | 1976 aufgestellt // Pietà | Stiftung – **FENSTER** Gerhard Wind, Düsseldorf | 1992 | sich wiederholende farblose Ornamente – **AUSMALUNG** Vorraum und Taufkapelle sowie Farbakzente im Hauptraum | Georg Meistermann, Köln | 1986 – **DECKENGESTALTUNG** Gerhard Wind, Düsseldorf | 1992 | kräftig farbige, mit geometrischen Reliefs gestaltete Deckenplatten – **LAMPEN** ein von Rosiny entworfener Lichtring fasste ursprünglich Gemeinde und Altarraum zusammen, er fehlt heute – **TEXTILER WANDBEHANG** aus St. Konrad | Hans Mennekes, Weeze | 1976 | Abschiedsgeschenk des damaligen Pfarrers August Hencken an seine Gemeinde | Pietà und Auferstandener – **ORGEL** Kreienbrink, Georgsmarienhütte | 1992 | 18 Register – **GLOCKEN** wurden mit dem Turm aus St. Konrad überführt | Läutemotiv *Mollterz* | Joseph, Bruder Konrad | 1974 | Hans Hüesker, Fa. Petit & Gebr. Edelbrock, Gescher – **LITERATUR** Rombold 1976, Henrichs 1982, Erzbistum Köln 1995, Lienhardt 1999, Saurbier 2004

42 Alt St. Martin, Bilk

ALTAR, TABERNAKEL, LEUCHTER Hein Gernot, Köln | 1964 | Altar mit Relief Brot brechender Hände – **HEILIGENFIGUR** Martin von Tours | Horst Kretteck, Düsseldorf | 1995 – **GRAB** Hermann Schönenbusch SJ | gest. 1810 | die Gebeine 1935 vom alten Bilker Friedhof hierher übertragen | Grabplatte von Dietrich Meinardus, Düsseldorf | 1858 – **FENSTER** Hermann Gottfried, Bensberg | 1964-66 | 1991 restauriert | Chorfenster: Jesus als Fischer, Petrus und Martin von Tour // Portalfenster | 2006 | gestiftet von der St.-Martins-Kompanie des Schützenvereines Bilk | Wappen von Tours – **AUSMALUNG** Verkündigung und Marienkrönung sowie zwei Weihrauchfass schwingende Engel |

westliche Stirnenden der Seitenschiffe bzw. Turmhalle | ca. 1240-50 | 1875 unzureichend restauriert | ursprünglich Gewölbeausmalung des Chorjochs, infolge der Beschädigungen der Kirche nach dem Zweiten Weltkrieg abgenommen, die Jahreszahl „1392" unter einem der Engel ist eine spätere Ergänzung // Muttergottes, Katharina von Alexandrien, Maria Magdalena | Chorwölbung | um 1250 – **ORGEL** Gebr. Krell, Duderstadt | 1970 | 9 Register – **GLOCKE** Bonifatius | 1961 | Hans Hüesker, Fa. Petit & Gebr. Edelbrock, Gescher – **TURMPORTAL** Bert Gerresheim, Düsseldorf | 1993 | Martinsvita am Sturz // Hilarius von Poitiers (Martins Lehrer) und Sulpicius Severus (Martins erster Biograph) als Portalgriffe – **LITERATUR** Clemen 1894, Simon 1978, Henrichs 1982, Architekturführer 2001, Brzosa 2001, Dehio 2005, Weidenhaupt/Konen 2006, Roemer o. J. – **ZITAT** Clemen 1894, S. 76

43 St. Martin, Bilk

ALTAR Maria J. Fernandez, Aldenhoven | 2009 – **AMBO, TABERNAKEL, LESEPULT, EVANGELIARABLAGE, SEDILIEN, LEUCHTER** Maria J. Fernandez | 2007 | Bronzeguss | Tabernakel: unsere Welt, unsere Stadt auf dem Weg zum Himmlischen Jerusalem – **KREUZ** Korpus um 1150 | Holz | im Kunsthandel erworben // Kreuzbalken: Maria Fernandez | 2008 – **TAUFSTEIN** Wilhelm Hanebal, Büderich | 1971 | schwarzer Marmor – **OSTERLEUCHTER** | Frauen am Grab | Bronze – **KREUZWEG** Hermann A. Raddatz, Düsseldorf | 1952 | Gouachen – **MARIENFIGUREN** Gnadenbild „Hülf der Christen" | 1641 // thronende Madonna mit Traube | Meister des Kefermarkter Altares, Thann/Niederbayern | um 1480 – **HEILIGENFIGUREN** Schmerzensmann | Wilhelm Hanebal | 1958 // Martin als Bischof | frühgotisch // Martin als Reiter mit Mantelteilung | vermutlich aus Loretokapelle // Sebastian | vermutlich um 1600 // Joseph | barock // Antonius | barock – **FENSTER** Hermann A. Raddatz | Chorfenster | 1953 | thronender Christus // Eingangskapelle | 1956 | Grablegung // Taufkapelle | 1957 | Auferstehung – **CHORWANDBEMALUNG** Maria J. Fernandez | Mantelteilung | 2008 – **ORGEL** Fa. Kreienbrink, Georgsmarienhütte | 1961 | 1995 Erweiterung, 2009 Umbau Fa. Friedrich Kampherm, Werl | 39 Register – **GLOCKEN** Läutemotiv *Doppeltes Gloria* | eine Glocke aus Lohbrück, Niederschlesien | 1500 // eine Glocke von Bour & Günser, Metz | 1895 // Martinus, Joseph, Johannes | 1963 | Wolfgang Hausen-Mabilon, Fa. Mabilon, Saarburg – **LITERATUR** Clemen 1894, Henrichs 1982, Brzosa 2001, Wessel 2005 (zu Binterim)

44 Mater Dolorosa, Flehe

ALTAR Paul Nagel, Wesseling | 1964 | Trachyt | Ährengarben, Weinranken – **AMBO** nach 1964 im Stil der Neugotik | Holz, farbig gefasst – **KOMMUNIONSCHRANKEN** erworben aus Waigolshausen/Unterfranken | 18. Jh. | Holz, gefasst – **HOCHALTAR** aus dem Ursprungsbau | Heinrich Moors, Kevelaer | 1908 | Holz, farbig gefasst | Sieben Schmerzen Mariens | Rückseiten der Außenflügel an den Chorseitenwänden – **SAKRAMENTSALTAR** barocker Seitenaltar aus Waigolshausen | Johann Philipp Zehner, Gaibach | 1712 | Holz | neu eingefügtes Altarbild: Walter Ritzenhofen | 1965 | Christus mit Emmausjüngern – **TAUFSTEIN** einfaches tragbares Becken aus Bronze und Kupferblech – **OSTERLEUCHTER** Heinrich Lüttenkötter, Oelde | 1966 | Holz – **KANZEL** aus Waigolshausen | Valentin Weber, Werneck | 1765 | Evangelisten nachgeschnitzt, auf dem Schalldeckel Johannes von Nepomuk – **KREUZWEG** Heinrich Birgel, Köln | 1909 | Metallgravur – **SCHNITZARBEITEN** qualitätvolle Arbeiten von Heinrich Moors aus Ursprungsbau: Strahlenmadonna | 1910 // Altar Immerwährende Hilfe | 1918 // Reliefs aus ehemaligen Seitenaltären: Pietà, Tod Josefs // Herz-Jesu-Figur | 1909 // Antonius von Padua | 1917 // Aloisius | 1919 // Missionskreuz | um 1909 – **HEILIGENFIGUR** Ölberggruppe in ehemaliger Taufkapelle | aus Neuburg a. d. Donau | um 1800 – **GEMÄLDE** Christophorus (rechte Stirnwand) | Walter Ritzenhofen | 1970 – **FENSTER** südliches Querhaus: Rittershaus | 1939 | Kreuzigung // Karl-Heinz Klösgen | um 1950 | Blattwerk und Leidenswerkzeuge // Chor: Wilhelm Geißler, Wuppertal | 1956 | Mitte: Taube, rechts: Auferstehung, links: Aufnahme Mariens in den Himmel // Langhaus: Wilhelm Teuwen, Köln | 1966 – **GEMEINDEBÄNKE** barocke und neugotische Bankwangen aus Waigolshausen – **ORGEL** Romanus Seifert & Sohn, Kevelaer | 1968 | 22 Register – **GLOCKEN** Läutemotiv *Phrygischer Tetrachord* | Maria/Schmerzhafte Mutter, Josef, Sebastian, Petrus | 1962 | Wolfgang Hausen-Mabilon, Fa. Mabilon & Co., Saarburg – **SKULPTUR AUSSEN** Gefallenenehrenmal | Wilhelm Hanebal, Büderich | 1957 – **LITERATUR** Henrichs 1982, Erzbistum Köln 1995, Löhr 1996, Lienhardt 1999

45 St. Matthäus, Garath

ALTAR 1980er-Jahre | quaderförmig, aus Ziegelstein gemauert – **AMBO** 1980er-Jahre | aus Ziegelstein gemauert – **TABERNAKEL** Matthias Heiermann, Köln | 1997 | Säule aus Ziegelstein | auf den Tabernakeltüren Motiv des brennenden Dornbuschs | Bodenmosaik mit dem Motiv der Sandalen des Mose – **KREUZ** Matthias Heiermann | 1997 | Sandstein – **TAUFSTEIN** Gottfried Böhm | 1970 | Sichtbeton mit Kupferverkleidung | fließendes Wasser – **GESTÜHL/SEDILIEN** Gottfried Böhm | rötliches Holz – **MARIENFIGUREN** thronende Madonna aus Stein // Madonna mit Kind – **HEILIGENFIGUR** Matthäus mit Engel | Fritz Schäfer, Garath | Holz – **FARBFASSUNG** Außen- und Innenwände | Gottfried Böhm | um 1970 – **ORGEL** Fa. Fabritius, Düsseldorf | 26 Register | 1989 – **GLOCKEN** Geläute nicht vorhanden – **LITERATUR** Henrichs 1982, Raev 1982, Darius 1988, Erzbistum Köln 1995, Architekturführer 2001, Dehio 2005, Voigt 2006

45a St. Norbert, Garath

ALTAR Cäcilia Scheffer, Düsseldorf | 1982 | hellgrauer Cottaer Sandtein | rechteckiger Block | stilisierte Tormotive – **AMBO** Cäcilia Scheffer | 1997 | Cottaer Sandstein | quaderförmiger schräg angeschnittener Block auf zylinderförmigem Sockel – **TABERNAKEL** Cäcilia Scheffer | 1982 | Kupfer | zylinderförmig mit kegelförmigem Abschluss und im Relief angedeutetem Vorhang, zylinderförmige Sandsteinstele – **HÄNGEKREUZ** mit Glorienscheibe | Kupfer | 1968 – **LESEPULT** Gerhard Nitschke | filigranes Stahlrohr mit Holzaufsatz | um 1968 – **SEDILIEN** Cäcilia Scheffer | 1998 | Cottaer Sandstein – **BEICHTSTÜHLE** helles Holz | 1968 – **FENSTER** sämtlich Hermann Gottfried, Bergisch Gladbach | 1981-83 | Motive: Brotvermehrung, Blindenheilung, Pfingsten, Lob der Schöpfung // über der Eingangstür: Norbert in einer geöffneten Tür, umgeben von Menschen, Bilder aus der Offenbarung // Apsis: Lamm, Buch mit sieben Siegeln, himmlische Wesen – **ORGEL** Fa. Romanus Seifert, Kevelaer | 1976 | 16 Register – **GLOCKEN** Geläute nicht vorhanden – **LITERATUR** Henrichs 1982, Erzbistum Köln 1995

46 St. Maximilian, Carlstadt

HOCHALTAR 1765 | 1770 vergoldet – **ALTARGEMÄLDE** Kapuzinerpater Damian | 1813 aus der enteigneten Kapuzinerkirche | Anbetung des neugeborenen Jesuskindes – **AMBO** bronzenes Adlerpult | 1449 im Auftrag des Altenberger Abtes Johannes von Koedinghoven – **ORATORIUM** 1711 für den Kurfürsten Jan Wellem über der Sakristei errichtet – **KANZEL** gestiftet von Gottfried Kleefisch | 1737 – **BEICHTSTÜHLE** Westwand 1752 // Ostwand 1775 – **CHORGESTÜHL** 17. Jh. | aus der Vorgängerkirche – **KIRCHENBÄNKE** 1741 – **GRUNDSTEIN** 4.5.1734 | Vorgängerbau: 9.5.1655 – **MARIENFIGUREN** Madonna vom Gnadenauge | nach 1680 aufgestellte Kopie nach Neuburger Vorbild // Maria Immaculata | im Mai und Oktober auf dem linken Seitenaltar | Grupello-Schule // Stuckmadonna unter der Orgeltribüne – **HEILIGENFIGUREN** Barbara | Grupello-Schule | 1741 // Franziskus, Antonius von Padua, Johannes Capistrano, Ludwig von Toulouse, Petrus von Alcantara | zweite Hälfte des 18. Jh. // rechts neben Hochaltar Josef // links neben Hochaltar Maria Immaculata – **KREUZWEGSTATIONEN** Heinrich Nüttgens, Düsseldorf | Anfang 20. Jh. – **AUSMALUNG** Chor und Wände über den Seitenaltären von Nazarenern | in 1960er-Jahren entfernt – **ORGEL** 1753 neue Orgel von Christian Ludwig König, ältester Sohn des berühmten Orgelbauers Balthasar König – **GRÄBER** Zugang zur Gruft der Franziskaner befindet sich in der Madonnenkapelle (ehemaliger Klostereingang) – **SKULPTUREN AUSSEN** über dem Eingangsportal Antonius von Padua, früherer Kirchenpatron | 1737-40 // Mariensäule Entwurf: Gottfried Renn, Speyer, Ausführung: Joseph Anton Reiß, Düsseldorf | 1865 | Reaktion auf das von Papst Pius IX. am 8.12.1854 verkündete Dogma von der Unbefleckten Empfängnis, betrieben durch den 1859 gegründeten „Verein zur Errichtung einer Mariensäule“ | 22.9.1872 Grundsteinlegung, 10.5.1873 Enthüllung, 6.7.1873 Einsegnung – **GLOCKEN** Läutemotiv *Lauda Sion Salvatorem* | Maximilian, Maria, Albertus, Antonius, Joseph | 1954 | Hans Hüesker, Firma Petit & Gebr. Edelbrock, Gescher – **LITERATUR** Bayerle 1844, Clemen 1894, Kamphausen 1930, Festschrift Franziskanerkloster 1951, Schatten 1977, Henrichs 1982, Dehio 2005

47 St. Michael, Lierenfeld

ALTAR aus St. Konrad, Flingern | ursprünglich 1969 | 2008 umgearbeitet und verkleinert von Wolfgang Brechbühl und Richard Janeschitz-Kriegl, Düsseldorf | in Blaustein eingefügtes weißes Kreuz aus Carrara-Marmor – **AMBO** Kurt Zimmermann, Köln | vermutlich 1957 | Bronze – **TABERNAKEL** Wolfgang Brechbühl und Richard Janeschitz-Kriegl | 2008 | Carrara-Marmor mit vergoldetem Tresor – **VORTRAGEKREUZ** ehemals St. Hedwig, Eller | Bronze – **TAUFSTEIN** ehemals St. Konrad, Flingern | Zylinder mit Edelstahldeckel | 1969 – **KREUZWEG** Holz – **HEILIGENFIGUR** Josef mit Kind | Franz Kött, Zülpich – **RELIEF** Taufkapelle | aus St. Konrad, Flingern | Gerhard Wind, Düsseldorf | 1969 – **AUFERSTEHUNGSEPITAPH** Franz Kött – **FENSTER** Altarfenster: Jochem Poensgen, Düsseldorf | 1957-60 | Betonglas | Erzengel Michael // farbige Fenster: Jochem Poensgen | 1957-60 – **ORGEL** Fa. Weimbs, Hellenthal | 1980 | 26 Register – **GLOCKEN** Läutemotiv *Maria, breit den Mantel aus* | Maria, Cäcilia, Heinrich, Paulus, Bonifatius | 1957 | Bochumer Verein für Gussstahlfabrikation – **LITERATUR** Henrichs 1982, Festschrift St. Michael 1987

48 St. Nikolaus, Himmelgeist

ALTAR, TABERNAKELTÜR, KREUZ Olaf Höhnen, Frechen | 1966/67 | die Sakramentsnische mit Maßwerkrahmung zweite Hälfte 15. Jh. – **AMBO** Egino Weinert, Köln | um 1967 | Christus und Maria Magdalena (Fußwaschung), Emmaus und Ungläubiger Thomas – **KRUZIFIX** am Triumphbogen | 18. Jh. – **TAUFSTEIN** vermutlich neugotisch // Fuß und Deckel jüngeren Datums – **OSTERLEUCHTER** Egino Weinert | um 1967 | Leben Christi – **RELIQUIEN** Maria Goretti | in Sakramentsnische mit dem „Johannes"-Kopf | 14. Jh. – **KREUZWEG** um 1900 – **MARIENFIGUR** Mondsichelmadonna | vermutlich 18. Jh. // Pietà | Joseph Tüshaus, Düsseldorf | 1875 – **HEILIGENFIGUR** Nikolaus | um 1875 – **FENSTER** Franz Pauli, Köln | 1967-69 | Himmlisches Jerusalem, Auferstehung und der Gute Hirte (Chor), Seligpreisungen und Werke der Barmherzigkeit (Seitenschiffe) – **ORGEL** Johannes Klais, Bonn | 1938 | 2 Manuale, 15 Register – **GLOCKEN** Läutemotiv *Deinem Heiland* // Nikolaus und Maria Magdalena | 1454 | Heinrich Brodermann, Köln // Maria, Joseph | beide 1730 | Gottfried Dinckelmeyer, Köln – **PORTAL** Olaf Höhnen | um 1967 | im Tympanon die Aussendung des Geistes – **SKULPTUREN AUSSEN** Maria Königin | Olaf Höhnen | 1971 | in Erinnerung an das Marianische Jahr 1954 // ehemaliges Kirchhofgelände samt einiger Grabsteine erhalten // Epitaph „Der Gute Hirte" für Ortspfarrer ab 1301 – **LITERATUR** Clemen 1894, Knopp 1978, Henrichs 1982, Architekturführer 2001, Brzosa 2001, Festschrift Himmelgeist 2004, Dehio 2005, Mainzer 2008, www.meinegemein.de 2009 – **ZITATE** Festschrift Himmelgeist 2004, S. 15 und 159

49 St. Paulus, Düsseltal

ALTAR, AMBO Gisbert Dahmen-Wassenberg | 2003 | Anröchter Dolomit | bruchraue Quader – **TABERNAKEL** Fritz Schwerdt, Aachen | 1956 | Messinggehäuse, rote Emailplatten, Bergkristall – **ALTARLEUCHTER, OSTERLEUCHTER, TABERNAKEL FÜR HEILIGE ÖLE, ALTARKREUZ** vermutlich alle Fritz Schwerdt | 1956-59 | Messing, teilweise versilbert, Email – **KREUZE** Kreuzigungsgruppe im Chor | ursprünglich vermutlich nicht zusammengehörig | 17./18. Jh. | 1989 einheitliche Farbfassung und Stahlkonstruktion (Hubert Brauns) für Aufhängung im Chor // Kruzifixus (Nordseitenschiff vor 1989 über Altar) | süddeutsch | um 1580 | Holz, Farbfassung von 1989 // Vortragekreuz (Marienkapelle) 13. Jh. | vergoldete Kupfertreibarbeit, eventuell zusammengesetzt // Hängekreuz (Krypta) | Fritz Schwerdt | 1960 | Bronze, Bergkristall, Rosenquarz – **TAUFBRUNNEN** Kurt Schwippert, Kelberg/Eifel | 1955 | Bronzekessel mit Elfenbeintaube | Zug von lichtertragenden Katechumenen (Taufbewerbern) – **SEITENALTAR** Ecce Homo | zweite Hälfte 14. Jh. | Holz mit Resten von Farbfassung – **RELIQUIEN** Reliquienschrein Krypta | Venedig | Spätgotik | Reliquien Gereon, Ursula und anderer Heiliger | Holz, Leder, Vergoldung // Reliquienmonstranz (Marienkapelle) | neoromanisch, um 1900 | Silber vergoldet | Paulusreliquien – **KREUZWEG** (Krypta) Wilhelm Rupprecht | 1955 | Glasmosaik – **MARIENFIGUREN** Madonna mit Kind (Eingangsbereich) | Mittelfrankreich | um 1300 | Holz, alte Fassung // Traubenmadonna (Chorstirnwand) | Anfang 15. Jh. | Holz, farbig gefasst // Pietà (Krypta) | Mitte 15. Jh. | Holz mit Farbfassung von 1954 – **HEILIGENFIGUREN** Eingangsbereich Nordturm: Christophorus | Süddeutschland | Ende 17. Jh. | Holz, farbig gefasst // Südturm: Martin | spätgotisch | Holz // Apostel | 18. Jh. | Holz, farbig gefasst // nördliches Seitenschiff: Petrus, Andreas, Paulus | 18. Jh. | Holz, gefasst // südliches Seitenschiff: Bernhard von Clairveaux | spätbarock | Holz, monochrom gefasst // Marienkapelle: Beweinungsgruppe | um 1420-30 | Eichenholz, ungefasst // Christus in der Rast | 17./18. Jh. | Holz // Anna Selbdritt | Lux Maurus, Kempten | um 1500 | Lindenholz mit alter Fassung – **GEMÄLDE** Zwei Tafeln des Marienlebens (Marienkapelle) | oberrheinischer Meister | 15. Jh. | Verkündigung, Geburt, Anbetung der Könige, Darstellung im Tempel // Sacra Conversazione (südliches Seitenschiff) | Umbrien | um 1520 | Tafelbild mit gepunztem Goldhintergrund – **FENSTER** Westfassade: Heinrich Campendonk, Amsterdam | 1957 | Erzengel, Engel des Gerichtes und der Ernte // Mittelschiff Rundfenster: Anton Wendling, Aachen | 1950er-Jahre | Heilige mit Bedeutung für Düsseldorf und das Rheinland // Seitenschiff Rundfenster: Wilhelm Rupprecht, Fürstenfeldbruck | 1953 | Altes und Neues Testament // Chorfenster: Wilhelm Rupprecht | 1950er-Jahre | Cäcilia, Patrone der Kirchenmusik // Marienkapelle: Wilhelm Rupprecht | 1950er-Jahre | Marienleben – **ALTES TAUFBECKEN** neoromanisch | heller Marmor, grüne Säulchen | umlaufende Inschrift „Gehet und lehret alle Völker ...“ – **CHORGESTÜHL** (Eingangsbereich) spätgotisch, datiert 1511 | dreisitzig, mit Faltwerk und Blendmaßwerk – **WANDTEPPICHE** Beweinung Christi (südliches Seitenschiff) | Brügge | um 1530 // Prophetenteppiche (im Westbau) | Carl Rabus, Essen/München | um 1960 | 12 Propheten des AT, in 1960er-Jahren mit 12 Aposteln im Altarraum aufgehängt | Wolle auf Leinen – **TUCH** Milli Schmitz-Steinkrüger, Köln | 1958 | 14 Kreuzwegstationen – **ORGELN** seit dem Wiederaufbau im Orgelgraben hinter dem Chor, der Prospekt bildet dort die Altarraumrahmung | Johannes Klais (op. 1066) | 1957 | 60 Register // Orgel Marienkapelle | Johannes Klais (op. 1202) | 1960 | 10 Register – **GLOCKEN** Läutemotiv *Beuroner Geläutemotiv* | Trinitas, Maria, Henricus, Paulus, Bonifatius, Heilige Familie | 1954 | Bochumer Verein für Gussstahlfabrikation – **LITERATUR** Festschrift St. Paulus 1913, Weyres 1957, Festschrift St. Paulus 1980, Peters 1980, Schwippert 1984, Werhahn 1987, Architekturführer 2001

50 St. Peter, Friedrichstadt

Alle originalen hölzernen Ausstattungsstücke und der Taufstein wurden um 1896 von Caspar Clemens Pickel entworfen. Die Ausführungen übernahmen dann ab 1898 renommierte Kunsthandwerker. Bei den Altären bestand wohl generelle Arbeitsteilung: Kunstschreiner August Schmitz (AS) aus Mülheim am Rhein fertigte die Architekturen, der Bilderschnitzer Ferdinand Langenberg (FL) aus Goch die Figuren.

HOCHALTAR (SAKRAMENTSALTAR) UND ZIBORIUM AS und FL | 1898-1900 // Tabernakel | Franz Wilhelm von den Wyenberch, Kevelaer | 1898 // Ölgemälde | Willi Stucke, Bonn | 1911 // Holzreliefs | Otto Bussmann, Düsseldorf | 1941 – **ZELEBRATIONSALTAR** Helmut Moos, Bonn | 1982 | Ähren, Reben, Weinblätter – **KREUZE** Kreuzigungsgruppe Triumphbogen | FL | 1898 // Kruzifix Taufkapelle | Franz Linden, Düsseldorf | 1928 – **TAUFSTEIN** Bronzeeinsatz | Barbara Moos | um 1990 – **SEITENALTÄRE** Maria, Joseph | AS und FL | 1902 bzw. 1906 // Innenflügel Marienaltar | Hubert Ritzenhofen, Düsseldorf | 1955 // alle übrigen Flügelbilder | Heinrich Lamers, Kleve | 1904 bzw. 1906 – **KREUZWEG** Hendrik van der Geld, 's-Hertogenbosch, Niederlande | 1897-99 – **HEILIGENFIGUREN** Cassius, Anno, Ursula, Hermann Josef, Bruno, Adelheid, Suitbertus, Engelbert | Chordienste | Aloys Obermayer, Oberstdorf | 1977-79 // Herz Jesu | Franz Linden | 1924 – **GEMÄLDE** Maria, Mutter der Schmerzen | Hubert Salentin, Düsseldorf | 1898 | vom ehemaligen Altar der Gedächtniskapelle // Petrus der Menschenfischer | Hans Lünenborg | 1985 – **FENSTER** Chor | Hans Lünenborg, Köln | 1979-82 | Auferstandener, Jüngstes Gericht, Sintflut, Moses // Querhaus | Robert Rexhausen, Köln, fortgeführt von Hubert Schaffmeister | um 1983 | Wirken des Heiligen Geistes und Lebensbaum // Gedächtniskapelle | Dieter Hartmann, Köln | Rosenkranz, Leidenswerkzeuge // Taufkapelle | Dieter Hartmann | Schöpfung, Sündenfall, Sintflut, Taufe, Erlösung – **AUSMALUNG** je fünf männliche und weibliche Heilige | Seitenschiffwände | ursprünglich // Petrus und Paulus | Nebenchöre | Josef Wahlen | 1928 – **MOSAIKEN GEDÄCHTNISKAPELLE** Alexander Linnemann, Frankfurt/Main | 1898 | Kreuzigung, Pietà, Auferstandener – **FUSSBODENPLATTEN** H. Moos, H. Focke, L. Kimme, E. Nöthen, K. Burgeff, K. H. Klein, J. Pechau, G. Arenz, B. Gerresheim | alle 1988 | Seligpreisungen – **ORGEL** Karl Göckel, Mühlhausen-Rettigheim | 2001, erweitert 2006, instand gesetzt 2007 | 3 Manuale, 57 Register – **GLOCKEN** Läutemotiv *Veni, Creator Spiritus* | Petrus, Sakrament, Maria, Gloria Engel, Christus | alle 1962 | Hans Hüesker, Fa. Petit & Gebr. Edelbrock, Gescher – **PORTAL** Karl Schollmayer, Düsseldorf | 1955 | thronender Christus, Werke der Barmherzigkeit – **TURMPFEILERFIGUREN** Petrus | Theo Heiermann, Köln // David | Karl Matthäus Winter, Limburg // Moses | Elmar Hillebrand, Köln // Johannes der Täufer | Klaus Balke, Köln | alle 1974 – **TURMKREUZ** Walter Nitsch | 1975 – **LITERATUR** Hammelrath 1906, Weyres 1957, Fußbroich 1981, Henrichs 1982, Fußbroich 1991, Kähmer 1999, Architekturführer 2001

51 St. Pius X., Lierenfeld

ALTAR, AMBO, TABERNAKELSTELE, HÄNGEKREUZ, GESTÜHL Willi Dirx, Wuppertal | 1971 | Aluminiumguss, Altar mit älterer Steinmensa | Ambo: Predigt Jesu // Hängekreuz: Christus am Kreuz mit umstehenden Menschen, Abendmahl (Rückseite) – **TABERNAKEL** vermutlich Erbauungszeit | Kupferblech, getrieben | Taube mit Zweig, Ähre, Kelch, Traube – **TAUFBECKENFUSS UND -RAND** Willi Dirx | 1978 | Aluminiumguss | Geburt, Taufe, Samariterin am Jakobsbrunnen, Kreuzigung, Auferstehung | Taufbrunnen mit lebendigem, fließendem Wasser – **RELIQUIENNISCHE** Pius X. | Gitter: Willi Dirx | 1971 | Aluminiumguss – **KREUZWEG** Fa. Wefers, Köln | 1961 | Holz, geschnitzt – **MARIENFIGUR** Schnitzarbeit – **MARIENIKONE** Öl auf Holz – **WANDTEPPICH** Der Herr von Muruhuay, Peru | um 1990 – **FENSTER** Weiser | 1965 | vom Chor ausgehende Strahlen – **ORGEL** Kamp, Aachen | 1963 | 1971 Erweiterung und Renovierung Verschueren, Heythuysen/Niederlande, 1981 grundlegende Überholung unter Beibehaltung des Freipfeifenprospektes Josef Weimbs, Hellenthal | 19 Register – **GLOCKEN** Läutemotiv *Veni Sancte Spiritus* | Christus, Pius X., Josef, Maria | 1962 | Hans Hüesker, Fa. Petit & Gebr. Edelbrock, Gescher – **SKULPTUR AUSSEN** Relief Bert Gerresheim | Bronzeguss | 14. Relief zu „Monument des Heiligen Josef" in St. Josef, Oberbilk | Szenen der Pfarrgeschichte: über die Heimkehr der Glocken jubelnde Kinder, pflegende Vinzentinerinnen, Pfarrer Viethen, Kapellenwagen – **MISSIONSKREUZ** am Eingang Pfarrhaus | geschnitzt von Gemeindemitglied – **LITERATUR** Henrichs 1982, Festschrift St. Pius X. 1986, Erzbistum Köln 1995, St. Pius (Heft zur Ausstattung) o. J. – **ZITAT** Festschrift St. Pius X. 1986, S. 20

52 St. Reinold, Gerresheim

ALTAR vermutlich Josef Lehmbrock, Düsseldorf | 1957 | geäderter, grünlicher Marmor – **AMBO** Willi Dirx, Wuppertal | 1974 | schmaler Bronzeständer mit Pfingstdarstellung – **TABERNAKEL** Erich Reusch, Düsseldorf, heute Neuenrade | um 1957 | flacher, vergoldeter Quader, 1974 auf sehr schlankem Fuß (Willi Dirx) aufgestellt – **HÄNGEKREUZ, KLEINES ALTARKREUZ, ALTARLEUCHTER** Erich Reusch | 1957 | Bronze | stark gelängte Figuren in Anlehnung an Alberto Giacometti – **TAUFBECKEN** Erich Reusch | 1957 | bauchig runde Schüssel auf dünnem Metallstab – **SEITENALTAR** dunkle Natursteinplatte, darauf der 1946 von Gemeindemitgliedern gefertigte Tabernakel der Notkirche – **KREUZWEG** Willi Dirx | 1972 – **MARIENFIGUR** Marga Groove-Markovic, Neuss | 1960er-Jahre – **HEILIGENFIGUR** Reinold | Willi Dirx | 1984 | Bronze – **FENSTERROSE** Günter Peltzer, Düsseldorf | 1956 | Rose aus Betonglas – **FUSSBODEN** Grauwackepflaster – **ORGEL** Fa. Walcker & Cie., Murrhardt | 1968 | 17 Register – **GLOCKEN** Läutemotiv *Te Deum* | Josef, Maria, Reinold | 1956 | Bochumer Verein für Gussstahlfabrikation | Stahl – **LITERATUR** Schwarz 1947, Weyres 1957, Lehmbrock 1964, Festschrift St. Reinold 1970, Henrichs 1982, Lehmbrock 2000, Architekturführer 2001 – **ZITAT** Lehmbrock 1964, S. 369-370, Schwarz 1947, S. 86

53 St. Remigius, Wittlaer

ALTAR Hein Gernot, Köln | 1975 | grauer Negro-Marmor | schlichter Blockaltar mit leicht überstehender Mensa – **AMBO** Matthias Hillebrand, Bornheim, und Johannes Heiermann, Köln | 1995 | grauer Negro-Marmor – **TABERNAKEL** Karl Kluth, Düsseldorf | 1977 | Bronzerelief | der Auferstandene reicht den Menschen das Brot des Lebens – **ALTARKREUZ** Ewald Mataré, Büderich | 1936 | Eisenguss – **VORTRAGEKREUZ** Köln | zweite Hälfte 12. Jh. | Bronze – **TAUFSTEIN** 13. Jh. | Namurer Blaustein | oktogonales Becken mit vier seitlichen Köpfen – **TABERNAKEL** für Heilige Öle, ehemaliger Sakramentstabernakel | Ewald Mataré | 1934/35 | Holzintarsien mit Silbereinlagen | Kubus mit seitlichen Stützen und vorkragendem Dach | stand bis 1970 in neugotischem Hochaltar, seit 1980 am heutigen Ort seitlich des Taufbrunnens, 1995-2000 Aufarbeitung und Wiederherstellung des Daches – **OSTERLEUCHTER** Monika und Hans Petrovic, Düsseldorf | 1984 | Bronze | Exsultetmotive – **RELIQUIEN** Remigius-Reliquiar | 1880 // Nischengitter | Helge Kühnapfel, Velbert | 2001 – **BEICHTSTUHL** 1992 | mit Schnitzwerk einer älteren Bank – **KREUZWEG** 1885 | Gipsreliefs, farbig gefasst – **KREUZIGUNGSGRUPPE** Ewald Mataré | 1937/38 | Bronzeguss – **KREUZ** vermutlich niederrheinisch | gotisch, Mitte 15. Jh. – **MARIENFIGUREN** Pietà | niederrheinisch | 15. Jh. | ursprünglich in Heiligenhäuschen // Himmelskönigin | um 1450 | spätere Farbfassung, Kind frühbarock – **HEILIGENFIGUREN** Bischof | um 1450 // Sebastian | Mitte 15. Jh. // Anna Selbdritt | zweite Hälfte 15. Jh. // Anna und

Maria | spätes 15. Jh. // Johannes | 18. Jh. // Sebastian | 18. Jh. // Remigius | signiert Rulfi, Paris 1904 | Terrakotta | 1996 Kopf ergänzt – **GEMÄLDE** Heinrich Nauen, Neuss | ca. 1935 | Öl auf Leinwand | Verkündigung – **FENSTER** Johan Thorn-Prikker, Köln | Apsis | 1925 | Kreuze // Chorjoch | 1927 | Ornamente // Seitenschiffe | 1926 | helle Ornamente // Obergaden | 1927 | stark farbige Ornamente mit Sonnenrad // Nordsakristei | Ewald Mataré | 1937 | mosaikartiger blutender Fisch über Kelch, Taube mit Ölzweig // Südsakristei | Wilhelm Teuwen, Krefeld | 1937 | Petrus & Paulus, Brüderpaar, Lamm mit Kelch // vier Westfenster als Ersatz für kriegszerstörte Thorn-Prikker-Fenster | Wilhelm Schmitz-Steinkrüger, Köln | 1963 – **AUSMALUNG** freigelegte Fassung Baugliederungen | Matthias Goebbels, Köln | 1878 – **FARBFASSUNG HOLZDECKE** Vincenz Statz, Köln | 1868 | 1972 übermalt, 1994/95 Freilegung, Restaurierungsatelier Peter van Heekern, Essen – **GEMEINDEBÄNKE** 1912 – **EVANGELIAR** Wilhelm Polders, Kevelaer | 1994 | Thronender Christus, Kirchen St. Peter in Vilich und St. Remigius in Wittlaer, Remigius und Suitbertus – **HUNGERTUCH** Irene Goettschkes, Mönchengladbach, nach Entwurf Johan Thorn-Prikkers | um 1928 | kreuzförmiges Gewand, Leidenswerkzeuge – **ORGEL** Fa. Weimbs, Hellenthal | 1998 | 14 Register – **TURMGITTER** Paul Nagel, Wesseling | 1976 – **GLOCKEN** Läutemotiv *Te Deum* | Sebastianus, Remigius, Maria | 1961 | Wolfgang Hausen-Mabilon, Fa. Mabilon & Co., Saarburg – **LITERATUR** Clemen 1894, Henrichs 1982, Scheiermann 1987, Festschrift St. Remigius 1994, Kraemer-Noble 2000, Architekturführer 2001, KdM 2001, Escher 2004, Dehio 2005 – **ZITAT** Festschrift St. Remigius 1994, S. 82 zitiert die Pfarrchronik S. 322

54 St. Rochus, Pempelfort

ALTAR Paul Schneider-Esleben | 1991 | hellgrauer Marmor | ovale Mensa auf sechs schlanken Stützen – **AMBO** aus Brüstungselement des Vorgängerbaus: Adler mit Lesepult – **TABERNAKEL** Paul Schneider-Esleben | 1991 | vergoldeter Kubus mit großem Bergkristall // Stele: neuromanische Bogenreliefs aus Vorgängerbau mit Evangelistensymbolen – **KREUZE** Ewald Mataré, Büderich | 1940/41 | Holz, weiß gefasst | triumphierender, auferstandener Christus | ursprünglich im Auftrag Prälat Franz Müllers für Krankenhauskirche Köln-Hohenlind geschaffen, 1956 nach St. Rochus verkauft // Vortragekreuz: Ewald Mataré – **ALTARLEUCHTER** Ewald Mataré | Bronze – **TAUFSTEIN** Ewald Mataré | vermutlich um 1955 | hellgrauer Naturstein | in Anlehnung an romanische Taufsteine mit vier seitlichen Köpfen – **OSTERLEUCHTER** Bronze | Wabenstruktur – **SEDILIEN** Paul Schneider-Esleben | 1994 | Stahlrohrmöbel mit Lederbespannung – **KREUZWEG** Ewald Mataré | 1941/42 | Hinterglasmalerei in querovalen Rahmen | ursprünglich für Laubengang des Nonnenklosters am Krankenhaus Köln-Hohenlind, 1956 nach St. Rochus verkauft – **MARIENFIGUR** Madonna auf Reliefsäule | 18. Jh. | ursprünglich an Trumeau-Pfeiler der Vorgängerkirche – **HEILIGENFIGUREN** Franziskus | 18. Jh. // Rochus | 19. Jh. – **FENSTER** umlaufendes Fensterband: Ewald Mataré | um 1963 | Netzornamentik // Vorraum mit Taufe: Paul Schneider-Esleben | 1992 | Hahn, Wasser – **HEILIG-GEIST-TAUBE** in Kuppel: Paul Schneider-Esleben | 1990 – **CHORGESTÜHL** aus Vorgängerbau – **GRUNDSTEIN** in Fußboden eingelassen | Ewald Mataré | 1955 – **ORGEL** Walcker & Cie., Murrhardt | 1982 | 23 Register – **GLOCKEN** Läutemotiv *Te Deum laudamus* | o. N. | 1955 | Karl (III) Otto, Fa. Otto, Hemelingen // Mathilde, Josef, Rosa, Katharina | 1965 | Dieter Otto, Fa. Otto, Hemelingen – **PORTALGRIFFE INNEN**: Paul Schneider-Esleben | Bronze | Evangelistensymbole // außen: Cäcilia Scheffer | Mut und Wachsamkeit // Turmportal: Cäcilia Scheffer – **WANDVERKLEIDUNG** außen Fritz Schaller, Ewald Mataré | 1963 | reliefierte Tonplatten – **TURMKAPELLE** greift Tradition der ehemaligen Rochuskapelle auf // Gemälde Rochus | Bernhard Budde | 1881 | Altarbild der alten Rochuskapelle // Holzskulptur Rochus | vermutlich 17. Jh. // Fenster: E. O. Köpke | 1962 // Bronzeleuchter: Bert Gerresheim | 1985 // Altar, Radleuchter, Boden und Wandfassung: Paul Schneider-Esleben | 2000 – **SKULPTUREN AUSSEN** Rochusdenkmal | Bert Gerresheim | 2001/02 // Katholikentagskreuz am Turm | Bert Gerresheim | 1982 // Stelen | Paul Schneider-Esleben | 1995 | an Standorten der ehemaligen Pfeiler des Vorgängerbaus – **LITERATUR** Weyres 1957, Henrichs 1982, Beckers 1995, Klotz 1996, Gebauer 2000, Architekturführer 2001, Brzosa 2001, Roemer 2002, Roemer 2003, Dehio 2005, Roemer 2005

55 St. Sakrament, Heerdt

HOCHALTAR 1949 | Trachytblöcke – **ALTAR, AMBO** Matthias Heiermann, Köln | 1997 | schwarzer Marmor – **TABERNAKEL** Matthias Heiermann | 1997 | brünierter Stahl – **KREUZ** Johann Karst, Düsseldorf-Eller | nach 1952 | Eisen, getrieben und geschweißt – **TAUFSTEIN** 1926 für Notkirche | polychromer Marmor | Kupferdeckel mit Schriftzug „Lehret alle Völker ..." – **KANZEL** 1949 | Trachyt – **SEITENALTÄRE** Pietà: Wilhelm Hanebal, Büderich | um 1949 | Stein // Auferstehungs-Christus: Johann Karst | 1953/54 | Blech, getrieben, vergoldet – **KREUZWEG** Gisbert Rautzenberg | Ton – **MARIENFIGUREN** Madonna | barock | erworben im Kunsthandel // Madonna mit Kind im Vorraum | Johann Karst | 1970 | Blech, getrieben – **GEMÄLDE** „Sieger" | Yong-Chang Chung | 1999 | Öl, Holz und Reis auf Leinwand // Gekreuzigter | Otto Pankok | Holzschnitt – **FENSTER** Walter Benner, Aachen | vermutlich 1949 | Betondickglasfenster – **ORGEL** Fa. Harald Strutz, Wuppertal | 1972 | 2002 erworben von evangelischer Gemeinde Ratingen-Hösel | 13 Register – **GLOCKEN** Glocke I: 1651 | Gerhard Brenninck, Danzig | Herkunftsort ehemals Marienau, St. Anna, Kreis Danzig // Glocke II: 1803 | Christoph Herbst, Elbing, Ostpreussen | ehemals Marienau, St. Anna, Kreis Danzig // Glocke III: 1928 | Gebr. Ulrich, Apolda | Herkunftsort unbekannt – **PORTALGRIFFE** Ewald Mataré, Düsseldorf | Bronze | Fisch und Sonne – **SKULPTUREN AUSSEN** Segnender, betender Christus | Wilhelm Hanebal, Büderich | aus der Notkirche, vermutlich 1926-28 // Gedenktafel „Schwerter zu Pflugscharen" und Baugeschichte | Bert Gerresheim, Düsseldorf | 1995 // Gedenktafel Dr. Carl Klinkhammer | Bert Gerresheim | 2007 – **LITERATUR** Weyres 1957, Henrichs 1982, Kammann 2000, Kammann 2001, Architekturführer 2001, Sommers 2004, KdM 5-2005

56 St. Suitbertus, Kaiserswerth

ALTAR zweite Hälfte 19. Jh. | Werkstein | Blockaltar mit grober Kassettengliederung – **AMBO** Sepp Hürten, Köln | 1971 | Bronze, Holz – **TABERNAKEL** kleine Sakramentsnische in Hauptapsis | 14. Jh. | Stein // gotischer Sakraments- und Reliquienschrank in Hauptapsis | 15. Jh. | Stein | Plektrudis, Petrus, Suitbertus, Pippin // Aussetzungstabernakel im Südchor | Kurt Zimmermann, Köln | 1955 | versilbert | Jesus und die Emmausjünger – **KREUZE** Vortragekreuz (Chor) | Bert Gerresheim, Düsseldorf | 1996 // Kruzifixus (Marienkapelle) | um 1500 | vor zeitgenössischem Goldretabel | Bernhard Bramlage | 2003 // ehemalige Triumphkreuzgruppe (Südquerhaus) | Rest der reichen neoromanischen Innenausstattung aus der zweiten Hälfte des 19. Jh. | freie Kopie der Wechselburger Gruppe – **TAUFSTEIN** neoromanisch, zweite Hälfte 19. Jh. | Löwen – **OSTERLEUCHTER** Mitte 15. Jh. | schmiedeeisern – **SEITENALTÄRE** neoromanisch, zweite Hälfte 19. Jh. – **RELIQUIENSCHREINE** Suitbertusschrein | vermutlich 1193 begonnen, 1264 Einbettung der Reliquien, um 1331 Fertigstellung | Eichenholzkasten, vergoldetes Silberblech getrieben, Goldfiligranarbeiten, Email, Edelsteine | spätromanisches Gliederungssystem mit Kleeblattbögen, vordere Stirnseite: Suitbertus, Pippin, Plektrudis, rückwärtige Giebelfront: Maria mit Kind und die beiden Marien vom Grab Jesu, Seitenfronten: zwölf Apostel, Dachflächen: acht Szenen aus dem Leben Christi // neuer Prozessionsschrein: Maria J. Fernandez, Aldenhoven | 2002 | Eichenholzkern, vergoldete Silberplatten, Kristalleinsatz | Jakobsleiter – **BEICHTSTÜHLE** 19. Jh. – **KREUZWEG** Kurt Zimmermann, Köln | 1955 | Ritzungen in Muschelkalktafeln – **MARIENFIGUREN** gekrönte Mondsichelmadonna in Marienkapelle | Südfrankreich | um 1800 // Madonna neben Hauptportal | Heinrich Moshage, Düsseldorf | 1955 – **HEILIGENFIGUREN** Joseph | Kopie nach süddeutscher Rokokoskulptur // Papst Cornelius und Benedikt von Aniane, beide im Chor | zweite Hälfte 19. Jh. | nach Vorbild in Kornelimünster | Benedikt mit Stern in Abtskrümme zum Suitbertus umgedeutet – **EPITAPHE** unter Orgelempore | Friedrich Albert von Breugel aus Roermond | 1731 | Stein | Wappen, Engel und Vergänglichkeitssymbole // Ferdinand Edmund von Rochow | 1776 | Holz | ikonografisch an das ältere Epitaph angelehnt – **FENSTER** Hauptchor | Walter Benner, Aachen | drei mittlere Fenster 1949, äußere Fenster 1955 | thronender Christus, darunter Suitbertus, Apostel und Heilige // seitliche Rundfenster Chor | Willy Weyres, Köln | 1962 | Ornamentrosen // Nordseitenchor | Ludwig Baur, Telgte | 1959 | Heilige Familie // Südseitenchor | Wilhelm Geyer, Ulm | 1958 | Leidenssymbole in Apsisfenstern, Der verlorene Sohn, Begegnung Jesu mit der Sünderin // Südquerhaus | Trude Dinnendahl, Kaiserswerth | 1958 | Thron des Lammes mit vier Wesen // Langhaus Obergaden | Wilhelm Geyer | 1967 | Ornamentfenster // westlichste Obergadenfenster an Orgelempore | Trude Dinnendahl // Seitenschiffe | Wilhelm Geyer | 1966 | Leben und Wirken des Suitbertus // Seitenschiffwestseiten | Wilhelm Geyer | Cäcilia, Sebastian // Westfassade | Walter Benner | 1953 | Caspar Uhlenberg, Friedrich Spee – **FARBFASSUNG KIRCHENRAUM** Rekonstruktion der spätromanischen Erstfassung nach Befund | 1989-94 – **HÖLZERNER LEHNSTUHL** im Chor | Spätrenaissance, 17. Jh. | Sündenfall, Opferung Isaak, Verkündigung, Geburt, Salomonisches Urteil, eventuell ein ehemaliger Richterstuhl, heute als Evangeliumsthron gebraucht – **ADLERLESEPULT** Südquerhaus | 18. Jh. | Holz | eventuell aus verschiedenen Stücken der ehemaligen Barockausstattung zusammengefügt – **ORGEL** Rudolph von Beckerath, Hamburg | 1976 | 39 Register – **GLOCKEN** Läutemotiv *Pater noster* | Maria und Suitbertus, Willeycus, Gertrud | 1705 | Johann Peter Edel, Straßburg – **SKULPTUREN AUSSEN** Kreuzigungsgruppe Vorhalle | 18. Jh. | Holz // Spee-Epitaph | Bert Gerresheim | 1991 | Bronze | Spee hält Hexe in seinen Armen wie eine Pietà, verschiedene Heilige // Suitbertus-Stern auf Westgiebel | 1992 – **LITERATUR** Clemen 1894, Henrichs 1982, Festschrift St. Suitbertus 1992, Spee-Bild 1992, Oorschoot 1993, Achter 1994, Seitz 1998, Becker-Huberti 1999, Senger 1999, Brzosa 2001, Architekturführer 2001, Knopp 2004, Seitz 2004, Dehio 2005, Seitz 2005, Hl. Suitbertus 2008, Wessel 2008, weiterführende und ältere Literatur unter: www.lvr.de/kultur/regionalgeschichte/klosterbuch

57 St. Suitbertus, Bilk

ALTAR, AMBO, TABERNAKEL, TAUFSTEIN, APOSTELLEUCHTER Sepp Hürten, Köln | 1967-70 | Deckel der Taufe mit Heilig-Geist-Taube und Reliefinschrift „Ein Herr + Ein Glaube + Eine Taufe“ – **KREUZ** Otto Bussmann, Düsseldorf | 1949 // Kruzifix | Taufkapelle | vermutlich Mitte 18. Jh. | wurde über der Sakristei der Stoffeler Kapelle gefunden – **RELIQUIEN** Suitbertus // Reliquiar | Carl Kesseler, Köln | 1961 | Mitra und Stabkrümme – **KREUZWEG** um 1970 – **MARIENFIGUREN** Otto Bussmann | 1953 // Pietà | Gerhard Brück, Kleve | 1937 | als 13. Station des Kreuzweges verwendet – **HEILIGENFIGUR** Suitbertus | Otto Bussmann | 1939 – **RELIEFS** „Aussendung der Jünger durch Jesus“ und „Suitbert predigt den Germanen“ | vermutlich Otto Bussmann | von der 1949-68 verwendeten Kanzel – **FENSTER** Peter Brahm, Wuppertal | 1990 | Chor | Auferstehung, Himmlisches Jerusalem, Aussendung des Geistes, Suitbertus-, Mariensymbole // Sakramentskapelle | Selbstaussagen Jesu nach Joh. 15,5 („Ich bin der Weinstock, ihr seid die Reben“) und 6,35 („Ich bin das Brot des Lebens“) // Marienkapelle | Mariensymbole | Anschaffung während der 40-jährigen Seelsorgetätigkeit (1963-2003) von Pfarrer Bruno Platzbecker in Bilk // Sonstige | anonymer Entwurf | 1949 | 1987/88 restauriert – **GITTER TURMHALLE** 1927 – **ORGEL** Johannes Klais, Bonn | 1958 | 3 Manuale, 45 Register – **GLOCKEN** Läutemotiv *Ad te levavi animam meam* | Engelglocke | 1931 | Ernst Karl (Karl II.) Otto, Fa. F. Otto, Hemelingen // Maria, Josef | beide 1954 | Hans Hüesker, Fa. Petit & Gebr. Edelbrock, Gescher // Christ König, Suitbertus | beide 1956 | Hans Hüesker, Fa. Petit & Gebr. Edelbrock – **SKULPTUR AUSSEN** Pietà | Herkunft und Entstehungszeit unbekannt, vermutlich unvollendet – **LITERATUR** Henrichs 1982, Architekturführer 2001, Kirchenführer St. Suitbertus o. J., www.st-suitbertus-bilk.de

58 St. Theresia vom Kinde Jesu, Garath

ALTAR, AMBO, PRIESTERBANK vermutlich Paul Georg Hopmann | 1971 | Muschelkalk – **TABERNAKEL** ursprünglich in der Turmkapelle, 1976 in Hauptraum versetzt | Tresorverkleidung: Makrameearbeit mit ovalen Amethysten // Wandbemalung: Klaus Balke, Köln | 1976 | Farbe in Beton geätzt | Ähren, Weinstock mit Blick in gold glänzende Vision – **KREUZ** Luděk Tichý, Prag | Holz – **BEICHTZIMMER** als frei stehender Teil der Architektur, Paul Georg Hopmann | 1971 – **KREUZWEG** in Turmkapelle | Michaela Grundmann, Köln | 1976 | Keramik, bemalt – **MARIENFIGUR** Kopie nach Kölner Skulptur vom Ende 14. Jh. | Aufstellung 1986 – **GEMÄLDE** hl. Theresia | Rudi Wuttke, Köln | 1982 | getrennt aufgehängtes Triptychon: Porträt und zwei Lebensszenen (Letztere an Seitenarmwand) // Kreuzigungsretabel | Luděk Tichý, Prag | 1988 | gemalt – **KERZENSTÄNDER** Julius Wimmer, Düsseldorf | 1978 – **ORGEL** Klaus Becker, Kupfermühle/Holstein | 1974 | 13 Register – **GLOCKEN** kein Geläute vorhanden – **PORTALBEMALUNG** Rudi Wuttke, Köln | Theresiasymbole – **SKULPTUREN AUSSEN** Kreuz und Engel mit Abraham im Hain Mamre, ursprünglich am Nikolaus-Ehlen-Haus | Klaus Balke | 1979 // Turmkreuz und Hahn: Paul Nagel, Wesseling | 1975 – **LITERATUR** Rombold 1976, Henrichs 1982, Festschrift St. Theresia 1993, Erzbistum Köln 1995, Lienhardt 1999

59 St. Ursula, Grafenberg

ALTAR vermutlich Wolfram Borgard und Fritz Volmer, Köln | ursprünglich 1954 | Verkleinerung 1999 | weiß geäderter schwarzer Marmor | rechtwinkliger Stipes mit eingetiefter goldgefasster Muschel – **AMBO** Hildegard Bienen, Marienthal | Bronzestele | Christus und Apostel – **TABERNAKEL** goldfarbener Schrein mit Rhomben-Muster und Bergkristallen – **LEUCHTER** Hildegard Bienen | Bronze – **KREUZ** Egino Weinert, Köln | 1953 | Bronze mit Marmor – **TAUFSTEIN** neuromanisch, 1912 | grauer Sandstein // moderner Taufstein | Marmor | Bronzedeckel mit Taube – **KREUZWEG** Heinrich Dieckmann, Trier | vermutlich 1950er-Jahre | Sgraffito-Technik – **HEILIGENFIGUREN** Ursula | Holz | Grödnertal | 1984 // Maria | Holz // Christus-Johannes-Gruppe – **FENSTER** Taufkapelle, Fensterbänder, Rosenfenster: Heinrich Dieckmann | 1957 // Tauffenster: Schöpfung, Sündenfall, Arche // Querhausfenster | Hildegard Bienen | 1979 | Geburt Jesu, Kreuzigung, Auferstehung, Pfingsten – **ORGEL** Fa. Romanus Seifert, Kevelaer | 1971 | 20 Register – **GLOCKEN** Läutemotiv *Te Deum* | Ursula, Pius X., Maria | 1959 | Hans Hüesker, Fa. Petit & Gebr. Edelbrock, Gescher – **LITERATUR** Weyres 1957, Küppers 1977, Henrichs 1982, Festschrift St. Ursula 1987

60 Zu den Vierzehn Nothelfern (Stoffeler Kapellchen), Stoffeln

ALTAR um 1730 // Pietà | in Art des 16. Jh. – **AMBO** barockisierend – **MARIENFIGUR** 20. Jh. | Terrakotta – **HEILIGENFIGUREN** Vierzehn Nothelfer | Joseph Anton Reiß, Düsseldorf | um 1880 | Achatius, Ägidius, Barbara, Blasius, Christophorus, Cyriacus, Dionysius, Erasmus, Eustachius, Georg, Katharina, Margareta, Pantaleon, Vitus // Judas Thaddäus und Josef | Vorraum | nach 2001 | der Judas Thaddäus als Ersatz für die 2001 gestohlene Figur aus Mitte der 1950er-Jahre – **ORGEL** Johannes Klais, Bonn | 1960 | 1 Manual, 6 Register – **GLOCKE** einstimmiges Geläut – **LITERATUR** Pfarramt St. Suitbertus 1977, Vollmer 1980, Henrichs 1982, Architekturführer 2001, Brzosa 2001, Dehio 2005, www.st-suitbertus-bilk.de – **ZITAT** Brzosa 2001, S. 534

61 Zum Heiligen Kreuz, Rath

ALTAR Josef Lehmbrock | 1958 | grünschwarzer Marmor – **AMBO** Fa. Bernd Cassau, Paderborn | 1995 | Bronze | Evangelistensymbole – **TABERNAKEL** Fa. Schwietzke, Düsseldorf | 1958 | flacher, gold glänzender Quader, lange auf dem Altar, heute seitlich auf steinerner Stele – **KREUZE** goldenes Vortragekreuz: Günter Grote | 1963 | flammenförmiges Muster auf den Balken, analog zu Kirchenwänden // Kreuz mit an Pestkreuzen orientiertem Kruzifixus | vermutlich Nachschöpfung 20. Jh. | Holz, farbig gefasst // Kreuz Christus König | vermutlich 1920/30er-Jahre | Holz, ungefasst – **KREUZWEG** Kurt Zimmermann, Köln | vermutlich 1955, hier seit 1959 | Originalentwürfe des für St. Suitbertus, Kaiserswerth, 1955 realisierten Kreuzwegs in Muschelkalk – **MARIENFIGUR** Pietà | Österreich | vermutlich 18. Jh. | Holz, farbig gefasst – **FENSTER- UND WANDELEMENTE** Günter Grote, Düsseldorf | 1955/56 | flammenförmige Fertigteilsteine aus Beton, teilweise mit Glasfüllung, hinter dem Altar Kreuzform mit roten Gläsern an Wundmalen Christi – **ORGEL** Walcker & Cie., Murrhardt | 1960 | 17 Register – **GLOCKEN** Läutemotiv *Gloria* und *Te Deum* | Kreuz, Maria, Joseph, Serviten, Anton, Totenglocke | 1964 | Wolfgang Hausen-Mabilon, Fa. Mabilon & Co., Saarburg – **LITERATUR** Weyres 1957, Lehmbrock 1964, Henrichs 1982, Kirchenführer Zum Heiligen Kreuz 1990, Lehmbrock 2000, Architekturführer 2001

Literaturverzeichnis

Achter 1970 (1) – Achter, Irmingard: Zur staufischen Stiftskirche in Düsseldorf-Gerresheim. In: Beiträge zur rheinischen Kunstgeschichte und Denkmalpflege (Die Kunstdenkmäler des Rheinlandes, Beiheft 16). Düsseldorf 1970

Achter 1970 (2) – Achter, Irmingard: Die Stiftskirche und ihre alte Ausstattung. In: Hugo Weidenhaupt (Hg.): Gerresheim 870 bis 1970 Düsseldorf 1970, 41–119

Achter 1982 – Achter, Irmingard/Schloßmacher, Norbert: S(ank)t Benediktus in Düsseldorf-Heerdt (= Rheinische Kunststätten, 267). Neuss 1982

Achter 1994 – Achter, Irmingard: Düsseldorf-Kaiserswerth (= Rheinische Kunststätten, 252). Neuss ³1994

Aders/Greb/Kisky 1956 – Aders, Günter/Greb, Franz-Ludwig/Kisky, Hans: Die Stifts- und Pfarrkirche St. Lambertus in Düsseldorf (= Rheinisches Bilderbuch, 8). Ratingen 1956

Ambach 2007/2008 – Ambach, Dorothee: Wo ist eigentlich unser Kreuz? Unser Kreuz ist wieder da. Zwei Kurzartikel zur Restaurierung des Kruzifixes im Pfarrbrief St. Margareta Gerresheim. 2007, 16-18 und 2008, 10-13

Architekturführer 2001 – Kanz, Rudolf/Wiener, Jürgen (Hg.): Architekturführer Düsseldorf. Berlin 2001

Ausstellungskatalog Ars Sacra 1964 – Ars Sacra. Kirchliche Kunst im Erzbistum Köln, 1945-1964. Köln 1964

Ausstellungskatalog Neue Kirche 1956 – Die Neue Kirche. Bau und Ausstattung. Ausstellungskatalog zum 77. Deutschen Katholikentag. Köln 1956

Ausstellungskatalog Stadtmuseum Düsseldorf 1970 – Stadtmuseum Düsseldorf (Hg.): Stadt und Stift Gerresheim. Ausstellungskatalog. Düsseldorf 1970

Ausstellungskatalog Stadtmuseum Düsseldorf 1978 – Stadtmuseum Düsseldorf (Hg.): Frommer Reichtum in Düsseldorf, Kirchenschätze aus 10 Jahrhunderten. Düsseldorf 1978

Ausstellungskatalog Stadtmuseum Düsseldorf 1980 – Stadtmuseum der Landeshauptstadt Düsseldorf (Hg.): 800 Jahre Stadt Kaiserswerth. Ausstellungskatalog. Düsseldorf 1980

Bayerle 1844 – Bayerle, B. G.: Die katholischen Kirchen Düsseldorfs in ihrer Entstehung bis auf die neueste Zeit. Düsseldorf 1844

Becker-Huberti 1999 – Becker-Huberti, Manfred/Schmitz, Hermann-Josef: Sankt Suitbertus, Apostel unserer Heimat – Wegbereiter Europas. Dokumentation der 1300-Jahrfeier in Kaiserswerth (= Drei-Kronen-Reihe, 21). Köln 1999

Becker-Huberti 2003 – Becker-Huberti, Manfred: Sankt Apollinaris, Düsseldorfer Stadtpatron. Düsseldorf 2004

Becker-Huberti 2007 – Becker-Huberti, Manfred: Lexikon der Bräuche und Feste. 3000 Stichwörter mit Infos, Tipps und Hintergründen. Freiburg ⁴2007

Beckers 1995 – Beckers, Rolf: Der Architekt Paul Schneider-Esleben. Weimar 1995

Belt 1962 – Belt, Albert: Neue Kirchenbauten von Gottfried Böhm. Versuch einer Neuinterpretation der Bauten von Gottfried Böhm. In: Das Münster 15 (1962), 1-24

Brenneke 2005 – Brenneke, Marcel: Diplomarbeit „Orgellandschaft Düsseldorf", Robert-Schumann-Hochschule. Düsseldorf 2005. www.kirchenmusik-brenneke.de

Brzosa 1999 – Brzosa, Ulrich: „Compassio Beatae Mariae virginia". Zur Geschichte der Pfarrei „Maria unter dem Kreuz" in Düsseldorf-Unterrath von den Ursprüngen bis zum Zweiten Weltkrieg. In: Düsseldorfer Jahrbuch 70 (1999), 12–85

Brzosa 2001 – Brzosa, Ulrich: Die Geschichte der Katholischen Kirche in Düsseldorf. Von den Anfängen bis zur Säkularisation. Köln 2001

Brzosa 2002/1 – Brzosa, Ulrich: Theresienhospital. 150 Jahre Töchter vom Heiligen Kreuz in Düsseldorf, 1852-2002. Düsseldorf 2002

Brzosa 2002/2 – Brzosa, Ulrich: Die Geschichte der Düsseldorfer Fronleichnamsprozession. In: Düsseldorfer Jahrbuch 73 (2002), 107-173

Büchner 1976 – Büchner, Irmgard: St. Andreas in Düsseldorf (= Rheinische Kunststätten, 186). Neuss 1976

Chronik St. Ludger 1971 – Eine kleine Chronik unserer Pfarre St. Ludger. In: Die neue Orgel der St. Ludger Kirche Düsseldorf, Düsseldorf 1971

Clemen 1894 – Clemen, Paul: Die Kunstdenkmäler der Stadt und des Kreises Düsseldorf (= Kunstdenkmäler der Rheinprovinz, Bd. 3, Abt. 1). Düsseldorf 1894

Cursiefen 2008 – Cursiefen, Gisela: Volto Santo oder Kümmernis. Ein rätselhaftes Wandgemälde in der Düsseldorfer Basilika St. Lambertus. Berlin 2008

Darius 1988 – Darius, Veronica: Der Architekt Gottfried Böhm. Bauten der sechziger Jahre. [Diss.] Düsseldorf 1988

Dehio 2005 – Georg Dehio: Handbuch der Deutschen Kunstdenkmäler, Nordrhein-Westfalen I, Rheinland, bearb. von Claudia Euskirchen, Olaf Gisbertz, Ulrich Schäfer u. a. München/Berlin 2005

Delvos 1938 – Delvos, Hubert: Geschichte der Düsseldorfer Denkmäler, Gedenktafeln und Brunnen. Düsseldorf 1938

Englisch 1991 – Englisch OFM, Laurentius U.: Ambo – „Verkündigung" in der Pfarrkirche Maria Rosenkranz Düsseldorf-Wersten. Manuskript 1991

Englisch 1993 – Englisch OFM, Laurentius U.: Maria-Rosenkranz. Düsseldorf-Wersten. Manuskript 1993

Erzbistum Köln 1995 – Erzbistum Köln, Abt. Bau-, Kunst- und Denkmalpflege (Hg.), Bollenbeck, Karl Josef (Bearb.): Neue Kirchen im Erzbistum Köln. 2 Bde. Brühl ²1995

Escher 2004 – Escher, Dorothea: Von Altar bis Ziborium. S(ank)t Remigius Wittlaer. Kirche von A bis Z (= Beiheft zum Heimat-Jahrbuch Wittlaer, 4). Düsseldorf 2004

Faltblatt Heilige Familie o. J. – Faltblatt: Herzlich Willkommen in „Heilige Familie", o. J.

Faltblatt St. Albertus Magnus o. J. – Faltblatt: Herzlich willkommen in „St. Albertus Magnus" in Düsseldorf-Golzheim, o. J.

Faltblatt St. Mariä Himmelfahrt o. J. – Faltblatt: Herzlich willkommen in „St. Mariä Himmelfahrt" in Düsseldorf-Lohausen, o. J.

Faltblatt zu Seligpreisungs-Stelen o. J. – Faltblatt: Die Seligpreisungen, hg. von der Pfarrgemeinde Heilige Familie Stockum, o. J.

Ferber 1892 – Ferber, Heinrich: Die Pfarre Angermund. In: Beiträge zur Geschichte des Niederrheins 6 (1892), 146-152

Festschrift Gerresheim 1986 – Stadtsparkasse Düsseldorf (Hg.), Karl-Heinz Bott (Red.): Gerresheim und seine Basilika. Festschrift zum 750jährigen Bestehen der Gerresheimer Stiftskirche. Düsseldorf 1986

Festschrift Heilige Dreifaltigkeit 1992 – Katholische Kirchengemeinde Hl. Dreifaltigkeit (Hg.): Düsseldorf Derendorf Hl. Dreifaltigkeit. Düsseldorf 1992

Festschrift Hl. Familie 1999 – Sachausschuss „Öffentlichkeitsarbeit" des Pfarrgemeinderates „Heilige Familie", Düsseldorf, Linneweber, Ursula (Red.): Geschichte der neuen Pfarrgemeinde „Heilige Familie" mit den Pfarrbezirken Lohausen, Stockum und Golzheim. Düsseldorf 1999

Festschrift Heilig Geist 1988 – Katholische Pfarrgemeinde Heilig Geist (Hg.): Gemeinde auf dem Weg. 75 Jahre Katholische Pfarrgemeinde Heilig Geist zu Düsseldorf. Düsseldorf 1988

Festschrift Himmelgeist 2004 - 1100 Jahre Himmelgeist e. V. (Hg.): 1100 Jahre Himmelgeist 904-2004. Düsseldorf 2004

Festschrift Hubbelrath 2000 - 1050 Jahre Hubbelrath: ein kleiner Blick in die Geschichte. Festschrift zum Ortsjubiläum. Hg. v. Runder Tisch zum 1050-jährigen Jubiläum. Düsseldorf 2000

Festschrift St. Agnes 2003 - Katholische Kirchengemeinde St. Agnes Düsseldorf-Angermund (Hg.): 1703-2003. 300 Jahre Pfarre St. Agnes Angermund. Düsseldorf 2003

Festschrift St. Antonius 1984 - Pfarrei St. Antonius am Fürstenplatz, Düsseldorf (Hg.): Festschrift zum 75jährigen Jubiläum 1984. Düsseldorf 1984

Festschrift St. Antonius 1986 - Vater, Friedrich (Hg.): St. Antonius in Düsseldorf-Oberkassel, 1911-1986. Chronik und Bericht. Düsseldorf-Oberkassel 1986

Festschrift St. Blasius 1911 - Pfarrgemeinde St. Blasius Hamm (Hg.): Festschrift zur Einweihung der neuen Kirche: „Kunde von Hamm". 1976 (Nachdruck von 1911)

Festschrift St. Blasius 1986 - Pfarrgemeinde St. Blasius Hamm (Hg.): Kirche St. Blasius, Düsseldorf-Hamm 1911-1986. Düsseldorf 1986

Festschrift St. Bonifatius 1978 - 50 Jahre Pfarrgemeinde St. Bonifatius Düsseldorf-Bilk. Düsseldorf 1978

Festschrift St. Bonifatius 2003 - 1928-2003, 75 Jahre St. Bonifatius. „Suchen und fragen". Düsseldorf 2003

Festschrift St. Cäcilia Benrath 1977 - Pfarrei St. Cäcilia (Benrath) (Hg.): 300 Jahre Wallfahrt zur Schwarzen Mutter Gottes von Benrath. Düsseldorf-Benrath 1977

Festschrift St. Cäcilia Benrath 2002 - Kath. Pfarrgemeinde St. Cäcilia, Benrath (Hg.): 325 Jahre Wallfahrt zur Schwarzen Muttergottes von Benrath. 1677-2002. Düsseldorf-Benrath 2002

Festschrift St. Gertrud 1950 - Kath. Pfarrgemeinde St. Gertrud (Hg.): 600-Jahrfeier St. Gertrudis Pfarre Düsseldorf-Eller. Düsseldorf 1950.

Festschrift St. Hubertus 2000 - Kath. Kirchengemeinde St. Hubertus Düsseldorf-Itter (Hg.): Festschrift 850 Jahre Itter und St. Hubertus 1150-2000 - 125 Jahre Kirchenchor „Cäcilia Itter" 1875-2000. Düsseldorf 2000

Festschrift St. Joseph 2009 - Pfarrverband Mörsenbroich/Rath (Hg.): 100 Jahre St. Joseph. Der „Rather Dom" und die katholische Gemeinde in Düsseldorf-Rath. Düsseldorf 2009

Festschrift St. Katharina 1984 - Kath. Pfarrgemeinde St. Katharina Düsseldorf-Gerresheim (Hg.): Festschrift und Chronik zum 75jährigen Bestehen der Pfarrgemeinde St. Katharina Düsseldorf-Gerresheim. Volk Gottes auf dem Weg durch die Zeit. Düsseldorf 1984

Festschrift St. Lukas 1978 - St. Lukas 1953-1978, hg. vom Kath. Pfarramt St. Lukas, Düsseldorf 1978

Festschrift St. Lukas 2003 - 50 Jahre Pfarrgemeinde St. Lukas Düsseldorf-Derendorf 1953-2003, hg. von der Kath. Kirchengemeinde St. Lukas, Düsseldorf 2003

Festschrift St. Mariä Himmelfahrt 1991 - Katholische Pfarrgemeinde Liebfrauen (Hg.): 1891-1991. St. Mariä Himmelfahrt (Liebfrauen). Düsseldorf 1991

Festschrift St. Maria Königin 2008 - Festschrift 50 Jahre Katholische Kirchengemeinde S(ank)t Maria Königin in Düsseldorf-Lichtenbroich. Düsseldorf 2008

Festschrift St. Maria Rosenkranz 2001 - Katholische Pfarrgemeinde Maria Rosenkranz (Hg.): 1901-2001. 100 Jahre Pfarre St. Maria Rosenkranz. 2. verbesserte Auflage, Düsseldorf 2001

Festschrift St. Michael 1987 - Gemeinde St. Michael (Hg.): 75 Jahre St. Michael. Düsseldorf-Lierenfeld 1987

Festschrift St. Paulus 1913 - Festschrift zur Feier der Konsekration der Pfarrkirche St. Paulus in Düsseldorf am 6.5.1913 durch den Erzbischof v. Köln Dr. Felix von Hartmann. Düsseldorf 1913

Festschrift St. Paulus 1980 - Pfarrgemeinderat St. Paulus (Hg.): 75 Jahre Sankt Paulus Düsseldorf. Düsseldorf 1980

Festschrift St. Pius 1986 - Pfarrgemeinde St. Pius (Hg.): 1961-1986. 25 Jahre Katholische Pfarrgemeinde St. Pius X. Düsseldorf 1986

Festschrift St. Reinold 1970 - 25 Jahre katholische Gemeinde in der Tannenhofsiedlung. Düsseldorf 1970

Festschrift St. Remigius 1994 - Festausgabe zum 850jährigen Ortsjubiläum Wittlaer. Hg. v. Pfarrgemeinderat St. Remigius. Düsseldorf-Wittlaer 1994

Festschrift St. Suitbertus 1992 - Kath. Kirchengemeinde St. Suitbertus (Hg.): 1275 Jahre St. Suitbertus Kaiserswerth. Düsseldorf 1992

Festschrift St. Theresia 1993 - St. Theresia-Gemeinde 1968-1993, Düsseldorf-Garath/Hellerhof. Düsseldorf 1993

Festschrift St. Ursula 1987 - Pfarrgemeinde St. Ursula (Hg.): „Haus Gottes unter den Menschen". 75 Jahre St. Ursula - Grafenberg. Düsseldorf 1987

Finger 2002 - Finger, Heinz: Der spätmittelalterliche Wallfahrtsort Düsseldorf. In: Analecta Coloniensia. Jahrbuch der Diözesan- und Dombibliothek Köln 2/2002, 187-194

Franziskanerprovinz 1951 - Franziskanerprovinz Düsseldorf (Hg.): 300 Jahre Franziskaner in Düsseldorf 1651-1951. Düsseldorf 1951

Füllenbach 2008 - Füllenbach, Elias H. (Hg.): Die Hofkirche und ihre Schätze: S(ank)t Andreas in Düsseldorf. Zum 350. Geburtstag des Kurfürsten Johann Wilhelm von der Pfalz. Hg. vom Dominikanerkloster Düsseldorf. Düsseldorf 2008

Fußbroich 1981 - Fußbroich, Helmut: Sankt Peter Düsseldorf-Friedrichstadt. Geschichte, Beschreibung, Deutung. Düsseldorf 1981

Fußbroich 1991 - Fußbroich, Helmut: S(ank)t Peter in Düsseldorf-Friedrichstadt (= Rheinische Kunststätten, 365). Neuss 1991

Gebauer 2000 - Gebauer, Emanuel: Fritz Schaller. Der Architekt und sein Beitrag zum Sakralbau im 20. Jahrhundert (= Stadtspuren - Denkmäler in Köln, 28). Köln 2000

Gerhard 1988 - Gerhard, Oswald (Hg.): Düsseldorfer Sagen aus Stadt und Land. Düsseldorf 1988

Gerresheim 2005 - Unterwegs. Bert Gerresheim zum 70. Geburtstag. Ausstellungskatalog Kevelaer 2005. Goch 2005

Giesen 2001 - Giesen, Lucyna/Glasmacher, Udo: Der Kirchenbau der 20er Jahre in Düsseldorf. In: Wiener, Jürgen (Hg.): Die Gesolei und die Düsseldorfer Architektur der 20er Jahre. Köln 2001, 130-141

Greb 1974 (1) - Greb, Franz-Ludwig: Zwei Gnadenbilder in der Sankt-Lambertus-Pfarrkirche zu Düsseldorf. In: Küppers, Leonhard (Hg.): Die Gottesmutter. Marienbild in Rheinland und Westfalen. 2 Bde. Recklinghausen 1974, Bd. 1, 127-151

Greb 1974 (2) - Greb, Franz-Ludwig: Geschichte des Stiftsplatzes und der Stifts-Immunität zu Düsseldorf. In: Schützenzeitung der Düsseldorfer Sebastianusbruderschaft 25 (1974), Nr. 4, 17-24

Greb 1977 - Greb, Franz-Ludwig (Hg.): Aus der Geschichte der Pfarrgemeinde St. Apollinaris Düsseldorf. ... auf dem Wege ... Düsseldorf 1977

Hammelrath 1906 - Hammelrath, Emil: Pfarre und Pfarrkirche zum heiligen Petrus in Düsseldorf. Düsseldorf 1906

Henrichs 1982 - Henrichs, Bernhard (Hg.): Düsseldorf, Stadt und Kirche. Düsseldorf [2]1982

Heppe 1983 - Heppe, Karl Bernd: Das Düsseldorfer Stadtbild. Teil 1: 1585-1806 (= Bildhefte des Stadtmuseums Düsseldorf, 4). Düsseldorf 1983

Heppe 1990 - Heppe, Karl Bernd: Düsseldorf-Gerresheim (= Rheinische Kunststätten, 350). Neuss 1990

Hilgefort 1989 – Hilgefort OP, Benedikt: St. Andreaskirche zu Düsseldorf. Düsseldorf 1989

Hilger 1981 – Hilger, Hans Peter u. a.: Raum und Ausstattung rheinischer Kirchen: 1860-1914 (= Beiträge zu den Bau- und Kunstdenkmälern im Rheinland, 26). Düsseldorf 1981

Hl. Suitbertus 2008 – Pfarrgemeinde St. Suitbertus Düsseldorf (Hg.): Der heilige Suitbertus und die Tradition seiner Verehrung in Kaiserswerth. Düsseldorf 2008

Hoffs 2008 – Hoffs, Gerhard: Glockenmusik katholischer Kirchen von Düsseldorf. Inventar. Düsseldorf 2008. www.glockenbuecherebk.de/pdf/glockenbuch_duesseldorf.pdf (6.4.2009)

Hofmann 1997 – Hofmann, Friedhelm: St. Antonius in Düsseldorf-Oberkassel. Neugestaltung der Krypta 1994-1997. Faltblatt Düsseldorf 1997

Hofmann 2004 – Hofmann, Friedhelm: Egbert Verbeek. Das Triptychon in St. Antonius, Düsseldorf-Oberkassel. In: Ders.: Grenzüberschreitungen. Begegnungen mit Künstlern. Köln 2004, 137-139

Jauch 2003 – Jauch, Robert OFM (Hg.): Franziskaner in Düsseldorf. 150 Jahre „Klösterchen“ (1853-2003). Düsseldorf 2003

Jansen-Winkeln 1998 – Jansen-Winkeln, Annette: Künstler zwischen den Zeiten – Egbert Lammers. Eitorf 1998

Jerzyk 2004 – Jerzyk, Ivonne: Düsseldorf-Gerresheim, St. Margareta. In: Frauenklöster im Rheinland und Westfalen. Hg. v. Kier, Hiltrud/Gechter, Marianne. Regensburg 2004, 44-45

Kähmer 1996 – Kähmer, Inge: Zur Raumausstattung von St. Lambertus in Düsseldorf in der Zeit des Historismus. Die Restauration durch L. Beker aus Mainz 1891-1909. In: Düsseldorfer Jahrbuch 67 (1996), 271-384

Kähmer 1999 – Kähmer, Inge: Ferdinand Langenberg aus Goch (1849-1931). Ein Bildhauer des Historismus und seine Altäre für Düsseldorf. In: Düsseldorfer Jahrbuch 70 (1999), 87-184

Kahle 1985 – Kahle, Barbara: Rheinische Kirchen des 20. Jh. Kirchenbauschaffen zwischen Tradition und Moderne. Köln 1985

Kahle 1990 – Kahle, Barbara: Deutsche Kirchenbaukunst des 20. Jahrhunderts. Darmstadt 1990

Kammann 2000 – Kammann, Bruno: Die Bunkerkirche in Düsseldorf-Heerdt (= Rheinische Kunststätten, 443). Neuss 2000

Kammann 2001 – Kammann, Bruno: Carl Klinkhammer: Ruhrkaplan, Sanitätssoldat und Bunkerpastor, 1903-1997 (= Düsseldorfer Schriften zur Neueren Landesgeschichte und zur Geschichte Nordrhein-Westfalens, 55). Essen 2001

Kamphausen 1930 – Kamphausen, Alfred: Die Pfarrkirche zum h(ei)l(igen) Maximilian in Düsseldorf: Ein geschichtlicher Führer durch die ehemalige Franziskanerkirche (= Schriftenreihe des Historischen Museums und des Archivs der Stadt Düsseldorf, 1). Düsseldorf 1930

Kamphausen 1966 – Kamphausen, Peter (Hg.): S(ank)t Maximilian Düsseldorf. Wiesbaden 1966

Kapelle St. Josef 1996 – Spohr, Edmund (Hg.), im Auftrag der Ordensgemeinschaft der Töchter vom hl. Kreuz: Die Kapelle St. Josef im Theresienhospital, ehemalige Karmelitessenkapelle mit den Fresken Wolfram Köberls. Düsseldorf 1996

Kaps 2009 – Kaps, Wolfgang: Düsseldorf: St. Andreaskirche – Mausoleum – Beschreibung der Särge. www.pfalzneuburg.de/page2/files/Dusseldorf_Andreas.pdf (6.4.2009)

Karpa 1932 – Karpa, Oskar/Wentzcke, Paul: Die Stifts- und Pfarrkirche S(ank)t Lambertus zu Düsseldorf (= Schriftenreihe des Historischen Museums und des Archivs der Stadt Düsseldorf, 4). Düsseldorf 1932

Katholikenrat Düsseldorf 1982 – Katholikenrat Düsseldorf (Hg.), Böckling, Hans (Red.): Kirchenführer. Ihr Begleiter durch die katholischen Kirchen Düsseldorfs. Düsseldorf 1982

Kath. Kirchengemeinde St. Hubertus 2000 – Kath. Kirchengemeinde St. Hubertus (Hg.): Weimbs-Orgel St. Hubertus Düsseldorf-Itter, Düsseldorf 2000

Kath. Pfarramt Herz-Jesu o. J. – Kath. Pfarramt Herz-Jesu Düsseldorf-Urdenbach (Hg.): Kreuzweg in der Pfarrkirche Herz-Jesu Düsseldorf-Urdenbach. Düsseldorf o. J.

Kaulmann 1981 – Kaulmann, Johannes: Marienkirche Düsseldorf. Düsseldorf 1981

KdM – Kirche des Monats, vgl. www.kirche-des-monats.de (6.4.2009)

Kelleter 1904 – Kelleter, Heinrich (Bearb.): Urkundenbuch des Stiftes Kaiserswerth. Bonn 1904

Kirchenführer St. Lambertus o. J. – Katholischer Kirchengemeindeverband Angerland/Kaiserswerth (Hg.): Kirchenführer St. Lambertuskirche Kalkum. Düsseldorf o. J.

Kirchenführer St. Maria, Hilfe der Christen 1997 – Willi Patzka: Kleiner Führer durch die Kirche Maria, Hilfe der Christen, Düsseldorf-Lörick. Düsseldorf 1997

Kirchenführer St. Suitbertus o. J. – Katholische Kirchengemeinde St. Suitbertus (Hg.): Willkommen in St. Suitbertus, Düsseldorf-Bilk. Düsseldorf o. J.

Kirchenführer Zum Heiligen Kreuz 1990 – Pfarrgemeinderat Hl. Kreuz (Hg.): Kath. Pfarrgemeinde Zum Heiligen Kreuz, Düsseldorf-Rath. Düsseldorf 1990

Klein 1926 – Klein, Ursula: Die Säkularisation in Düsseldorf. In: Annalen des Historischen Vereins für den Niederrhein 109 (1926), 1-67

Klosterführer Rheinland 2003 – Klosterführer Rheinland. Hg. v. Rheinischen Verein für Denkmalpflege und Landschaftsschutz. Köln 2003

Klotz 1996 – Klotz, Heinrich/Schneider-Esleben, Paul: Paul Schneider-Esleben. Entwürfe und Bauten. Stuttgart 1996

Knopp 1978 – Knopp, Gisbert: Düsseldorf-Himmelgeist (= Rheinische Kunststätten, 215). Neuss 1978

Knopp 2004 – Knopp, Gisbert/Nußbaum, Norbert: Die ehemalige Stiftskirche St. Suitbertus in Düsseldorf-Kaiserswerth. Neue Erkenntnisse zur Periodisierung ihrer Baugeschichte. In: Jahrbuch der rheinischen Denkmalpflege 39. Köln 2004, 23-40

Kraemer-Noble 2000 – Kraemer-Noble, Magdalena: St. Remigius in Düsseldorf-Wittlaer (= Rheinische Kunststätten, 185). Neuss 2000.

Kugelmeier 1953 – Kugelmeier, August: Kleine Pfarrchronik von Düsseldorf-Lohausen. Düsseldorf 1953

Küppers 1977 – Küppers, Leonhard: Hildegard Bienen. Recklinghausen 1977

Langel 1993 – Langel, Martina: Der Taufort im Kirchbau unter besonderer Berücksichtigung des Kirchenbaus im Erzbistum Köln nach 1945. Siegburg 1993

Lau 1940 – Friedrich Lau: Zur Baugeschichte des Turmes der Düsseldorfer Lambertuskirche. In: Düsseldorfer Jahrbuch 42 (1940), 295-297

Lehmbrock 1964 – Lehmbrock, Josef: Kirchenbau und Gesellschaft. In: Hoster, Josef/Mann, Albrecht (Hg.): Vom Bauen, Bilden und Bewahren. Festschrift für Willy Weyres. Köln 1964, 357-371

Lehmbrock 2000 – Das Konzil ist für mich zu spät gekommen. Josef Lehmbrock im Interview. In: Schwarz auf Weiß. Informationen und Berichte der Künstler-Union-Köln. 1/2000, 6-38

Lienhardt 1999 – Lienhardt, Conrad (Hg.): Emil Steffann (1899-1968). Werk – Theorie – Wirkung. Regensburg 1999

Löhr 1996 – Löhr, Friedrich/Lechtape, Andreas: Katholische Pfarrkirche Schmerzreiche Mutter Düsseldorf-Flehe (= Kleine Kunstführer, 2274). Regensburg 1996

Looz-Corswarem 2006 – Looz-Corswarem, Clemens von: Düsseldorf. In: Handbuch der Historischen Stätten: Nordrhein-Westfalen. Hg. von den Landschaftsverbänden Rheinland und Westfalen-Lippe durch M. Groten, P. Johanek, W. Reininghaus und M. Wensky. 3. völlig neu bearb. Aufl. Stuttgart 2006

Mainzer 2008 – Mainzer, Udo: St. Nikolaus in Düsseldorf-Himmelgeist (= Rheinische Kunststätten, 508). Neuss 2008

Mann 1966 – Mann, Albrecht: Die Neuromantik – eine rheinische Komponente im Historismus des 19. Jahrhunderts. Köln 1966

Markowitz 1982 – Markowitz, Irene/Heppe, Karl Bernd: Wallfahrten am Niederrhein: 25.8.-31.10.1982, Stadtmuseum Düsseldorf. Düsseldorf 1982

Meiering 1998 – Meiering, Dominik M./Opladen, Lutwin: Die Kirche St. Franziskus Xaverius Düsseldorf-Mörsenbroich. Düsseldorf 1998

Meistermann 1986 – Meistermann, Georg: Georg Meistermann, die Kirchenfenster. Freiburg/Br., Basel, Wien 1986

Nußbaum 1984 – Nußbaum, Norbert: St. Lambertus in Düsseldorf (= Rheinische Kunststätten, 293). Neuss 1984

Oediger 1956 – Oediger, Friedrich Wilhelm: Die bischöflichen Pfarrkirchen des Erzbistums Köln. In: Düsseldorfer Jahrbuch 48 (1956), 1-37

Oehm 1999 – Oehm, Leonhard/Nothoff, Dirk: Katholische Pfarrkirche Herz-Jesu Düsseldorf-Urdenbach. Lindenberg 1999

Oorschot 1993 – Oorschot, Theo G. M. (Hg.): Friedrich Spee (1591-1635). Düsseldorfer Symposium zum 400. Geburtstag (= Veröffentl. der Friedrich-Spee-Gesellschaft, Düsseldorf). Bielefeld 1993

Peters 1980 – Peters, Heinz: Düsseldorf, St. Paulus (= Kleine Kunstführer, 659). Regensburg ²1980

Pfarramt St. Suitbertus 1977 – Pfarramt St. Suitbertus (Hg.): Die Verehrung der Hl. 14 Nothelfer und des Hl. Judas Thaddäus in der Stoffeler Kapelle. Düsseldorf 1977

Pfarrgemeinde St. Adolfus 1994 – Pfarrgemeinde St. Adolfus Düsseldorf (Hg.), Hochheuser, Andreas (Red.): Katholische Kirchengemeinde Sankt Adolfus Düsseldorf. Düsseldorf 1994

Pfeffer 1995 – Pfeffer, Klaus: Düsseldorf-Kalkum (= Rheinische Kunststätten, 178). Neuss ²1995

Pittermann o. J. – Pittermann, Dörthe Maria: Glasmalerei in der Basilika St. Margareta. Hg. v. Kath. Pfarrgemeinde St. Margareta. Düsseldorf o. J.

Raèv 1982 – Raèv, Svetlozar (Hg.): Gottfried Böhm. Vorträge, Bauten, Projekte. Stuttgart/Zürich 1988

Reichen 1997 – Reichen, Heinz Georg: Über 1000 Jahre Kirche in Angermund. Düsseldorf-Angermund 1997

Reinle 1988 – Reinle, Adolf: Die Ausstattung deutscher Kirchen im Mittelalter. Eine Einführung. Darmstadt 1988

Ribbrock 1985 – Ribbrock, Gerhard: August und Wilhelm Rincklake. Historismusarchitekten des späten 19. Jh. (= Denkmalpflege und Forschungen in Westfalen, 7). Bonn 1985

Richartz 2004 – Richartz, Hermann J.: Basilika St. Lambertus Düsseldorf-Altstadt. Lindenberg 2004

Roemer 1989 – Roemer, Werner: Die Kapelle der Katholischen Hochschulgemeinde im Carl-Sonnenschein-Haus Düsseldorf, hg. von der KHG Düsseldorf. Düsseldorf 1989

Roemer 1993 – Roemer, Werner: St. Josef in Düsseldorf-Oberbilk (= Rheinische Kunststätten, 385). Neuss 1993

Roemer 2002 – Roemer, Werner: Das unkaschierte Bild eines Heiligen. Zur St. Rochus-Figur von Bert Gerresheim. In: Das Münster 2 (2002), 151-153

Roemer 2003 – Roemer, Werner: Matarés verkannte Werke in St. Rochus Düsseldorf. In: Das Münster 1 (2003), 52-55

Roemer 2005 – Roemer, Werner: St. Rochus in Düsseldorf-Pempelfort, hg. von der Kath. Kirchengemeinde St. Rochus. Düsseldorf 2005

Roemer o. J. – Roemer, Werner: Das Portal von Alt. St. Martin in Bilk. Faltblatt o. J.

Rombold 1976 – Rombold, Günter: Bauten der Steffann-Nachfolge. In: Kunst & Kirche, 3 (1976), 114-131

Rosing 1987 – Rosing, Klaus: Spaziergänge zu Burgen, Schlössern und Kirchen am Niederrhein. Düsseldorf 1987

Saeger 1999 – Saeger, Klaus/Terboven, Wilhelm: Kirchen der Pfarrei Düsseldorf-Hubbelrath (= Kleine Kunstführer, 2394). Regensburg 1999

Saeger 2001 – Saeger, Klaus: Düsseldorf-Gerresheim: Basilika St. Margareta. Regensburg 2001

Sankt Andreas 2008 – St. Andreas in Düsseldorf. Die Hofkirche und ihre Schätze. Zum 350. Geburtstag des Kurfürsten Johann Wilhelm von der Pfalz. Düsseldorf 2008

Saurbier 2004 – Saurbier, Peter: Die Entwicklung der Kirchengemeinde St. Maria vom Frieden 1948-2004 chronologisch aufgezeichnet. Düsseldorf 2004. (Maschschr. im Pfarrarchiv)

Schäferdick 1995 – Schäferdick, Knut: Suidberth von Kaiserswerth. In: Düsseldorfer Jahrbuch 66 (1995), 1-21

Schatten 1997 – Schatten, Thomas: Die Max. Geschichte einer Düsseldorfer Kirche. Düsseldorf 1997

Schatten 2000 – Schatten, Thomas: Düsseldorfer Kirchengeschichte. Düsseldorf 2000

Scheiermann 1987 – Scheiermann, Friedrich: Düsseldorf-Wittlaer (= Rheinische Kunststätten, 185). Köln ²1987

Schleidgen 1988 – Schleidgen, Wolf-Rüdiger (Bearb.): Urkundenbuch des Stifts St. Lambertus/St. Marien in Düsseldorf, Bd. 1: Urkunden 1288-1500. Düsseldorf 1988

Schleidgen 1990 – Schleidgen, Wolf-Rüdiger: St. Lambertus, ons grote Kerk en Düsseldorf. Aufsätze zur Geschichte und Kunst in und um St. Lambertus. Düsseldorf 1990

Schlombs 1960 – Schlombs, Willi: Neue Kirchenbauten im Erzbistum Köln. In: Das Münster, Zeitschrift für christliche Kunst und Kunstwissenschaft 1/2 (1960), 1-60

Schmitges 1971 – Schmitges, Horst: Caspar Clemens Pickel 1847-1939, Beiträge zum Kirchenbau des 19. Jahrhunderts. München 1971

Schmitz 1979 – Schmitz, Heinz: Angermunder Land und Leute. 2 Bde. Düsseldorf 1979

Schnell 1973 – Schnell, Hugo: Der Kirchenbau des 20. Jahrhunderts in Deutschland. Dokumentation, Darstellung, Deutung. München/Zürich 1973

Schulte 1981 – Schulte, Ria: Die pfalzgräflichen Schwestern Unsere Liebe Frau zu Neuburg an der Donau und S(ank)t Andreas zu Düsseldorf. München 1981

Schwarz 1947 – Schwarz, Rudolf: Vom Bau der Kirche. Heidelberg ²1947 (Erstausgabe Würzburg 1938)

Schwarz auf Weiß 1999 – Denkmalpflege als schöpferischer Prozess. 16 Kirchen in Düsseldorf. In: Schwarz auf Weiß. Informationen und Berichte der Künstler-Union Köln. Hg. von der Künstlerseelsorge im Erzbistum Köln. Köln 1999

Schweitzer 1960 – Schweitzer, Heinz: Zur Identifizierung der in der Fürstengruft der St. Lambertuskirche zu Düsseldorf aufgefundenen Gebeine. Untersuchungen aus dem Institut für Gerichtliche Medizin der Medizinischen Akademie Düsseldorf. Unter technischer Assistenz von G. Henjes und H. Levermann. Mit einem Nachwort von P. H. Camp. In: Düsseldorfer Jahrbuch 50 (1960), 1-27

Schwippert 1984 – Schwippert, Gerdamaria/Werhahn, Charlotte (Hg): Hans Schwippert. Akademie der Architektenkammer NRW. Düsseldorf 1984

Seewald 1966 – Seewald, Richard: Kunst in der Kirche – die Düsseldorfer Bilder. Freiburg 1966

Seitz 1998 – Seitz, Klaus: Das barocke Kapuzinerkloster von Kaiserswerth – Architektur, Kunst und Mönchsleben bis zur Säkularisation. In: Festschrift zum 75jährigen Schuljubiläum des Erzbischöflichen Suitbertusgymnasiums. Düsseldorf 1998

Seitz 2004 – Seitz, Klaus/Wiemer, Karl Peter: S(ank)t Suitbertus in Düsseldorf-Kaiserswerth (= Rheinische Kunststätten, 485). Köln 2004

Seitz 2005 – Seitz, Klaus: Stiftsplatz in Düsseldorf-Kaiserswerth (= Rheinische Kunststätten, 491). Neuss 2005

Senger 1999 – Senger, Nicola: S(ank)t Suitbert in Kaiserswerth (= Veröffentlichungen der Abt. Architekturgeschichte des Kunsthistorischen Instituts der Universität Köln, 69). Köln 1999

Simon 1978 – Simon, F. J.: Pater Hermann Schönenbusch. Faltblatt. Düsseldorf 1978

Sommers 2004 – Sommers, Ulla (Hg.): Bunker Kirche Kunstort. Düsseldorf 2004

von Spee 1984 – Maximilian Graf von Spee: 130 Jahre Kapelle Heltorf. In: Jahrbuch des Angermunder Kulturkreis 6. Düsseldorf 1984

Spee-Bild 1992 – Kath. Kirchengemeinde St. Suitbertus (Hg.): Spee-Bild Düsseldorf Kaiserswerth. Düsseldorf 1992

Spohr 1980 – Spohr, Edmund: Das Theresienhospital – ein Stück Düsseldorfer Stadtgeschichte 1288-1980. Düsseldorf 1980

Spohr 2003 – Spohr, Edmund/Küffner, Hatto (Hg.): St. Dionysius Volmerswerth. Kirchen- und Orgelgeschichte. Kleve 2003

St. Hubertus 2007 – Katholische Kirchengemeinde St. Hubertus Düsseldorf-Itter (Hg.): St. Hubertus Düsseldorf-Itter. Düsseldorf [4]2007

St. Pius o. J. – St. Pius, Heft zur Ausstattung, insbesondere der Werke von Willi Dirx o. J.

Steffann 1981 – Steffann, Emil: Können wir noch Kirchen bauen? In: Gisbert Hülsmann u. a. (Bearb.): Emil Steffann (= Architektur und Denkmalpflege, 18) Düsseldorf [2]1981, 104-108

Stiel 2005 – Stiel, Susanne: Die St. Antoniuskirche in Düsseldorf-Oberkassel. Baugeschichte und Stil. Unveröffentlichte Magisterarbeit. Bonn 2005

Struck 2009 – Struck, Martin: Die Katholische Hochschulgemeinde in der St. Ludger-Kirche in Düsseldorf-Bilk. In: Das Münster 1 (2009), 14-15

Vogt 1960 – Vogt, Hans: Vincenz Statz (1819-1898). Lebensbild und Lebenswerk eines Kölner Baumeisters. Mönchengladbach 1960

Voigt 2006 – Voigt, Wolfgang (Hg.): Gottfried Böhm. Katalogbuch ... anlässlich der Ausstellung „Felsen aus Beton und Glas. Die Architektur von Gottfried Böhm“ vom 26. August bis 5. November 2006. Berlin 2006

Vollmer 1980 – Vollmer, Gisela: Die Kapelle zu den heiligen 14 Nothelfern in Düsseldorf-Stoffeln. In: Düsseldorfer Jahrbuch 57/58 (1980), 101-113

Vosen 2007 – Vosen, Klaus-Peter (Hg.): Das Antlitz der Mutter. Gnadenbilder Mariens im Erzbistum Köln. Betrachtungen. Köln 2007

Weidenhaupt 1970 – Weidenhaupt, Hugo (Hg.): Gerresheim 870-1970. Beiträge zur Orts- und Kunstgeschichte. Düsseldorf 1970

Weidenhaupt 1990 – Weidenhaupt, Hugo (Hg.): Das Monument des hl. Josef von Bert Gerresheim in Düsseldorf-Oberbilk. Düsseldorf 1990

Weidenhaupt 1991 – Weidenhaupt, Hugo: Kath. Pfarrkirche St. Antonius Düsseldorf-Oberkassel (= Kleine Kunstführer, 1945). Regensburg 1991

Weidenhaupt 1993 – Weidenhaupt, Hugo: Kleine Geschichte der Stadt Düsseldorf. [10]1993

Weidenhaupt 2004 – Weidenhaupt, Hugo: Geschichte der katholischen Pfarreien in Düsseldorf-Oberkassel und -Niederkassel bis zum Ende des 20. Jahrhunderts. Düsseldorf 2004

Weidenhaupt/Konen 2006 – Weidenhaupt, Hugo/Konen, Johannes: Alt St. Martin Düsseldorf-Bilk. Faltblatt. Düsseldorf 1975/1996/2006

Werhahn 1987 – Werhahn, Charlotte: Hans Schwippert (1899-1973). Architekt, Pädagoge und Vertreter der Werkbundidee in der Zeit des deutschen Wiederaufbaus. [Diss. TU] München 1987

Wessel 2005 – Wessel, Werner (Hg.)/Croé, Claudia: Der Bilker Pastor Anton Joseph Binterim, Seelsorger und Kirchenhistoriker im wiedererrichteten Erzbistum Köln. Eine Ausstellung der Diözesan- und Dombibliothek Köln in Zusammenarbeit mit der Pfarrgemeinde St. Martin in Düsseldorf Bilk anlässlich der 150. Wiederkehr seines Todestages (17. Mai 1855), 1. Juni bis 5. August 2005 (= Libelli Rhenani, 10). Köln 2005

Wessel 2008 – Wessel, Werner/Finger, Heinz: Friedrich Spee – Priester, Mahner, Poet, 1591-1635. Eine Ausstellung der Diözesan- und Dombibliothek Köln in Zusammenarbeit mit der Friedrich-Spee-Gesellschaft Düsseldorf, 11. Juni bis 9. Oktober 2008 (= Libelli Rhenani, 26). Köln 2008

Weyres 1932 – Weyres, Willy: Der Kirchenbau im Erzbistum Köln 1920-1931. In: Kunstgabe des Vereins für christliche Kunst im Erzbistum Köln und Bistum Aachen. Köln 1932, 3-32

Weyres 1957 – Weyres, Willy: Neue Kirchen im Erzbistum Köln 1945-1956. Düsseldorf 1957

Weyres 1960 – Weyres, Willy: Zur Geschichte der kirchlichen Baukunst im Rheinland von 1800 bis 1870. In: Zur Geschichte und Kunst im Erzbistums Köln. Festschrift für Wilhelm Neuss. Düsseldorf 1960, 408-424

Wiener 1997 – Wiener, Jürgen: Düsseldorf – St. Andreas. Passau 1997

Wittmann-Englert 2006 – Wittmann-Englert, Kerstin: Zelt, Schiff und Wohnung. Kirchenbauten der Nachkriegsmoderne. Lindenberg im Allgäu 2006

Zadnikar 1983 – Zadnikar, Marijan (Hg.): Die Kartäuser, der Orden der schweigenden Mönche. Köln 1983

Weiterführende und ältere Literatur zu Klöstern und Stiften findet sich unter: www.lvr.de/kultur/regionalgeschichte/klosterbuch (6.4.2009)

Register der Kirchen

Register der Künstler und Architekten

Biografien der Autoren

Texte:

Manfred Becker-Huberti, verheiratet, zwei Kinder, geboren 1945 in Koblenz, studierte von 1966 bis 1968 Katholische Theologie, Germanistik, Philosophie und Pädagogik in Bonn und von 1968 bis 1975 Katholische Theologie, Publizistik/ Kommunikationswissenschaften, Philosophie, Pädagogik und Kunstgeschichte in Münster. Promotion zum Dr. theol. Von 1991 bis 2006 war er Pressesprecher des Erzbistums Köln. Seit 2007 ist er Honorarprofessor für „Kirche und Kommunikation" an der Theologischen Fakultät der Katholischen Hochschule in Vallendar und Lehrbeauftragter an der Katholischen Hochschule NRW in Köln.

Markus Eckstein M. A., 1964 in Köln geboren, studierte Kunstgeschichte, Philosophie und Germanistik in Köln. Er arbeitet als freier Autor und Referent zur sakralen Kunst und Architektur. Als Exkursionsleiter ist er für Bildungswerke, Hochschulen und privat Interessierte im gesamten Rheinland unterwegs. Er lebt mit seiner Familie im Bergischen Land.

Dr. Monika Schmelzer studierte Kunstgeschichte, katholische Theologie und Pädagogik in Münster, Köln und Bonn. Ihr Hauptinteresse, dem sie sich als Referentin und Autorin mit Leidenschaft widmet, gilt den Zusammenhängen von Architektur, Kirchenräumen und Liturgie in verschiedenen Epochen. Im Auftrag des Erzbistums Köln erstellte sie 2006-08 Gutachten über die modernen Kirchenbauten des Erzbistums. Dr. Monika Schmelzer lebt mit ihrem Mann und ihren beiden Kindern in Pulheim bei Köln.

Beatrice Tomasetti-Gatzweiler M. A., 1962 in Bergisch Gladbach geboren, studierte Kunstgeschichte, Philosophie, Germanistik und Italienisch in Freiburg und Florenz. Von 1988 bis 1997 war sie als Journalistin in der Stabsabteilung Presse und Öffentlichkeitsarbeit des Erzbistums Köln tätig. Sie ist verheiratet, hat drei Söhne und arbeitet seit 2001 freiberuflich als Journalistin, Moderatorin und Fotografin.

Fotografien:

Markus Bollen, 1960 in Hamburg geboren, fotografiert seit seinem 15. Lebensjahr aus Leidenschaft. In Berlin Ausbildung zum Fotografen. Nach Sinologiestudium und zweijährigem Aufenthalt in China spezialisierte er sich auf Architektur- und Porträt-Fotografie. www.markusBollen.com.
Organisation und Bilddatenverarbeitung: Margot Gottschling.